从

心

开

始

Occupational Psychology

职业心理学

（第六版）

孟慧 王佳颖 吕建国 编著

东北财经大学出版社
Dongbei University of Finance & Economics Press
大连

图书在版编目（CIP）数据

职业心理学 / 孟慧，王佳颖，吕建国编著 . —6
版 . —大连：东北财经大学出版社，2025.2. —ISBN
978-7-5654-5552-0

Ⅰ . C913.2

中国国家版本馆 CIP 数据核字第 2025XK5869 号

东北财经大学出版社出版

（大连市黑石礁尖山街 217 号　邮政编码　116025）

网　　址：http：//www.dufep.cn

读者信箱：dufep@dufe.edu.cn

大连图腾彩色印刷有限公司印刷　　东北财经大学出版社发行

幅面尺寸：170mm×240mm　　字数：321 千字　　印张：22　　插页：1

2025 年 2 月第 6 版　　　　　　　　　　　2025 年 2 月第 1 次印刷

责任编辑：石真珍　　石建华　　　　　　　责任校对：张晓鹏

封面设计：张智波　　　　　　　　　　　　版式设计：原　皓

定价：52.00 元

第六版前言

近几年来，虽然经济下行压力持续增大，就业遭遇挑战，但整个就业态势仍然表现出一些独特、向好的方面。特别是人工智能和生成式 AI 等新一代信息技术的蓬勃发展带来了产业结构的变化，也推动了新业态、新模式的快速成长，随之而来的是就业机会呈现出新的行业分布特点，并且新的职业不断涌现。

同时，随着"00后"进入职场，人们的工作观念与就业模式正在发生深刻的变化。当代青年的职业选择和择业需求愈发多样化和个性化，就业模式也更加灵活。以互联网、大数据、云计算等技术为支撑的"短工""零工"等就业模式已成为一种新兴的经济现象。此外，国际环境的不确定性、后疫情时代的全球经济压力、人口老龄化的压力增大等问题，也对就业机会、劳动收入以及人们的职业选择和工作模式等产生了深远影响。

随着人们对工作、生活质量要求的不断提高，"职业生涯发展"这一课题受到了越来越多的社会关注，人们对于职业选择的个性化需求和通过职业发展实现人生价值的个人诉求使得职业指导工作的重要性和必要性日益凸显，职业领域丰富的文献资料也为个人职业发展与职业指导工作提供了辅助。

自2000年以来，经过与时俱进的持续修订与完善，本书已再版5次，形成了较为成熟的逻辑框架，分别从个体与组织两个方面向读者呈现了职业心理学的基本理论、研究对象、研究内容和实践指导方法等。由于最近几年的社会发展变迁，职业心理学的一些现象、规律持续表现出了一些新的时代特点，因此，我们再次对本书的内容做了调整和增补，推出第六版，以帮助读者更好地跟进信息、增进理解。只是，由于篇幅的限制，很多内容只能做简要介绍。

本版的修订在维持上一版逻辑框架不变的基础上主要做了以下具体工作：增加了近几年与职业、就业相关的文献和现实情况的新发展，包括新的工作方式和就业模式、职业兴趣的理论与评估、就业形势的新发展与特点等；更新了我国经济发展、就业制度和政策等相关方面的信息，特别是党的二十大以来强调的就业优先政策、新时代企业的社会责任以及家教家风建设对个人职业社会化的影响等相关内容。

本次修订后，本书作者的署名仍为孟慧、王佳颖、吕建国。孟慧和王佳颖承担了本次修订及最后的审稿工作。特别感谢史奇淼提供了对职业兴趣和谐性计算方法的文献述评，感谢朱乐怡和蔺星儒协助收集了部分最新职业和就业态势的资料。同时，我们也诚挚地感谢参与历次修订的同仁们。

孟　慧

2024 年 12 月

其他版次前言

目　录

职业与职业
心理学　第1章

重点内容

- 掌握职业的内涵与职业心理学发展的简况
- 充分了解与体会我国就业制度的变革及其对人们职业心理的影响

1.1　职业概述

1.1.1　职业内涵的界定

职业是人们社会分工的结果，随着社会的发展，生产力水平在科学技术的推动下越来越高，社会分工越来越细，职业的类别及其内部构成、外部关系也随之越来越丰富，对职业这个概念的界定角度、所涉及的内涵也越来越多、越来越丰富。

从词义学的角度解释，构成"职业"这个词的"职"字，有"社会责任""天职""权利与义务"的含义；而"业"这个字，有以某些特殊的技能"从事某种业务""完成某种事业"的含义。

中国自古以来就有"职业"这个术语，它的四个基本含义与现代的解释比较一致：

（1）官事与士农工商四民之常业。

（2）职分，应作之事。

（3）职务，职掌。

（4）事业。

美国社会学家舒尔茨认为，职业是一个人为了不断取得个人收入而连续从事的、具有市场价值的特殊活动，这种活动决定着从业者的社会地位。他认为，"职业范畴"的三要素是技术性、经济性和社会性。

日本劳动问题专家保谷六郎认为，职业是有劳动能力的人为生活所得而发挥个人能力，为社会做贡献的连续活动。他认为职业具有五个特性：

（1）经济性，即职业是个人收入的来源。

（2）技术性，即职业需要个人的才能与特长并有发挥个人才能与特长的舞台。

（3）社会性，即职业要求个人承担社会分工、履行公民义务。

（4）伦理性，即职业要求个人从业行为符合社会需要，为社会提供有用的服务。

（5）连续性，即职业人员所从事的劳动是相对稳定而非中断性的。

保谷六郎关于职业"连续性"特性的界定，实际上阐明了作为人类生活事件所必需的劳动与职业活动之间的联系和区别。

美国著名哲学家、心理学家杜威（J. Dewey）从实用主义哲学观点出发，认为职业是人们从中可以得到利益的一种生活活动。而美国社会学家泰勒（L. Taylor）在其所著的《职业社会学》一书中提出，职业的社会学概念可以解释为一套与特殊工作经验有关的模式化的人群关系。这种成为模式的关系的整合，促进了职业结构的发展和职业意识形态的显现。这一观点指出了职业作为生产关系的本质，使我们可以推论，职业是社会关系中的角色体系，它由特定的社会历史文化条件所规定，由具备相应资格条件的个体来担当，二者的合理匹配有利于职业组织的发展，同样也有利于社会的发展。

我国一些学者认为，职业是指人们所从事的相对稳定的、有收入的、专门类别的工作。它是对人们的生活方式、经济状况、文化水平、行为模式、思想情操的综合性反映，也是一个人的权利、义务、职责，是一个人社会地位的一般性表征。也可以说，职业是人的社会角色的一个极为重要的方面。

把职业看成社会角色体系有利于我们更深入地把握职业的心理层面。社会文化、科学技术的发展通过职业组织转变为形形色色的职业角色，又通过职业角色引导人们的职业社会化，把个体的人生发展目标整合到社会文化发展的轨道上来；同时，人们也通过职业角色的获取来运用社会提供的资源尽可能充分地发展自己，满足自己从物质层面到精神层面的各种需要。在这个过程中，个体的自我意识在职业角色网络所织就的人际关系中得到发展。随着对工作内在意义的不断追求和工作成就感、满意感的增强，以及个人生活目标与社会目标、职业组织目标整合程度的不断提高，个人的潜能会得到更大程度的发挥，在社会发展、职业组织发展的前提下，个人的需要也进一步得到满足，个人的生活质量也会进一步提高。

1.1.2　职业的特征

行业是一种普遍存在于社会之中的亚文化现象。作为行业亚文化现象中的职业，具有以下特征：

（1）同一性。某一类别的职业内部，劳动条件、工作对象、生产工具、操作内容、人际关系等方面相似或相同，形成共同的行为模式、共同的语言，容易相互认同。

（2）差异性。不同职业间在前述方面具有很大差异。

（3）层次性。重要性、价值等方面的社会评价使不同行业的社会地位评价具有层次上的差别。

（4）基础性。职业是个人和社会存在和发展的基础。

（5）广泛性。职业问题牵涉所有社会成员和社会的各个领域。

（6）时代性。一是职业随时代的发展而变化；二是每一个社会都有自己的时尚职业。

个体职业心理结构中包含着下列三个相辅相成的系统：

（1）职业导向系统——职业价值观、世界观、职业伦理。职业导向系统中的各种成分引导个体去选择特定的职业，追求特定的职业目标，接受和内化职业价值，建立正确的职业角色期望，评价自己和别人的职业行为，努力争取职业成功。

（2）职业动力系统——需要、动机、兴趣、信念、理想。职业动力系统中各种成分推动个体朝向职业目标努力，推动个体积极地树立职业目标、克服各种各样的困难、坚持不懈地争取职业和人生的完善。

（3）职业能力系统——气质、性格、能力。职业能力系统中的各种成分保证个体胜任特定的职业活动，同时，在努力使自己胜任挑战性工作任务的过程中，个体的心理能力也得到磨砺、提高和发展。

1.2 职业心理学概述

1.2.1 职业心理学发展简况

职业心理学是在现代心理学发展起来以后，适应现代工业发展带来的劳动分工精细化对人–职匹配越来越高的要求应运而生、逐步发展起来的。中国与西方在古代也都曾有过比较丰富的职业心理学思想，但是，并没有形成一定的理论体系。

在中国，春秋末期的孔子（前551年—前479年）较早提出了"上智""下愚"的基本个性分类，并将这两种基本个性类型与当时的社会阶层匹配；孔子还进一步提出了"狂""狷""中行"的个性类型三分法，并用这三个类型分析他72位弟子的个性，进一步对他们的职业、人生发展进行了预测与匹配。中国古代社会一直把职业分为官及士农工商两个层次、五个类别，并与一定的德才标准匹配，制定"士"与"官"的选拔标准。

在古希腊，柏拉图（前427年—前347年）较早提出了"理智型""意志型""情绪型"的个性三分法，并将三种性格类型与社会地位及社会职业进行匹配。在柏拉图看来，"理智型"的人适合做统治者和哲学家，高居于民众之上；"意志型"的人适合做战士和公职人员，为国家服务；而"情绪型"的人则只可做平民，接受统治与管理。

由于古代社会生产力发展缓慢，职业心理学思想的进步也十分缓慢。直到1879年，德国生理学家、心理学家冯特（W. M. Wundt）在莱比锡大学建立起世界上第一个完整的心理学实验室，宣告心理学正式从哲学中脱离出来，成为一门独立的学科，职业心理学才正式成为科学研究的对象，在第一次世界大战（以下简称"一战"）前的美国发展起来。

1.2.2 国外现代职业心理学的发展

国外职业心理学的发展线索可以归纳为一个源头、两条支流。

一个源头，指在心理学的基础理论学科中，都涉及与职业心理学有关的理论研究，生理心理学中的反射理论，人格心理学中的个性理论，社会心理学中的社会化理论、态度理论及群体理论，以及发展心理学中的终身发展理论等，都为职业心理学的发展提供了广阔的理论背景。

两条支流，指弗兰克·帕森斯（F. Parsons）所开创的、从个体出发的职业心理学发展路线，以及芒斯特伯格（H. Munsterberg）所开创的、从职业组织出发的职业心理学发展路线。这两条支流汇集在一起，在职业领域发挥着越来越显著的作用。

1）美国

美国是现代职业心理学的发源地。美国的职业心理学是从职业指导开始的。

19 世纪末，劳动分工的变化、科学技术的高度进步、民主政治的推行和职业教育的发展四大社会因素，促成了美国职业指导及职业心理研究和应用事业的产生和发展。

1894 年，梅内尔在旧金山加利福尼亚工艺学校推行职业辅导，这是最早的职业心理学实践尝试。

1908 年，"职业心理学之父"帕森斯在波士顿创设"职业局"，标志着美国职业心理学实践应用的正式开始，同时，也标志着美国职业心理辅导的诞生。当时，新兴的职业辅导为提高人们的就业素质、改善人们的职业心理——社会适应状况的社会整合工作和提高职业组织的生产绩效发挥了积极作用。

1911 年，布鲁姆菲尔德在哈佛大学开设了第一个辅导学专业课程，开始了职业指导专业人员的培养，带动其他各州推行职业辅导人员的培训计划。

1913 年，美国"全国职业辅导协会"（National Vocational Guidance Association，NVGA）正式成立，其章程中正式将有关教育、职业、生活和社会的内容纳入工作范围，并于 1915 年出版发行《职业辅导学刊》，社会反响强烈。

1952 年，NVGA 与其他人事方面的学术组织合作，组成"美国人事与辅导协会"（American Personnel and Guidance Association，APGA），出版《人事与辅导杂志》。到1980年，APGA的会员已经发展到4万多人。

美国职业指导的发展在政府立法支持下，形成了学校系统、政府系统和社会系统相互补充、协调的完整体系。学校系统中，从联邦政府教育总署到州、地方学区都设有专管青少年职业指导的人员，各学校设有职业指导业务机构；政府系统中，联邦设有国家职业情报协调委员会，各州也设有职业情报协调委员会，向社会提供就业信息，建立职业供求的数据结构，为劳工部认可的1.3万个职业提供有关资料；社会系统中，除了前述职业指导行业组织和学术组织外，有关社会科学的学者与职业组织合作，在职业问题研究领域中推出了许多在世界范围内具有重大影响的成果，其中，不同流派的心理学家为职业科学的发展做出了重大贡献，这些贡献推动了职业心理学的蓬勃发展。

2）苏联

苏联时期政府十分重视职业教育和职业培训方面的理论和应用研究，但其职业指导工作的起步稍晚于欧美国家。20世纪70年代以后，职业指导在苏联受到了特别的重视。在政府的立法支持下，政府部门、社区、企业、学校都设有职业指导的组织机构，推进职业定向教育。

一些城市社区设立了职业定向工作中心，联合学校、校际教学生产联合体以及企业的定向办公室，向青年学生提供有关职业与人才需求的信息，指导青年学生的职业选择，同时调查他们的求职心理，测试他们的个性心理特征。

许多企业直接组成教学车间、工段，以配合学校的职业定向教育。教学生产联合体按照学生的专业方向提供初级的生产劳动教学，使学生对自己的专业方向和职业适应程度有更加清晰而实际的认识，为学生的进一步培训和未来的职业定向打好基础。

从中央到地方的教育部门和普通中学都设有职业定向教育机构。国家教育部门与各个加盟共和国教育部门都设有青年职业教学委员会，负责指导和协调全国及各加盟共和国的青年职业指导工作。普通中学一般都设有职业定向教学教研室，负责对青年学生进行职业兴趣的培养、专业思想教育及职业选择指导。职业定向教育已经成为学校的一项专门工作，通常要求全体管理者参加，班主任负主要责任。

3）日本

日本的职业指导又叫"出路指导"，由政府文部省负责，通过颁发有关文件对全国学校的职业指导进行监督。每一所学校都在校长的指导下成立出路指导部，发挥连接企业与学生、直接指导学生职业选择的作用，各校因地制宜地实施出路指导。有的学校不但设有统管全校出路指导工作的主任，还分别设置专人负责全校出路指导的规划与经营、信息资料收集、调查与鉴定、出路教学方面的工作。有的学校还设置对外联络组，负责同有关企业联系和协调。绝大部分学校设立了出路指导委员会，所有指导工作都按文部省规定，有严格的、具体的指导工作计划。文部省编辑出版的《初中、高中出路指导手册》列出了名目繁多的指导计划，供第一线的指导管理者根据教学需要选择使用。

4）法国

法国的职业指导管理体制由中央、地区和地方三级组成。其工作特点是中央集中领导，依靠校外机构进行学校与社会各方面的联系，实施职业指导。

中央一级由教育部直接领导，设立职业指导部和全国教育与职业信息委员会。职业指导部负责指导人员的培训，制定职业指导政策，研究职业指导理论；全国教育与职业信息委员会研究全国劳动力市场、经济发展和教育趋势、各种职业需求与要求，编制各种职业和教育信息资料，出版职业指导专业刊物，并负责协调教育部门与社会其他部门的联系。

地区一级设有地区职业信息与指导委员会。地区一级组织的主要职责是在地方与中央之间进行沟通，负责落实职业指导部与上级委员会的政策和计划，向上级通报本地区的职业指导情况；对地方则是负责协调工作和处理人事问题，并负责检查地方职业指导工作，帮助地方职业指导组织与当地其他社会机构加强联系。

地方一级则设立职业信息和指导中心，直接为学校和学生提供服务，并接受社区失业或转业人员的来访，为他们提供帮助。

1.3　就业制度的变革与创新

1.3.1　工作、职业与人生

生活在现实世界中的人们，无不与工作（或劳动）发生着紧密的联系，工作几乎贯穿人的一生。人们在生命的早期阶段接受教育与培训，为未来的工作做准备。人们从青年时期走上工作岗位，到老年最终退离工作岗位，长达几十年，有的人即使退休以后，仍然与工作世界发生着联系。因此，工作成为个人乃至社会生活中不可缺少的重要内容。工作中的各项活动，不仅反映个人生命的意义与目的，而且体现出社会或组织的功能，可以说，在人类生活中，工作的确占有极其重要的地位。

通常，人们把工作与职业等同起来，但职业并不等于工作。工作涉及个人所从事的活动与任务，为从事这种活动并完成任务，则有必要赋予个人某种职位，使他们扮演若干角色，而职业即这种职位、角色的统称，它总括个人长期所拥有的多项工作职位。

尽管工作与人们的关系密切，但一般人对工作的目的和意义并非都有清楚的认识。我国传统社会的工作观，视工作为谋生或糊口的手段——"日出而作，日入而息"，世世代代谨守着传统的信条，从事相同的生产活动。农业社会强调勤俭、耐劳、顺从、安分的伦理观，这样，人们也无意去考虑工作的目的问题。即使在现代工业化社会里，虽然物质生活较过去富裕，个人所从事的工作也不必以祖业为限，但工业化把人变成了社会大机器里的一个小螺丝钉，整日忙碌奔波，同样无暇去考虑工作的目的。对于工作，一般人通常都抱着"以人就事"的态度，习惯于以个人所具有的条件去迎合工作的要求，而很少去创造人与事之间更为积极的关系。在农业社会中，这种工作观或许还可以适应，但在工业社会里，仅为谋生而工作的现象已不普遍，钱赚得愈多，并不表示生活愈安定，反而却可能因缺乏长远的人生目标而迷失自我，社会也可能随时发生动荡。尽管我国目前仍处于工业化时期，但政府早已制定了"以工业化促进信息化，以信息化带动工业化"的政策，互联网等通信网络已经成为人们每日生活的必需。

随着互联网、大数据、人工智能等新一代信息技术成为产业发展的重要力量，服务化转型成为工业发展的重要方向，"个性化"越来越受到人们的重视和推崇。产品和服务的"私人定制"，以及生产和管理的智能化、数字化体现的不仅是人们在消费上的"个性化"追求，更体现出人们生活和工作根本态度和观念的转变。比如，应届毕业生们都可以通过在线测试来认识自我，既可以在高校就业指导中心向职业指导师咨询相关问题，也可以接受一些在线服务，通过多种方式挖掘自身特点，做出个性化的职业生涯规划。

工作的目的不只是赚取生活费用。根据心理学家马斯洛（A. H. Maslow）的需要层次理论，人类有一种积极努力追求"自我实现"的倾向，当一种较低层次的需要得到满足后，一种新的较高层次的需要便随之产生，而人类最高层次的需要就是自我实现，即充分展现个人的潜能。这种心理上的特征，对个人职业选择以及整体的人生目标具有无比的重要性，因为工作是实现个人潜能的根本途径。

一个理想的工作必须使个人获得发挥其才能的机会，能够适当地履行社会角色，且可以获得合理的经济报酬。换言之，工作要具有经济、社会以及心理与生理等多方面的作用，这些作用构成个人整体的职业生活，而仅以工作为谋生手段，并不足以说明个人存在的意义与价值。因此，为平衡个人、社会与经济三方面的需要，发挥工作的各种功能，选择适当的职业就成为一个人一生中最重要的课题之一。

【小阅读】   慢就业

"慢就业"这一概念最早出现于2015年。这一概念与"直接就业"相对，用于描述应届毕业生暂不进入就业市场的现象。"慢就业"群体包括"继续深造后就业"和"暂缓就业"两个部分。来自不同渠道的调研结果均显示，自2015年至今，"慢就业"群体的比例整体呈上升趋势，2023年"慢就业"现象尤为明显。其中，"暂缓就业"的毕业生虽然只占"慢就业"群体的约1/6，却是近3年来增幅最大的群体。

选择"慢就业"的毕业生并不急于进入就业市场，他们对于职业规划和岗位条件有着更高的期望。"慢就业"毕业生在择业时，更看重"薪酬和福利待遇"与"发展前景"两大因素，并且对就业"软条件"表现出更高关注度，更重视自我价值实现和文化氛围；相反，他们对"单位性质与规模"和"工作地点便利性"等"硬条件"则不如直接就业毕业生敏感。

资料来源　根据公开的网络资料整理。

1.3.2　就业制度的变革

职业生活对个人、对社会都具有极其重要的意义。每个人都具有不同的能力、不同的兴趣、不同的需要与不同的个性特征，这种个人素质的差异应该是决定其职业行为的根本因素，即个人具有选择其职业的权利。对用人单位来讲，不同的工作岗位需要不同的具备相应素质的人才，即用人单位具有选择其员工的自主权。但人们的心理与行为主要由社会环境决定，就职业生活而论，就业制度是制约人们职业意识与行为的基本环境因素，因为就业制度是劳动者凭借其劳动能力参与社会交换行为、借以取得职业身份的客观基础。同时，就业制度又是由一个国家的经济制度所决定的。在我国，传统经济体制是高度集中的计划经济体制，与这一体制相适应的就业体制是高度集中的劳动就业制度，这一制度存在着很大的弊端。首先，统包统配的劳动就业制度难以充分顾及劳动者个人的从业意愿和用人单位的实际需要，因而难以充分发挥人力资本的积极性，难以实现企业人力资源的最优配置。其次，激励约束机制的缺乏使得市场优胜劣汰的作用难以发挥，保证"零失业率"的国家政策使员工"等靠要"的就业思想根深蒂固，同时造成了极大的浪费和低下的效率。最后，表面上充分就业、零失业率的背后，隐藏着巨量的无效劳动力。

在改革开放后从计划经济体制向市场经济体制转型的过程中，我国的就业制度发生了根本性的变化。中共十六届三中全会通过的《中共中央关于完善社会主义市场经济体制若干问题的决定》提出，要坚持劳动者自主择业、市场调节就业和政府促进就业的方针，这成为新时期劳动就业制度的目标。

最近30年来，我国就业制度的变革具体表现在以下几个方面：

（1）由单一的"统包统配"就业制度向多种形式、多条渠道的就业制度转变。20 世纪 80 年代中期以来，结合多种经济形式的发展，我国对劳动就业制度进行了相应的改革，实行在国家统筹规划和指导下，劳动就业部门介绍就业和自谋职业"三结合"的就业方针，从而使单一的就业渠道变为全民、集体和个体经济多渠道就业。

（2）由单向分配向双向选择的招工、用工形式转变。长期以来，我国实行固定用工制，一次分配定终身，限制了劳动者和用人单位之间的双向选择与合理流动。自 1986 年以来，国营（有）企业逐渐改变用工制度，在新招聘的工人中开始实行劳动合同制，工人与企业在一定条件下可以互相选择，通过平等协商签订劳动合同。与此同时，废除了"子女顶替"和"内部招工"的办法，推行"面向社会、公开招工、全面考核、择优录用"的用工政策。实行劳动力供求双方相互选择和劳动力的合理流动，有利于实现劳动力和生产资料优化组合，提高劳动生产率。

（3）高校毕业生由"统包统配"制向毕业生与用人单位之间"双向选择式"分配制度转变。高校毕业生"双向选择"分配制度的基本模式，是实行在国家方针政策指导下的推荐、招聘、择优录用的办法，即由学校根据分配政策或上级主管部门的计划安排，考虑各方面对人才的实际需要，参照学生志愿，试行以学校推荐与用人单位招聘、择优录用相结合的方式向社会输送毕业生。然而，自 1999 年我国高校进行扩招以后，大批的毕业生就开始面临就业的新形势，面对就业机制市场化、就业渠道多样化、就业服务网络化的特点，高校的就业指导工作也面临着前所未有的严峻而又突出的难题。

（4）大量高素质留学人员回国。我国一直是全球最大的留学生来源国。自改革开放到 2021 年年底，各类出国留学人员数量在 800 万人左右。由于受到疫情的影响，2022 年海外留学人数虽然未恢复到 2019 年的水平，但也达到 66.12 万人。然而，随着我国经济的不断发展和国际影响力的不断提升，留学人员环流趋势日渐明显，大量留学生选择回国创业或者求职。改革开放以来至 2021 年，留学回国人员总数超过 600 万人，2020 年留学回国发展人数首次超过出国留学人数，仅 2021 年一年留学回国人员就超过 100 万人①。其中包括一些在国内有过不错工作经历的职场人士，他们为了继续深造，在工作一段时间后选择出国充电，获得目标学位后再重回国内职场，成为就业市场上极具竞争力的人群。留学归国人员现在已成为我国经济社会发展的重要推动力量，在各个领域发挥技术领军作用，或是高级管理职位的青睐对象。

1.3.3 市场经济条件下就业制度的基本特征

虽然我国在就业制度上进行了一系列重大的改革，但这些局部的改革与社会主义市场经济的要求还存在很大的差距。社会主义市场经济要求劳动力的使用市场化，即实行由劳动力市场来调节劳动力的使用的自由择业制度。劳动力个人所有和风险型就业这两个方面，是市场经济条件下劳动力使用的基本特征。

1）劳动力个人所有与劳动力市场的建立

传统的、高度集中的计划经济体制的重要理论依据之一就是，强调劳动力"国家所有"，否认劳动力"个人所有制"，体现在就业制度上就是由政府对劳动力进行"统包统配"。由于劳动力不属于劳动者自己所有，劳动者对自己的一切没有自主权，不能自主选择职业，不能合理流动。因此，要实现由计划经济向市场经济的过渡，必须从理论上澄清劳动力的性质问题，承认劳动力属于个人所有，劳动者有权支配其个人的劳动力，通过改革逐步建立起劳动力市场和正常的流动机制，由市场机制来调节劳动力的使用。市场经济就是要使市场在国家宏观调控中对资源配置起基础性作用。劳动力市场是最重要的市场，劳动力是最重要的生产要素，劳动力不进入市场，不通过市场进行合理调节和配置，何以形成真正的市场经济？市场经济条件下的劳动力市场就是，劳动者真正成为具有自主性的市场主体——自主就业、自主流动，自己掌握自己的命运，而不是"单位所有制"。劳动力资源的利用遵循价值规律，以市场需求调节劳动力供求关系，从而促进劳动力合理流动，优化劳动力配置。在劳动力市场上，通过劳动者与用人单位的双向选择，引入竞争机制，从而提高供需双方的

---

① 全球化智库.中国留学发展报告（2023—2024）［M］.北京：社会科学文献出版社，2024.

积极性。

2）职业流动与风险型就业制度

以"铁饭碗"为特征的传统就业制度，由于不受市场机制的约束，职工不能通过市场流动寻求更能发挥其特长和更高收入的职业或单位，从而驱使职工只能在单位内部寻找机会。这一方面严重挫伤了职工的积极性，限制了个人的发展，助长了"大锅饭""小时定工"思想的滋生；另一方面，由于劳动力不流动所造成的职工队伍的膨胀使企事业单位负担沉重，也造成了人才的极大浪费。

市场经济区别于计划经济的重要特征就是风险经营。就业制度改革就是要按市场经济规律建立起风险就业机制。就业制度作为市场经济的重要组成部分，必然有其自身的风险性。所谓风险型就业制度，其基本经济含义就在于增强就业的流动性。当劳动者个人在一个单位感到无法发挥其特长和能力，不能愉快地工作、心情压抑，感到其劳动所得与劳动投入不符时，就要允许他另谋出路，按照自己的意愿选择新的职业。这种流动的价值在于，通过每个社会成员个人的最优选择，实现整个社会劳动资源配置的最优化。

职业流动（occupational mobility）包括水平流动和垂直流动。

首先是水平流动，即允许劳动者在不同组织、不同部门之间自由流动。通过劳动力市场的有限竞争，一方面鞭策劳动者提高劳动效率，另一方面可以使劳动者有机会通过自身的努力改善自己的就业环境和收入水平。所以，允许水平职业流动，实现劳动者与用人单位双向选择，是提高就业质量、消除非效率就业的前提。

其次是垂直流动（即上下流动），为劳动者在组织内部的升迁和进步创造可能空间。对于劳动者来说，就业绝非单纯的谋生手段，在组织内部要创造一种机制，使所有的组织成员都能通过自身的努力获得增加收入、升迁职位的机会。垂直流动还包括向下的流动，即把不称职的人员降级使用或调离其原岗位，为选拔人才创造机会。

风险型就业制度意味着使劳动者成为既有选择机会，又有选择权利的新型劳动者。一个新型劳动者不仅意味着具有先进的科学知识和劳动技能，而且具有市场观念，能参与市场竞争。市场经济不仅要求企业面向市场，而且要求每一个劳动者面向市场，实现劳动力市场化、就业市场化。这要求劳动者从根本上消除传统的"铁饭碗"思想，提高自身的职业素质，增强市场竞争能力。

1.3.4 就业制度的创新

新时期、新条件，推动着就业制度的变革，但是，当前我国就业制度仍然存在一定程度的问题，探讨如何对其进行更为细致的挖掘并进行创新，以指导劳动力就业工作，有着重要的意义。

1）建立城乡统一的平等竞争就业制度

在传统的就业制度下，政府只负责城市居民的就业安排，农村居民基本上处于自发就业状态，对生产力造成了极大的浪费和破坏。虽然农村劳动力可以自由进入城市，但他们一般不能被纳入城市劳动就业管理体系，也不能享受与城市职工相同的劳动保障等待遇，随之而来的是越来越大的城乡差距和贫富分化。因此，完善社会主义市场经济体制，必须打破城乡分割、不同经济成分分割的状况，建立城乡统一的平等竞争劳动力市场，使城乡劳动力能够真正在市场机制的作用下自由流动。为此，2015 年 11 月中共中央办公厅、国务院办公厅印发了《深化农村改革综合性实施方案》，对改革我国的户籍制度、完善城乡劳动者平等就业制度等做出了一系列的指导和规划。

2）企业制度创新

现代企业制度以"产权明晰、权责明确、政企分开、管理科学"为特征，但纵观我国当前的各类企业，存在管理不规范、管理效率低下、融资环境差、竞争条件恶劣等问题。因此，要继续深化企业产权制度改革，为各类经济发展创造良好的制度环境。

3）人力资本制度创新

在传统计划经济体制下，国家调控劳动力资源配置，因而劳动者对人力资本并无控制权，也无法充分调动其积极性。20 世纪 80 年代推行的农村家庭联产承包责任制使农民获得了选择权，城镇国有、集体企业的改革和相应的用工制度改革使城镇劳动者也有了就业选择的自由。但由于人力资本产权制度的改革依赖其他制度的变革，因此，必须同其他制度一道，推动人力资本制度创新。

【小阅读】　　　　零工经济对工作与就业的影响

零工经济（gig economy）虽然是一种新兴的经济现象，但零工作为一种工作形式却并不新鲜。零工又称短工或临时工，是一种较为古老的用工形式。

在工业化之前，劳动者没有长期稳定的岗位，许多工作都是以零工的形式开展，如上门制衣、家政服务等。即便进入"零工经济"时代，零工的本质依然没有改变，即采用个体或小团体协作的、在短期内可以完成交付的、受雇时间较短的经济活动。但零工经济之所以成为一种经济现象，并不是因为零工本身多么有创新性，而是因为此轮零工经济的构成要素特别是推动因素发生了巨大的变化，对经济和社会产生了深远的影响。新时代的零工经济是新一代信息技术快速发展的产物，也是共享经济在人才市场上的体现。劳动者依靠互联网和移动技术进行信息的分发和流程的组织，平台代替企业成为连接供需的载体，这是新时代零工经济的关键特征。

"零工经济"时代的零工可以分为兼职零工和全职零工两种形式。兼职零工是指个体在主业之外的闲散时间，利用自己的闲置资源、特长、技能等，以互联网平台为媒介，在自己选定的时间、地点工作，从而实现个体价值的最大化，如家教、翻译、自由撰稿人等。全职零工是指个体长期从事临时工作或同时从事多份临时工作，如网约车平台的长期签约司机、专职的外卖配送员、月嫂等。

近年来，中国的零工市场规模日益扩大，这种高速扩张的背后，是"零工经济"模式带来的诸多优势和潜在的大量问题。对于组织而言，这种模式最大的优势在于节约成本，实现聘用方式的多样化，增强组织的创造力和活力。这里所说的成本大体上包括两类：一类是人力资源管理的成本，包括人才的招聘、培训、留任、职业发展等；另一类是人力资源的使用成本，包括直接报酬和保险福利等。在"零工经济"模式下，组织的这部分成本可以直接省去，或以更低的投入由众包平台代为完成。但在成本削减的背后，组织也需要承担一定的风险。例如，由平台匹配的劳动者，组织无法对他们的能力、素质等进行全面评估，甚至很难保证信息的真实性和准确性。这一风险使得组织无法保证他们的工作质量一定合格、组织形象不受损坏。曾经在一段时间内网约车行业就频繁出现司机骚扰、侵害客户人身安全的现象。再如，零工劳动者对组织的文化、产品、服务以及工作流程可能不太熟悉，这也会导致工作效率和质量的降低。

对于个人而言，"零工经济"模式在工作时间、地点和内容上都具有高度个性化、自由、灵活、多元的优势。一方面，它满足了劳动者自主安排生活的需要。根据调查数据，打零工的劳动者中有相当大一部分女性群体，这种工作模式可以帮助她们更好地协调工作和生活需求。另一方面，也可以缓解个体的经济压力。疫情期间就业率下滑，零工经济起到了就业蓄水池的作用，其帮助一部分因疫情导致原工作单位停工停产的劳动者维持了经济衰退期的生存需要，稳定了社会就业。此外，"零工经济"模式还给个体的业余兴趣和技能发挥带来了机会与价值，而不再是单纯的消遣。但同时，这一模式也具有不可忽视的弊端。首先，"零工经济"模式下的岗位不稳定、流动性大，随着项目或者活动的结束就终止了，可能会出现接续困难问题。其次，很多劳动者无法签订规范、合法的劳动合同，甚至没有劳动合同。加上国家针对"零工经济"的相关法律法规不够完善健全，一旦发生劳动争议或者纠纷，劳动者难以维权，甚至无法可依。再次，劳动者的保险福利得不到相应保障。目前，社会保险、养老保险与医疗保险等一般都以劳动合同为基础，对劳动者和用人单位都会有一定的要求，有的还需要按照劳动者的收入水平进行缴费。非正规的就业，新就业劳动者的劳动关系松散复杂，收入水平不易跟踪，甚至可能在不同地区间经常更换或从事不同的工作，这都增加了对他们的权益实施保障的难度。

还有一点特别值得重视的是，中国的零工市场的从业者大多是低技能、低学历、低收入的劳动者群体。阿里研究院《2019中国县域零工经济调查报告》公布的数据显示，中国参与零工经济的人员大约是1.1亿人，大部分是低技能、本科以下学历的劳动工人。而他们所从事的工作大多也是以出售自己的时间和体力为主，吃的基本是"青春饭"，这类工作的接续性存在很大问题。一方面，随着年龄的增长，个体竞争力变弱，工作机会也会越来越少，无法成为长期、稳定的经济来源。另一方面，随着零工经济行业从原来的多方竞争转向双头甚至垄断格局，平台从交易金额中抽成的份额越来越高，低技能劳动者的生存空间会迅速受到挤压。例如，外卖配送单价从最开始的 6～7 元/单降到 3 元/单，随着垄断程度的提高还有继续降低的趋势。因此，劳动者在"零工经济"时代更应找准个人定位，做好职业生涯规划，不断提高自身知识、技能和资源积累，这样才能提高自己在新就业模式下的议价能力，获得更好的职业发展前景。

资料来源　根据公开的网络资料整理。

1.4　新时期的就业形势与择业趋向

1.4.1　当前的就业形势

正如我们在上一节中提到的，新时期的劳动就业制度满足了用人单位与求职者之间的双向选择需要，使双方都拥有了越来越多的自主权。这意味着劳动者有机会根据自身的特点和需要选择理想的职业，同时企业可以基于发展需求选择合适的员工，从而达到人力资源的优化配置。但是，职业流动性的提高同时也增加了个体就业时所需要面对的风险，使就业形势呈现出新的特点。

首先，从劳动力市场的供给环境来看，一方面，随着人口老龄化进程的加快，我国劳动力供给自 2018 年开始增速有所下降，规模也开始减小，但资源总量依然庞大；另一方面，高校扩招带来毕业生的持续增长，每年都有大量新增劳动力集中进入市场。国家统计局公布的数据显示，2023 年中国普通高等学校毕业生人数首次突破 1 000 万，达到 1 047 万人[①]。同时，农村劳动力外出务工规模继续扩大，2023 年达到 17 658 万人，同比增长 2.7%。此外，化解过剩产能、僵尸企业出清、智能化升级改造等结构调整，也带来了大量需要安置的分流人员。这些数字从总体上反映出了

---

① 数据来源于国家统计局年度数据（https://data.stats.gov.cn/easyquery.htm? cn=C01）。

当前就业形势的巨大压力。

其次，从劳动力市场的需求环境来看，近年来由于国际环境的复杂多变，加之疫情对世界经济的巨大冲击，经济发展的不确定性和不安全性增强。2023年，我国经济社会发展恢复常态运行并逐步复苏，但复苏动力不稳固，部分宏观经济指标偏弱，经济增长的就业拉动力不强。与此同时，受到多重因素的影响，各行各业发展不均衡，一些用人单位的经营遭遇各种困难，投资和用工都趋于谨慎，岗位需求缩紧。但是随着新一轮科技革命和产业变革的深入发展，创新驱动的新技术、新经济、新业态加速发展，为就业提供了新的增长点[①]。

面对复杂的经济形势，党的二十大报告提出了"实施就业优先战略"，旨在通过"强化就业优先政策，健全就业促进机制，促进高质量充分就业"。国家陆续出台了一系列稳经济、稳就业的政策措施，保持了就业形势的总体稳定，形成了稳中有变、变中向好的整体发展态势。但在总体稳定的大背景下，就业过程中的一些矛盾和问题仍然严峻。

一方面，劳动力供求的结构性矛盾更加突出。由于经济结构调整和产业转型升级，加之各行业发展的不均衡，劳动力市场需求结构变化加剧。不同区域、行业、职业的就业需求差异扩大。例如，建筑、房地产中介、装修、设计、计算机软件、传统媒体和出版、文娱体育和休闲等行业的招聘需求有所下降；旅游、餐饮、酒店民宿、美容养生相关新业态、新消费，以及新能源制造相关行业的招聘需求则增长较多。劳动力市场岗位需求的深度调整，必然带来就业结构矛盾的加剧，给就业发展带来诸多挑战。

另一方面，主体群体就业基本稳定，但重点群体就业仍面临较大困难。我国就业人员中，25~59岁的中青年是主体群体，就业相对较为稳定，失业率基本保持在5%以下的较低水平；高校毕业生、农村转移劳动力和新就业形态劳动者作为重点关注群体，则各有各的就业困境。高校扩招带来的学历层次和专业结构失衡，以及高等教育对高新技术行业人才需

---

① 莫荣，陈云，王晓梅，等.中国就业发展报告（2024）[M]. 北京：社会科学文献出版社，2024.

求响应的滞后，导致高校毕业生在就业时个人意愿和知识技能与劳动力市场的机会和需求脱节；农村劳动力又由于缺乏必要的技能培训而无法满足用人单位对劳动力质量的要求。重点群体的就业困难不仅是就业结构性矛盾的具体体现，同时也部分揭示了劳动力市场结构性失衡背后的原因。

【小阅读】　　　　"就业优先政策"下稳就业政策措施

为深入落实就业优先政策，国家优化调整了一系列政策服务。2023年，人力资源和社会保障部办公厅、财政部办公厅联合印发了《关于进一步加强就业政策落实有关工作的通知》，要求加强开展就业政策分类宣传，盘点核查就业政策落实进度，优化提升就业补贴的申办流程和发放效率等。根据形势需要，有关部门适时优化调整稳就业政策，延续实施阶段性降低失业和工伤保险费率、持续实施稳岗返还和一次性扩岗补助等政策，延续拓展吸纳就业补贴，及时重启扩岗补助。据统计，这些政策的实施为企业降本减负超过 2 000 亿元，提供的就业补助资金超过 1 000 亿元。全年各级政府直接支持就业创业的资金超过 3 000 亿元。

针对重点就业群体，坚持市场化、社会化就业与政府帮扶相结合。

（1）高校毕业生等青年就业抓早抓实抓细。为便利高校毕业生求职就业，2023年取消了普通高等学校毕业生就业报到证；统筹实施"三支一扶"计划等基层就业项目，全国共招募 4.2 万名"三支一扶"高校毕业生到基层服务，其中包括选派 4 996 名高校毕业生到国家乡村振兴重点帮扶县。

（2）促进农民工技能提升、就业创业，加强农民工劳动权益保障。印发《关于加强农民工职业技能培训工作的意见》（人社厅发〔2023〕55号），开展大规模职业技能培训，其中补贴性职业培训超过 1 800 万人次，超过 1 200 万人次取得职业资格或技能等级证书，近年累计评聘特级技师、首席技师 3 000 多人；为落实保障农民工工资支付工作的属地监管责任，出台《保障农民工工资支付工作考核办法》（国办发〔2023〕33号），有效预防和解决拖欠农民工工资问题，切实保障农民工劳动报酬权益。

（3）促进女性就业和保障女性就业权益。2023年，人力资源和社会保障部、国家卫生健康委等六部门联合发布了《工作场所女职工特殊劳动保护制度（参考文本）》和《消除工作场所性骚扰制度（参考文本）》，为切实保障广大女职工合法权益，促进女职工身心健康，营造安全、健康、舒心的工作环境提供规范和指导。

（4）促进新就业形态发展和加强新就业形态劳动者权益保障。为指导企业依法规范用工、新就业形态劳动者依法维权，人力资源和社会保障部编制了"两指引一指南"（《新就业形态劳动者休息和劳动报酬权益保障指引》《新就业形态劳动者劳动规则公示指引》《新就业形态劳动者权益维护服务指南》），从工作时间、劳动报酬、防止过劳以及平台劳动规则等方面进行了规范引导，为切实维护好新就业形态劳动者基本权益提供了依据。

此外，国家还在2023年出台了《中共中央 国务院关于促进民营经济发展壮大的意见》，针对中小微企业获得感较强的政策，在财政允许的情况下继续实施，进一步支持专精特新中小企业健康发展，创造更多高质量就业岗位，吸纳更多重点群体就业。

资料来源　莫荣，陈云，王晓梅，等.中国就业发展报告（2024）［M］．北京：社会科学文献出版社，2024.

1.4.2　职业选择的新趋向

就业市场的发展催生着各种各样新兴的职业类型，面临不断加剧的就业竞争和就业压力，个体在职业选择上呈现出了一些新的趋势：

（1）职业选择多样化。随着市场的开放、新一代信息技术和新产业新业态新模式的快速发展，越来越多的新职业、新岗位开始进入公众视野并蓬勃发展。数字化解决方案设计师、数据库运行管理员、信息系统适配验证师、数字孪生应用技术员、智能网联汽车测试员等数字化经济催生的职业，碳汇计量评估师、建筑节能减排咨询师、综合能源服务员等在绿色经济下应运而生的岗位，自媒体发展和生活方式的多元化带来的网络主播、配音演员、网络作家、新媒体运营人员、游戏陪练、健康管理师、游戏测评师等职业，为个体提供了更多的求职空间，也使个人的职业选择变得丰富起来。

（2）职业价值观的转变。过去人们不注重职业的经济报酬（事实上也不具备真正意义上的职业流动的经济动机），而多强调职业的社会地位和声誉。然而，对于当代青年来说，职业的经济报酬、社会价值，职业对自我发展与能力提升的支持，以及职业所提供的个性发展条件，如是否符合自己的兴趣、爱好，能否满足工作与生活的平衡等，已成为重要的考虑因素。"要钱更要闲""重视自由度""拒绝内卷和内耗"等正是当今新一代求职者的就业观。此外，当下的经济发展状况，使就业市场的需求总量和需求结构都发生了巨大调整，求职者对工作稳定性的要求急剧提高，体制内单位如国家机关、事业单位、国企等的吸引力持续上升。这种对职业价值的多方面追求，有效地淡化并不同程度地克服了过去人们对职业的传统的等级偏见。

（3）就业模式更加灵活。在新兴技术的推动下，越来越多的劳动者开始通过互联网平台，利用零散或空余时间，凭借个人的学识、经验、技能来获取报酬，即加入到所谓的"零工经济"从业者行列。"零工经济"正在深刻改变着以往的工作方式和就业模式，它可以使劳动力的供求双方在更广泛的范围内、以更加灵活的方式即时匹配、互相选择。对于那些在知识、技能、信息等方面拥有资源优势的劳动者来说，他们可以在主业之外依靠个人所长体验不同的职业生活或发展多种职业兴趣，在工作时间、内容、方式、服务对象的选择上也拥有了更多的自主权。对于那些低技能、低收入的劳动者而言，零工经济在经济波动的时候为他们提供了更多的工作选择机会，起着就业蓄水池的作用。国家统计局数据显示，目前我国灵活就业规模已达到 2 亿人。基于青年就业群体的调查也显示出较高的自我雇佣意愿，半数以上的学生表示只要条件允许更愿意灵活就业。[①]阿里研究院估计，到 2036 年中国会有高达 4 亿的劳动力通过网络自我雇佣和自由就业，这相当于中国总劳动力的 50% 。

（4）职业流动动机多样化。传统的职业流动格局局限于沿着组织内部

---

① 张良驯."00后"青年带来的职场新画风 [J]. 人民论坛，2023（16）：64-69.

"由低到高"（垂直）流动的单一模式。人们总是朝着社会地位高、社会声望好的职业方向流动，且这种流动通常以"服从组织需要"为原则，而非自由流动。人们提出调动工作、变换职业的原因也主要是专业不对口。这是因为，一方面确实存在学非所用的情况，另一方面这也是提出调动最"合理"的理由，除此之外的原因往往被掩盖了。改革开放之后，随着人们观念的更新、价值观的多元化以及职业选择的增多，劳动者的职业流动意识增强，流动的动机也呈多样化趋势。有的出于寻找更能充分施展才能的职业领域，有的则出于提高劳动报酬或改善人际关系的需要。新一代青年就业群体则具有更强的自我意识，更加重视个体价值以及工作与生活的平衡。如果工作中存在过多无偿无效加班和形式化的团队建设活动，他们会以积极的态度抵制甚至考虑更换工作。此外，调研结果还显示，当代求职者在求职前就会对雇主单位进行反向"背景调查"，主动对用人单位的工作环境、福利待遇、企业文化等进行全面的了解和评估。对于风评不好的用人单位，即使获得了入职通知也会直接拒绝[①]。

　　职业选择趋向的变化具有许多方面的积极作用。从社会角度来讲，一是淡化体制行业上的等级偏见，有利于各行各业的发展和多种体制并存繁荣；二是由于职业选择和流动注重职业的多种价值，既包括职业的经济报酬，也包括各种心理需要的满足，促使各行各业在提高经济效益、满足劳动者经济需要的同时，努力改善工作条件，创造良好的群体气氛，尊重知识、爱惜人才，以满足劳动者自我完善与发展的需要。从个人角度来讲，这种变化有力地促进了人们职业意识新的觉醒，职业选择不再是一次定终身，而是一个选择、流动的过程；同时也增强了劳动者在职业选择过程中的市场竞争意识，使广大劳动者尤其是青年较早地把职业目标与学校学习结合起来，促使他们自觉地去了解职业、熟悉社会，加速个体发展的社会化进程，以更更快地适应职业生活的发展变化。

1.4.3　变革时期职业选择的新问题

　　在标榜价值观多元化，崇尚个性、自由主义的后现代社会中，个体倾

---

　　① 前程无忧. 2022职场人求职行为观察报告［R/OL］（2022-05-18）［2024-12-10］. https://i.ifeng.ccm/c/8G3ZZdp5kKw.

向于追求"即时满足""忠于自己",工作价值和劳动伦理与前辈相比也有所衰退,表现在职业选择上,存在以下问题:

(1)职业生涯规划不足。近年来各种渠道的就业调查报告显示,青年群体普遍对自身的职业发展规划感到困惑和迷茫。一些求职者缺乏对自身的了解,不清楚自己喜欢做什么、适合做什么、未来的职业目标是什么,在找工作时表现出很大的盲目性和随机性;还有一些求职者对就业形势认识不清,无法准确把握目标行业对人才的要求,看不清当前社会的人才需求趋势(当前社会的人才需求趋势已经越来越偏向于"一门精,其他通"的复合型应用型人才);更有一些学生,在象牙塔内沉迷娱乐享受,"做一天和尚撞一天钟",对未来毫无思考和准备。

(2)职业选择盲目从众。由于缺少清晰的职业生涯规划,当代青年在择业时既不了解自身的优势,也看不清努力的方向。在进行职业决策时缺乏个人主见,或者集中涌向社会热门的职业领域,或者盲目跟随同伴群体的选择,抑或干脆遵从父母的职业安排。例如,过去20年金融行业由于其挑战大、回报高、环境优等工作特性,无论在职业选择还是专业选择上都吸引了大批青年。但随着信息技术发展对经济的持续影响,传统金融行业的吸引力不断下降,互联网和数字经济相关岗位则作为求职新宠,又成为青年求职者新一轮竞相追逐的目标。然而由于职业决策时缺乏足够的职业探索和充分的独立思考,毕业生的毁约率和入职后1年内的离职率都高达25%以上,对于求职者个人和社会来说都造成了不小的资源损失和浪费。

(3)就业心态消极被动。为了应对生涯规划不足带来的迷茫,缓解就业压力,很多青年选择通过继续深造或暂不就业等方式暂缓进入劳动力市场,即所谓的"慢就业"现象。调研结果显示①,自2015年至今,"慢就业"群体的比例整体呈上升趋势,2023年"慢就业"现象尤为明显。自2016年起,我国硕士研究生报考人数始终在高位上保持高增长趋势。2015—2022年,年平均增长15.8%。2023年全国硕士研究生报名人数达

---

① 蒋乐来.高校应届生为何选择"慢就业"?这项专题调研给出分析[EB/OL].(2023-09-14)[2024-12-10].https://baijiahao.baidu.com/s? id=1776974961290906849&wfr=spider&for=pc.

474万人，比2022年增长了17万人。[①]在这种趋势下，考研俨然成为"二次高考"。为了提高录取的可能性，"逆向考研"成为不少考生的务实选择，"双非"学校成为报考热门，报名人数快速增长。与此同时，与考研相对应的"考公"也热度居高不下。2023年国家公务员考试报名总人数首次突破250万人，创下历史新高。总体平均竞争比例为60∶1，其中竞争最激烈的职位竞争比例为6 002∶1。"考研考公"热体现了青年群体就业预期的提升和就业价值的转变。他们希望通过提升学历来增强个人竞争力，在职业选择上更加看重工作的稳定性，但也从另一方面反映了青年群体就业准备不足的客观现实，以及逃避职业决策、抗拒角色转换、暂缓就业的消极被动的就业心态。

人们在新的就业制度下所面临的各种挑战与问题清楚地表明，广大劳动者，特别是青年学生，越来越需要得到职业选择与职业适应方面的科学指导。

【小阅读】 逆向考研

"逆向考研"指"双一流"高校本科毕业生报考"双非"高校(非一流大学、非一流学科建设高校)研究生，也有人把"双非"高校理解为非原985高校、非原211高校。逆向考研的学生大致可分为两类：一类为"主动降级"，认为自己考不上名校，直接报考了低于本科层次的高校；另一类为被迫"逆向"，由于未被一志愿报考院校录取，调剂到低于本科层次的"双非"高校。

近5年来，"双一流"院校应届本科毕业生读研群体中，到"双非"读研的比例逐年升高。《2024中国大学生考研白皮书》数据显示，"逆向"报考的学员占比为19%。这一数字反映出在考研难度逐年攀升的情况下，部分本科毕业生被迫做出向下兼容的升学选择。也有部分考生表示更看重理性分析、稳妥上岸，学校层次不重要，拿到研究生学习机会最重要；或者更多地将关注重点放在学校所在地、专业排名、导师水平和就业前景等方面，而非单纯的学校层次。

资料来源 根据公开的网络资料整理。

---

① 中国教育在线. 2023年全国研究生招生调查报告［R/OL］.［2024-12-10］. https: //www.eol.cn/e_ky/zt/report/2023/catalog.html.

1.5　职业心理学对象的规定性

职业选择与确认过程是人与职业组织、社会文化相互作用的过程，在这些相互关联过程系统中，各种因素构成了相互作用的网络，使职业现象充满不确定性和挑战性。从关注职业组织的发展与其中的员工发展的角度出发，职业心理学工作者一般应重视下列四个方面的问题：

1.5.1　个体差异、个体职业选择与职业（就业）指导

个体身心特征上的差异既是社会分工的结果，又是社会分工的依据。不同生理素质、心理素质的人适合不同的职业和工作。

个体职业选择的过程实质上是在社会文化所提供的可能的条件下，个体所进行的重大人生决策。任何有效决策都需要充分、可靠的信息。在职业决策中，个体决策的成功与否取决于对自己、对职业的充分了解以及二者之间的合理匹配。在第 4 章中我们将集中讨论如何高效地获取有关自己和职业界的信息，并利用这些信息做出合适的、更有利于自身职业发展的选择。

在职业分工越来越复杂、内容越来越丰富、素质要求越来越高的当今社会中，了解自己和了解职业成为越来越不容易的事情。于是，职业（就业）指导作为一种帮助人们认识自己的职业、认识自己的社会实践的职能而发展了起来。在第 7 章中我们将具体介绍职业指导（vocational guidance）是如何运用心理学原理和技术，帮助职业选择和职业发展中的个体提高决策、适应的心理能力的。

1.5.2　组织的人员选拔

个体职业选择基于职业组织提供实际的就业机会。从职业组织的现实生产和发展目标出发，职业组织通过工作分析确定人员选拔计划，再通过计划实施，从来自组织内或组织外的申请人员中选拔出合乎要求的人员，将他们安置在相应的岗位上，并根据岗位性质付给报酬。职业组织对人员的选拔实质上是建立在对申请人员职业潜能的预测基础之上的一种工作决策。在第 5 章中我们将讨论如何运用心理学的原理和技术对申

请人员的心理素质和心理潜能进行相对可靠的评估，以使选拔决策更加科学、有效。

1.5.3 职业生涯、职业适应和职业培训、职业心理咨询

职业选拔中的一系列程序和技术都建立在工作岗位要求和申请人身心特征静止不变的基本假设的基础之上。实际上，新员工进入岗位后，岗位环境由于新人员的介入必定会发生变化，新员工进入职业岗位这个新的环境，心理上也要发生变化。实际的工作岗位与原来想象中的岗位总是有一定差距的，需要新员工对职业、对自己及自己所做出的选择做进一步了解、评定，探测自己的职业发展方向、途径，以争取自己在职业中的成功。在职业道路中，个人还会碰到职业中的种种变动、职业与家庭生活的协调等许多问题，要解决好这些问题，保证个人积极成长，最终保证其在职业组织中的发展，从个人方面来说，涉及职业中的心理适应问题；从职业组织方面来说，则涉及为员工提供充分的培训，以帮助员工适应和成长的问题。这些内容都将在第6章中做更进一步的探讨。

在职业生涯发展决策、职业适应与职业培训中，职业组织除采取一般的管理措施外，借助职业心理咨询的理念、方法和技术也是重要途径（参见第8章）。

1.5.4 职业环境优化与职业满意感、个人职业成长与职业成就

员工追求职业成功的动机与职业组织的基本发展动机是一致的。职业组织提供适合的岗位工作环境（物质的、技术的、社会的）以及职业文化环境，以激励员工为达成职业组织的发展目标进行高投入、发展高潜能。这涉及职业环境优化与职业满意感、个人职业成长与职业成就等方面的问题。从这个意义上来讲，不管是员工个人还是职业组织，了解组织文化、组织变革、激励性工作设计的原理，以创造良好的组织文化、推动有效的组织变革、参与激励性工作再设计，都是确保职业岗位成为提供职业满意感、成就感以及促进职业成长的重要认识前提之一。

以上这些问题构成现代职业心理学的实际出发点。

为反映现代职业心理学相对于传统职业心理学的这一变化，在传统职业心理学定义的基础上，我们把职业心理学界定为：研究在不断变迁的社

会、经济、文化条件下个体职业发展和职业组织发展中的心理现象，揭示个体与职业组织、社会经济文化之间在职业领域内相互作用的心理规律，并通过现实应用来促进个体职业发展、职业适应及潜能开发，进而提高职业组织效能的应用心理学分支。

【小阅读】　　　　　　**如何激励创业伙伴**

　　俗话说"打江山容易守江山难"。一个创业团队发展初期基本上都是由几个志趣相投的同伴合伙创办一份所谓的"事业"。这些伙伴可能是以前一起共事的同事，也可能是互相信任的朋友。最初，大家不分彼此，同吃同住同劳动、同甘共苦。由于大家拥有共同的目标和梦想，加上彼此间互相信任、互相欣赏，在工作中即使产生矛盾，也能够互相体谅包容、放下情绪，将关注点聚焦于解决问题本身。然而，随着企业规模扩大、业务量上升、人员扩充、分工细化，成员间的交流沟通变得越来越少，原来不分彼此、充分信任的关系会逐渐淡化。同时，随着企业逐渐度过生存危机，除了最初共同的创业目标之外，创业团队成员开始关注其他的东西。例如，自己有没有成为企业的主人，还是仅仅只是老板的下属，甚至是与新员工毫无区别的普通员工；企业的利益怎么分配，我得到了多少，谁得到的多谁得到的少……于是，创业初期掩盖的问题慢慢显露出来，原本积极主动的人开始懈怠，原本拼命卖力的业务骨干开始自寻出路。那么，该如何激励创业时的同伴，调动他们的工作积极性呢？

　　首先，要调整自己的管理理念。创业取得一定成就后，企业的管理不能再仅仅依靠同伴之间的信任，而应该利用完善的规章制度来保证企业的正常运转。创业初期的惺惺相惜和共同奋斗的"梦想"已经不再是有效的激励手段，切实的利益将成为维系创业伙伴之间合作关系必不可少的重要纽带。

　　其次，可采用多种方式激励创业伙伴的工作积极性。

　　（1）事业激励。企业在发展壮大的过程中总会遇到问题，创业成员间彼此意见不合也是常有的事。企业如果能够建立明确的阶段性和长远的发展目标，在解决成员间意见分歧的时候就能够更有方向性。同时，共同的愿景与目标还能增加团队的凝聚力。此外，还要善于听取建议，适当放权，让创业伙伴觉得自己受到尊重，是企业的主人。对那些有能力的创业伙伴，甚至可以开辟新的业务领域让其负责。

（2）感情激励。同伴间彼此信任、包容的情感氛围既是创业的基础，也是日后合作的润滑剂。巧妙地运用一些方法来升华这些感情，可以使合作关系更加牢固。例如，建立固定的合伙人聚会制度，让大家带上家人，定期交流、增进感情；加强企业文化宣传，将创业过程以企业文化的形式展现出来，使合伙人回忆过去一起奋斗的日子，增强对企业的归属感；创立一些企业的"特殊节日"，让合伙人和员工一起参加；在合伙人和员工的重要日子送上一份意义特别但不一定贵重的礼物，让他们感受到你对他们的生活和家人的关注与关心等。

（3）利润分享。利益激励往往是最有效的激励方式，特别是在企业度过生存危机的平稳发展时期，它把创业伙伴们牢牢地绑在一起。比较有效的利益激励方式是股权激励。股权激励使创业伙伴能以股东（企业主人）的身份参与企业管理、利润分享、风险承担，从而尽职尽责地为企业的长期发展服务。股权激励有很多种模式，包括股权、期权、股票增值权、账面价值增值权等。可以根据企业的具体情况灵活选择。

资料来源　赵日磊. 如何调动创业同伴的工作积极性？[J]. 经理人，2015（2）：92-95.

主要概念

职业　职业心理学　职业教育

思考题

1.阐述我国就业制度改革的主要特征及其对人们职业心理与行为的影响。

2.界定职业心理学对象的规定性。

职业发展与
个体职业社会化 第2章

重点内容

- 掌握埃里克森与莱文森的人生生命发展观的内涵及意义
- 正确理解个体职业社会化的内容及其实际价值

职业发展这个概念可以从三个层次进行界定：广义的职业发展是指在生产力推动下的产业进步与发展；次广义的职业发展指行业及行业中专业组织的发展，又叫社会职业发展；狭义的职业发展指个体选择职业、适应职业并在职业中成长的过程，是一个通过社会化，个体为职业做准备、做决策，获得职业角色、构建职业自我、适应职业角色，最终在职业中成功的过程。

✓ 2.1 产业进步与社会职业变化

几乎在不经意间，我们所熟悉的职业就在发生着变化——一些职业在逐渐消失，淡出我们的视线，而一些新的职业正在兴起，为我们带来新鲜的感受。在新旧更替中，我们感受到的并非单纯职业的兴起与消亡，更多地折射出社会的一种变化发展。随着信息革命的深入，产业结构、行业结构和组织结构都发生了深刻的变化。行业的兴衰决定着职业的存亡，而产业结构的变化则直接影响着行业结构。因此，探讨产业结构的进步和调整，能够使我们了解职业的变迁之路。

2.1.1 产业的进步和产业结构调整

1）产业进步与升级

产业，通俗地讲，就是指生产同一性质的产品或劳务的行业，如工业、农业、商业、教育业等。其产出涵盖了物质产品、精神产品和劳务。

20世纪前叶，关于三大产业的划分理论逐渐形成。

1935年，新西兰经济学家费歇尔在其所著的《安全与进步的冲突》一书中，根据人类生产活动发展的三个阶段，把整个人类社会的产业更迭分为三次。

1940年，英国统计学家克拉克明确提出了三大产业的概念，并认为第一产业是直接以自然界为对象进行的生产活动，第二产业则是把第一产业获得的原料加工成各种物品的活动，第三产业是从事产品交换和生活服务的活动。

1971年，联合国颁布了《全部经济活动的国际标准产业分类索引》（International Standard Industrial Classification of All Economic Activities，简称 ISIC），正式将产业定为三类，第一类产业以农业为主，第二类产业是制造业，第三类产业为服务业。2006年进行了第四版修订。

我国对三次产业的划分始于 1985年。当时为了适应国内生产总值统计的需要，国务院转发了《国家统计局关于建立第三产业统计的报告》，报告中首次规定了我国三次产业的划分范围。之后，2003年、2008年和2018年，国家统计局在《国民经济行业分类》（GB/T 4754—2017）国家标准的基础上，对原三次产业的划分范围进行了三次调整，并与 ISIC 建立了对应关系。在最后一次修订中，国家统计局根据《国民经济行业分类》，对三次产业划分如下：第一产业是指农、林、牧、渔业；第二产业包括采矿业，制造业，电力、热力、燃气及水生产和供应业，建筑业；第三产业是指除第一、第二产业以外的其他产业，囊括了交通运输、仓储、邮政、金融、餐饮、房地产、计算机服务、软件、批发零售等众多行业。

产业结构是指生产要素在各生产部门间的比例构成和它们之间相互依存、相互制约的关系，它是国民经济的构成，是在经济活动社会分工的基础上形成的。历史上经历了两次重大的产业结构变迁，工业革命使各国以农业为主体的经济格局转变为以工业为主，20世纪60年代兴起的信息技术革命则使各发达国家的第三产业上升为主导产业；进入21世纪，随着经济的发展，传统的三大产业划分也呈现了一些新的改变，具体表现在产业融合和第四产业的兴起上。

所谓产业融合，缘起于计算机、通信和广播电视业的"三网融合"，是指随着科技的发展和信息技术在传统领域的推广应用使各产业出现融合趋势，产业之间的边界趋于模糊，服务业迅速向第一、第二产业扩张和渗透，三大产业之间的技术和市场重叠化程度显著增强。产业融合可以实现对传统产业的改造和创新，提升产业竞争力。

随着信息技术革命的深入和社会分工的细化，第四产业随之兴起。虽然目前第四产业在我国的统计分类中尚未单独体现，但其对国民经济的重要影响依然不可忽视。第四产业又称知识产业或信息产业，涵盖了各种从事信息工作的部门，包括教育、文化、卫生、广电、体育、民政（残疾、福利、慈善）、环保、国防、司法、治安、社会保障、计生、宗教和民族事务等具有社会公共性和行政管理职能的产业。第四产业具有一些独特之点：首先，它是知识性、创造性的产业，是基于高度的科学技术和艺术等的知识性、创造性活动；其次，第四产业的形成依赖于大量丰富的信息，电子计算机和通信技术的发展为其提供了支撑；再次，它往往是国际性产业，只有在全球范围内收集知识性信息才能保证这一产业的竞争能力；最后，只有一个社会的第三产业比重占据主导地位，第四产业才能起飞。

产业结构的变迁在很大程度上反映着一国经济的发展程度。举例来说，美国2022年的三大产业结构比例分别为1.05%、16.30%、82.65%，第三产业占据主导地位。我国2022年的三大产业结构比例分别为7.3%、39.3%和53.4%；与上年相比，第一产业比重提高了0.1个百分点，第二产业维持不变，第三产业下降0.1个百分点。第一、第二产业比例过高，第三产业虽然发展迅速，但对经济增长的拉动作用还很有限。随着供给侧结构性改革的全面深入实施，我国经济发展质量正逐步提升，高技术产业蓬勃发展，工业化和信息化的融合使新业态、新模式快速成长，同时也推动了工业经济的转型升级，经济增长实现了从主要依靠工业带动向工业和服务业共同带动的转变，产业结构调整取得了一定成就。但科技成果转化率低、创新能力不足、区域发展不平衡、低端产品过剩且中高端产品不足、工业效率有待提高等仍是制约我国经济发展和转型的重要问题。

产业结构的优化调整是一个长期演变的过程。为了加快转变经济发展方式，推动产业结构调整和优化升级，完善和发展现代产业体系，国家发展和改革委员会联合有关部门2005年制定发布了《产业结构调整指导目录》。该目录由鼓励、限制和淘汰三类目录组成，引导社会资金流向相关领域，促进资源要素在行业上下游汇集，是引导社会投资方向、政府管理投资项目，制定实施财税、信贷、土地、进出口等政策的重要依据，对产业结构的调整方向和内容有重要的指导作用。《产业结构调整指导目录》在2011年、2013年、2019年和2024年分别进行了修订或修正。2024年的版本在鼓励类目录中新增了"智能制造""农业机械装备""数控机床""网络安全"等行业大类，限制类目录主要对高耗能、高排放、资源依赖性较强的行业进行了约束，体现了推进新型工业化，加快构建具有智能化、绿色化、融合化特征的现代化产业体系的优化调整目标。

2）产业进步对社会分工基础的影响

产业进步对社会分工基础产生了革命性的影响。随着产业技术与知识含量的增高，社会分工的基础从以体能为主逐步发展到以脑力（智能）为主。图2-1显示了产业发展与社会分工基础的变化。

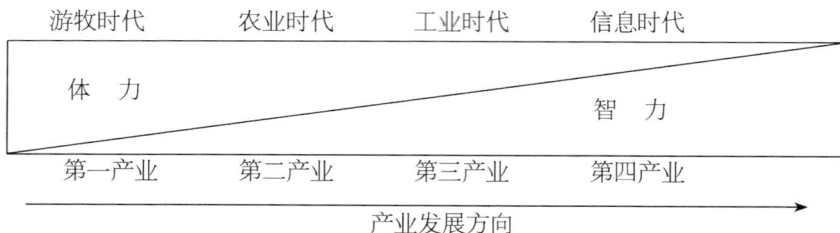

图2-1　产业发展与社会分工基础的变化

从产业发展的历程来看，每一次产业更迭，新出现的产业对原有产业的品质都会施以革命性的影响。例如，第二产业的兴起带来了农业的机械化，减轻了过去农业劳动中的劳动强度，提高了农业生产效率；第三产业的兴起带来了农业生产中的技术革命和农、工、商一体的农产品市场化；第四产业的兴起给农业带来的则是高科技、国际化的前景，几千年来靠天吃饭的粗放型农业将会变成少受或不受气候和季节影响、深度加工与经营一体化的现代化农业。随着第四次工业革命的兴起，世界开始进入工业4.0时代。随着信息技术与工业技术的深度融合、先进制造业与现代服务业的深度融合，以数据为核心要素的智能工厂、智能生产、智能物流成为数字经济时代的发展主题，工业制造的网络化和个性化越来越普遍。

产业的发展对行业的影响可能产生两个结果：一是使一些行业消亡；二是继续存在的行业内涵（产品和服务的内容、技术内核）发生变化，导致了行业的经营、运作哲学和岗位分工依据的变化，以及人员胜任素质的变化。

随着社会分工中体力主导地位的削弱，妇女在就业中与男性平等竞争的可能性提高，同时，残疾人就业与退休人员再就业也有了更大的可能性。当然，产业进步的代价也是很大的：进步越快，技术淘汰就越快，下岗、转岗、因人员技术落后造成的失业可能性越大。政府和职业组织都必须为此制定相应的政策和实施方案，避免这个过程可能带来的社会震荡。

从整体来看，产业的进步对人、职业组织的综合素质的要求都大大提高了，具体内容我们将在下一节做更深入的探讨。

【小阅读】　　　　数字经济的界定和"三新"的内容

数字经济是如何界定的？

数字经济是指以数据资源作为关键生产要素、以现代信息网络作为重要载体、以信息通信技术的有效使用作为效率提升和经济结构优化的重要推动力的一系列经济活动。2021年5月，国家统计局印发《数字经济及其核心产业统计分类（2021）》，从"数字产业化"和"产业数字化"两个方面确定了数字经济的基本范围。"数字产业化"即数字经济核心产业，由数字产品制造业、数字产品服务业、数字技术应用业、数字要素驱动业四大类组成，是数字经济发展的基础；"产业数字化"即数字化效率提升业，是数字技术与实体经济的融合。

"三新"包括哪些内容？

"三新"是指新产业、新业态、新商业模式。新产业指应用新科技成果、新兴技术而形成一定规模的新型经济活动，具体包括：一是新技术应用产业化直接催生的新产业；二是传统产业采用现代信息技术形成的新产业；三是由于科技成果、信息技术推广应用，推动产业的分化、升级、融合而衍生出的新产业。新业态指顺应多元化、多样化、个性化的产品或服务需求，依托技术创新和应用，从现有产业和领域中衍生叠加出的新环节、新链条、新活动形态，具体包括：一是以互联网为依托开展的经营活动；二是商业流程、服务模式或产品形态的创新；三是提供更加灵活、快捷的个性化服务。新商业模式指为实现用户价值和企业持续盈利目标，对企业经营的各种内外要素进行整合和重组，形成高效并具有独特竞争力的商业运行模式，具体表现为：一是将互联网与产业创新融合；二是把硬件融入服务；三是提供消费、娱乐、休闲、服务的一站式服务。

资料来源 国家统计局.统计制度及分类标准（16）［EB/OL］．［2024-12-03］. https://www.stats.gov.cn/hd/cjwtjd/202302/t20230207_1902279.html.

2.1.2 当代社会的职业发展变化

1）当代社会的职业变迁

正如在上一节提到的，过去70年全球产业结构发生了重大变化，相关的行业及职业也随之发生了巨大的变化。其突出的特征是：生产部门（包括种植、采掘、制造业）的科技含量大幅度增加，导致生产的效率大幅度提高，生产领域从业人数大幅度下降；服务部门（包括消费性服务和生产性服务）的范围不断扩大，内容不断深化，服务质量大幅度提高，使服务领域从业人员数量大幅度上升；知识经济的兴起进一步加剧了生产部门从业人员总量减少、服务部门从业人员总量增加这一趋势。

发达国家由于走在信息技术革命的前列，其产业结构变化最为显著，表现在职业领域就是：一些新职业产生并迅速发展；另一些过时职业开始衰落甚至消失；还有一些职业为适应形势开始调整和转化。职业的这些变动反过来又促进了产业结构的调整变动。

涌现出来的新兴职业主要集中在第一、第二产业的高新技术产业和蓬勃发展的第三、第四产业。如第一产业中的基因和转基因工程、遗传工程、生态农业、农业数字化的技术人员，以及农业经理人；第二产业中的计算机辅助设计工程、航空航天材料、加工中心工程、环境监测工程、纳米材料生产、碳管理工程技术人员，以及工业机器人操作员和运维人员等；第三、第四产业中的新兴职业主要集中在信息服务业、管理咨询业和社会服务业三个主要领域。

据联合国经济合作与发展组织统计，"信息职业"已占各种新生职业总和的 40% 以上。另据美国的相关统计，美国从事信息和知识生产、分配与传递工作的人数已超过全部从业人员的半数。信息和通信技术的急剧扩张，导致了对计算机工程师、计算机系统分析师和计算机基础科学以及相关领域的应用专家和操作技术人员的大量需求。信息技术的飞速发展又催生了物联网工程技术人员、云计算工程技术人员、密码工程技术人员、金融科技师、数字化管理师等新兴职业。

在管理和咨询服务业中，专业管理咨询人员的功能划分更为细化，在社会中的责任、地位和声望都日渐提高，金融分析师、投资咨询师、心理咨询师、人力资源管理师、保险评估师、保险精算师、税务代理师、理财代理师等现已成为最新的热门职业。

随着社会服务需求的扩大而出现的职业，如家政服务、旅游、康乐、健身、医疗、中介以及其他生活服务领域都有许多新职业涌现出来。家政服务助理、养老护理师、育婴师、形象设计师、健身教练、室内装饰设计师等职业的出现，反映了人们对生活质量的要求越来越高，服务性消费需求越来越丰富。

衰落和消退的职业主要集中在第一、第二产业和部分产业融合中的第三产业。传统的烧水工、修笔匠、手艺人、机械打字员已淡出人们的视野，家用产品维修业面临着整合与消亡等。

另一些职业则正经历着调整和变化。例如，第一产业中的农机师、农艺师正取代传统的农民；在第二产业，传统的手工绘图员正转化为使用计算机的电子绘图员；第三产业的变化更为迅速，过去的理发师转化为形象设计师，月嫂变为公共营养师和育婴师。事实上，几乎所有的职业都会随着生产技术的进步而发生一些调整和变化。

【小阅读】 　　　　　　　　　　近5年我国新增职业

第十三批，2019年4月1日，13个新增职业：

人工智能工程技术人员、物联网工程技术人员、大数据工程技术人员、云计算工程技术人员、数字化管理师、建筑信息模型技术员、电子竞技运营师、电子竞技员、无人机驾驶员、农业经理人、物联网安装调试员、工业机器人系统操作员、工业机器人系统运维员。

第十四批，2020年3月2日，16个新增职业：

智能制造工程技术人员、工业互联网工程技术人员、虚拟现实工程技术人员、连锁经营管理师、供应链管理师、网约配送员、人工智能训练师、电气电子产品环保检测员、全媒体运营师、健康照护师、呼吸治疗师、出生缺陷防控咨询师、康复辅助技术咨询师、无人机装调检修工、铁路综合维修工和装配式建筑施工员。

第十五批：2021年3月18日，18个新增职业：

集成电路工程技术人员、企业合规师、公司金融顾问、易货师、二手车经纪人、汽车救援员、调饮师、食品安全管理师、服务机器人应用技术员、电子数据取证分析师、职业培训师、密码技术应用员、建筑幕墙设计师、碳排放管理员、管廊运维员、酒体设计师、智能硬件装调员、工业视觉系统运维员。

第十六批：2022年6月14日，18个新增职业：

机器人工程技术人员、增材制造工程技术人员、数据安全工程技术人员、退役军人事务员、数字化解决方案设计师、数据库运行管理员、信息系统适配验证师、数字孪生应用技术员、商务数据分析师、碳汇计量评估师、建筑节能减排咨询师、综合能源服务员、家庭教育指导师、研学旅行指导师、民宿管家、农业数字化技术员、煤提质工、城市轨道交通检修工。

第十七批：2024年7月31日，19个新增职业：

生物工程技术人员、口腔卫生技师、网络安全等级保护测评师、云网智能运维员、生成式人工智能系统应用员、工业互联网运维员、智能网联汽车测试员、有色金属现货交易员、用户增长运营师、会展搭建师、文创产品策划运营师、储能电站运维管理员、电能质量管理员、版权经纪人、网络主播、滑雪巡救员、氢基直接还原炼铁工、智能制造系统运维员、智能网联汽车装调运维员。

资料来源　根据人力资源和社会保障部发布的信息整理。

2）职业发展趋势

可以看出，当前正在经历的职业变迁不免对未来职业发展的方向具有一定的启示意义。而正确把握这一发展趋势，对个人选择、转换职业有着重要的影响。

首先，社会职业种类越来越多，分布在第三、第四产业中的职业比例将不断增加。随着社会分工的发展和职业的分化，职业已经远远超出"三百六十行"，而第一、第二产业中的传统职业又正在慢慢消亡，第三产业更多地满足着人们的精神文化需求，人们日益增长的精神文化需求必然催生出更多的职业。2022 年，人力资源和社会保障部发布了《中华人民共和国职业分类大典（2022 年版）》。与 2015 年版大典相比，在保持八大类不变的情况下净增新职业 158 个，职业数达 1 639 个。新版大典首次标识了 97 个数字职业，占职业总数的近 6%。

其次，职业的教育含量增大，脑力劳动者职位在社会职位总额中所占比例越来越大。现代科学技术的发展带来的机械化、自动化正在取代单纯的体力劳动，脑力劳动因其独占性、不可替代性将会大行其道。脑力劳动可以具体划分为四种基本形态：创造知识的脑力劳动、传授知识的脑力劳动、管理知识的脑力劳动和实现知识的脑力劳动。

再次，职业要求不断更新，永久性职业减少。在竞争日趋激烈的今天，个体毕生发展能力、终身学习的态度越来越重要，懂得适时给自己"充电"，增强专业技能才不会被社会淘汰。同样，一成不变被打破后，弹性化的个体和瞬息万变的市场局势必然给个体带来更多的职业机会。

最后，专门职业化的趋势越来越明显。所谓专门职业化，是指专业职业种类和就业人数都不断增加的发展过程，它与体力劳动脑力化虽然有所区别，但联系还是较为紧密的。比如，有的职业因脑力劳动付出的比重增大，可能成为专门职业。当前，职业资格证书在许多国家进一步受到重视，这就与体力劳动脑力化和专门职业化的发展趋势直接相关。

【小阅读】 　　　　　　　　**人工智能与职业发展**

　　近年来，人工智能迅速发展，作为引领新一代科技革命和产业变革的战略性技术，其具有跨界融合、人机协同、群智开放等新特征，深刻影响了社会生活，改变着世界。人工智能通过物联网、云计算等数字技术，不仅能够降低信息成本、缓解信息不对称等难题，还能有效提高各个产业的生产效率，而且为产业创新提供新动力，使我国产业结构得到进一步升级与优化。

　　人工智能的发展催生了一批新兴产业，如无人驾驶汽车、智能家居、虚拟现实等。这些新兴产业不仅为经济发展注入了新动力，也给就业市场带来了新机遇。但在展现出巨大潜力的同时，人工智能也不可避免地存在诸多短板。

　　首先，人工智能不具备进行创造、构思以及战略性规划的能力。尽管人工智能非常擅长针对单一领域的任务进行优化，使目标函数达到最优值，但它无法选择自己的目标，无法跨领域构思，无法进行创造性的思考，也难以具备那些对人类而言不言自明的常识。

　　其次，人工智能没有"同情""关爱"之类的情绪情感，无法在情感方面实现与人类的真正互动，无法给他人带去关怀。

　　最后，人工智能和机器人技术无法完成一些精确而复杂的体力工作，如灵巧的手眼协作。此外，人工智能还难以很好地应对未知的或非结构化的空间，并在其中执行工作任务，尤其是它观察不到的空间。

　　基于人工智能的特点和发展速度，未来的职业种类可能会发生较大改变。一些基础性、重复性的工作岗位将会被人工智能所取代，如初级软件工程师、市场人员和客户服务代表等。一些需要较强沟通技巧、互动能力和高级决策过程的职业则表现出较高的不可替代性，如心理咨询师、康复理疗师、刑事辩护律师、高级管理者等。除此之外，由于人工智能技术的快速发展，与其相关的研发、运行和维护等工作岗位也会随之增多，如IT服务、云存储基础设施、数据处理与托管等。

　　资料来源　　[1] 赵飞扬，周琳.人工智能引领科技创新 助推产业结构升级 [EB/OL].（2023-12-28）. http://www.jjckb.cn/2023/12/28/c_1310757772.htm. [2] 李开复. AI·未来 [M] 杭州：浙江人民出版社，2018.

2.2　组织发展与员工素质的要求

作为社会职业的载体，组织是个体选择、获取职业的途径所在，个体只有进入组织，才能实现职业人的角色。如前所述，随着产业的进步和升级，各行各业也发生着这样或那样的变化，与此相对应，处于其中的组织也经历着不断的演进。

2.2.1　组织设计的演进

所谓"组织设计"（organizational design），是指对一个组织的结构正式的沟通渠道体系、分工、协调、控制、权利与责任进行规划、构设、创新或再造，以便从组织的结构上确保组织目标的实现。对组织来说，组织设计联结着组织的方方面面，是组织的灵魂所在。

传统的组织结构理论（organizational structure theory）形成于 19 世纪末 20 世纪初，以泰勒（F. W. Taylor）的科学管理理论为基础。他主张实行职能管理制，不仅要单独设置职能管理机构，还要在职能管理机构内部的各项管理职能之间实行专业化和标准化的分工，使所有的职能人员只承担一到两项管理职能；法约尔（H. Fayol）提出了管理的五个基本职能：计划、组织、指挥、协调和控制，认为组织结构要采取金字塔形的等级系列，即直线职能制；19 世纪后期，韦伯（M. Weber）系统地提出了官僚制组织结构的概念，为工业社会企业组织设计奠定了理论基础，其被称为"组织理论之父"。古典的组织理论和组织设计在工业时代对提高生产效率起到了重要的作用，但这一理论把人作为纯粹的"经济人"和机器，忽视人的精神需要，后来逐渐无法适应组织发展的需要了。

行为科学理论始于 20 世纪 20 年代，早期被称为人际关系学说，它把整个组织管理理论建立在个人需要的行为基础上，是一种以人为中心的组织理论。梅奥（G. E. Mayo）的人际关系学说认为职工是"社会人"，而非单纯追求经济利益的"经济人"，企业中存在非正式组织，因此要树立新型领导方式，满足员工需求。麦格雷戈（D. M. McGregor）提出了 X 理论和 Y 理论，从两个相反的角度看待员工，并认为人与人之间、个人不同时期都会适合不同的理论，已经有了权变的思想。

20世纪80年代以来，组织所赖以生存的基础发生了巨大的变化，传统的组织不可避免地要发生异化和分解，使组织的边界与结构产生了较大的变化，同时出现了很多新理念、新制度、新方法，形成了现代组织设计。传统组织设计仅注重框架结构的设计，而现代组织设计的内容涵盖了组织结构设计和组织运行制度设计两个方面。为了适应环境的变化，很多组织也从严格的纵向层级关系转向灵活的分权结构，更加扁平化的组织结构、柔性的学习型组织、团队协作制度等在组织中扩散开来。同时，现代组织更加重视"人"的作用，不同于传统的科层制组织中员工只需要执行常规职务的情况，现代员工被赋予了更多自我处置问题的权力和责任，拥有更多的自主性和能动性。组织也开始规范人才的招聘、选拔、培训、职业生涯管理等各环节，以尽可能最大限度地留住人才。

2.2.2 信息时代组织面临的挑战

1）组织面临的环境日益复杂且变化迅速

随着技术和社会经济的发展，经济全球化的深入，世界变得日益复杂，蝴蝶效应导致的金融危机、次贷危机，全球时疫性流行病的扩散等，正在影响着每个人的生活。企业生产创造产品的过程乃至整个企业的生命周期则在不断缩短。企业要想立足市场，只有依靠不断创造新产品、引导消费市场、满足顾客各种各样的需求，否则只能在竞争中被淘汰。因此，不断创新和迅疾的反应速度，将成为企业开发未来市场强有力的武器。

2）组织发展的全球化

在20世纪80年代经济全球化的进程启动后，经过40多年如火如荼的发展，经济全球化已深入人心。如今，通过互联网从组织的总部所在国发送指令到世界上距其最远的国家的组织分部也只要几秒钟，视频沟通缩短了人与人之间的距离。作为经济全球化的主要产物，跨国公司遍布全球。例如，美国通用电气公司拥有30多个业务集团，在全球100多个国家进行业务活动，戴姆勒－克莱斯勒公司的总部分别设在德国和美国，在世界150多个国家和地区设有分支机构和办事处，全球雇员总数达到46.6万人。

经济全球化扩大了组织的经济利益、市场效益，但同时，经济全球化背景下的组织也不得不面临更为强大的竞争对手、更加复杂的国际政治经济环境和文化差异等。因此，组织必须学会跨越时间、文化和地理的界限，最大限度地包容不同民族、文化的差异，满足多样化的客户需求，寻找最合适的组织结构和流程，在经济全球化中迎接挑战。

3）工作场所数字化以及对信息的依赖

计算机的普及和电子商务的发展使越来越多的组织在人员沟通、组织管理、虚拟团队合作和用户体验上依赖于网络。工作场所正在向数字化发展，组织被电子网络包围并发展着。2020年，在全球疫情的影响下，组织对于工作场所数字化的需求呈爆发式增长，这种对于信息和网络的依赖在疫情之后仍将继续保持和深化。相应地，这一发展态势必然带来信息的极端丰富化和复杂化，如何在这些大量的信息中收集、甄别、利用、传递适合自己的最新而有效的信息，做出正确的运营决策，这对组织提出了严峻的挑战。

4）呼吁社会责任，尊重社会伦理

在20世纪70年代以前，组织被作为纯粹的经济结构，追逐利润是其最主要的目标，很多经济学家也认为最大限度地追求经济利益就是组织社会责任感的表现。随着经济的发展和社会意识的提高，越来越多的人认识到，除此之外，组织还应该服务社会、创造文化、提供就业机会、把高质量的产品和服务以最低的价格提供给消费者。如今，很多世界著名企业的最高使命已不再是盈利，而是把服务社会、造福人类、改变生活等崇高使命作为自己企业文化的核心。同样，对于企业员工而言，正所谓"天下兴亡，匹夫有责"，每个人也都应该背负起对企业、社会乃至国家的责任。

【小阅读】 **企业社会责任**

2024年11月19日，由中国企业改革与发展研究会、责任云研究院主办的"ESG中国·第七届北京责任展开幕式暨《企业社会责任蓝皮书（2024）》发布会"在北京召开，会上发布了《企业社会责任蓝皮书（2024）》。

《企业社会责任蓝皮书》已经连续发布了16年，是中国企业社会责任领域颇具影响力的研究成果之一，深入剖析了国有企业100强、民营企业100强、外资企业100强以及15个重点行业、部分优秀企业在社会责任（ESG）管理和信息披露方面的表现，揭示了中国企业在履行社会责任方面的发展趋势，为新时代新征程中国企业更好履行社会责任提供有效借鉴，助推中国企业社会责任向着更高质量前行。

课题组研究发现：

（1）2024年，中国企业300强社会责任发展指数为42.0分，超五成企业社会责任发展指数达到三星级及以上水平，86家企业仍在"旁观"。

（2）华润集团、中国三星、现代汽车、国家能源集团、中国石化、中国华电、宝武、东风公司、国家电网、中国建材集团、中交集团等企业的社会责任发展指数位列前茅。

（3）国有企业100强社会责任发展指数（60.3分）连续16年领先于民营企业100强（42.1分）与外资企业100强（23.5分）。

（4）东亚社会责任发展指数领先于欧美，其中以韩资企业社会责任发展指数得分最高，为73.2分；欧美企业普遍不足20分，仍在"旁观"。

资料来源 中国发展改革.第16本《企业社会责任蓝皮书》在京发布［EB/OL］.［2024-11-21］. https://baijiahao.baidu.com/s?id=1816320873192153301&wfr=spider&for=pc.

2.2.3 产业进步与组织发展对人的素质的挑战

产业结构的调整、组织的发展不断催生着新的岗位，这必然会对员工的素质提出更高的要求。如何在现代社会中提高个人素质，更好地应对职业带来的挑战，是值得思考的问题。

1）素质的内涵和职业素质

（1）素质的内涵

素质是人的活动的主观条件和内在依据，从一定意义上讲，是一个人的质量或品质的代名词。

素质可以表现为社会性、整体性、内在性、基础性、稳定性和发展性几个方面。

素质的社会性，指人的素质是适应社会需要而培养和发展起来的，是通过人类遗传的积淀和现实教育以及实践活动等方式实现的；素质的整体性，指素质反映了人的整体面貌；素质的内在性，指素质是人本身所具有的一种不可直观的东西，它要通过人的活动能力和社会行为才能表现出来；素质的基础性，指素质是能力的基础，能力是素质的表现；素质的稳定性，指人的素质一旦形成，就会以比较稳定的形式表现和反映出来，在各种不同的场合显示出较为一致的品格；素质的发展性，指素质的稳定性是相对的，素质是可以改变和发展的。

美国哈佛大学国际事务研究中心的战略专家们提出了"现代人素质分析模型"，认为现代人应该具备以下素质：

① 愿意接受新事物，思想上倾向于革新和变化。

② 乐于发表意见。

③ 时间观念强。

④ 对人本身的能力较有信心。

⑤ 计划性强。

⑥ 普遍的信任感，对周围的人有较多的信任。

⑦ 信奉并愿意遵循公平待人的原则。

⑧ 对新式教育感兴趣。

⑨ 比较尊重他人。

根据素质的内涵可以将素质划分为思想品德素质、生理素质、心理素质、科学文化素质、审美素质等几个方面。

① 思想品德素质，是指人的思想观念、政治观念、伦理道德水平，也包含人的纪律观念、法治观念等。在职业活动中，它还包含一个人的职业道德水平。

② 生理素质，是运动能力的基础，其中包括力量素质、速度素质、耐力素质、柔韧性素质和灵敏性素质等。

③ 心理素质，是指人的认识过程、情感过程、意志过程的具体特征及人的个性心理特征与个性倾向的总和。心理素质的水平直接影响人的自身发展、人的活动效率及人对各种环境变化的适应情况。

④ 科学文化素质，是指人的科学文化知识面、结构、层次和科学方法以及科学意识和精神。科学精神又包括奉献精神、创新精神、协作精

神、求实精神等。

⑤ 审美素质，是指人的审美修养，包括感受美、鉴赏美、表现美的能力和美的创造情趣。

以上几种素质是以心理和生理素质为基础，以科学文化素质为核心，以思想道德素质为导向，以审美素质为补充的素质结构体系，从而反映出人的整体面貌。

（2）职业素质

职业素质是从事专门工作的人自身所必须具备的条件。虽然每个劳动者无论从事什么职业，都必须具备一定的生理素质、心理素质、科学文化素质、思想品德素质和审美素质，但事实说明，不同的职业对人的五种素质的要求是不同的。

人与职业适应与否，主要是看人的职业素质是否达到了职业对人的要求，这是职业适应力问题。职业对人来说都有适应力的一般要求和特殊要求。不同的职业对人的不同要求就是对人的适应力的特殊要求，也就是对其素质优势的特殊要求。如果缺乏素质优势的基础，即使职业岗位给人提供的条件再好也无济于事。

（3）麦克利兰的胜任素质模型（competence model）

胜任素质的应用起源于20世纪50年代初。当时，美国国务院发现，以智力因素为基础选拔出的外交官在实际工作中的表现并不令人满意。他们邀请麦克利兰（D. C. McClelland）博士设计一套能够有效预测实际工作业绩的人员选拔方法。麦克利兰引用大量研究成果证明，人们主观上认为，能够决定工作成绩的一些人格、智力、价值观等方面的因素，在现实生活中并没有表现出预期的效果。因此，要回归现实，从第一手材料入手，直接发掘那些能真正影响工作业绩的个人条件和行为特征，为提高组织效率和促进个人事业成功做出实质性的贡献。他把这样发现的、直接影响工作业绩的个人条件和行为特征称为competency（胜任素质）。

确定胜任素质的过程需要遵循两条基本原则：其一，能否显著地区分工作业绩，是判断一项胜任素质的唯一标准。也就是说，在实际工作中，表现优秀的员工和表现一般的员工必须在确定的胜任素质上有明显的、可客观衡量的差别。其二，判断一项胜任素质能否区分工作业绩必须以客观数据为依据。确定胜任素质后，企业要建立能够客观衡量个人胜任素质水平的测评系统。

通常，理论界以"冰山"来说明胜任素质的特点，即胜任素质这座"冰山"是由"知识、技能"等水面以上的"应知、应会"部分和水面以下的"价值观、自我定位、驱动力、人格特质"等情感智力部分构成的。知识技能等明显、突出并且容易衡量，但真正决定一个人的成功机会的，是隐藏在水面以下的因素，它们难以捕捉、不宜测量，如果不去挖掘这些因素，在对人才的考评中则无异于舍本逐末。冰山模型参见图 2-2。

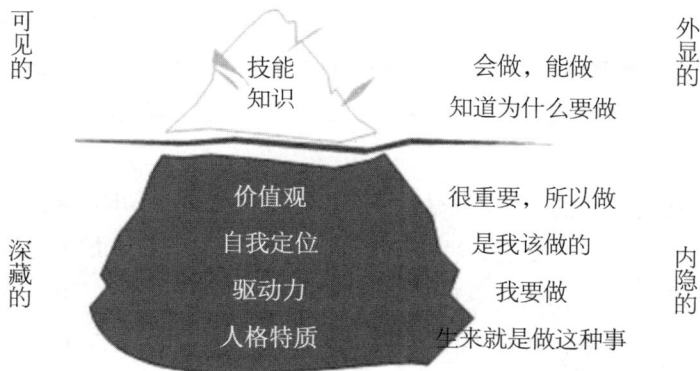

图 2-2　冰山模型

寻找胜任素质的经典方法是"行为事件访谈法"（behavioral event interview，BEI）。应用这种方法，先找出表现优异的人员和一般称职的人员，分为优秀者和一般者两组，通过访谈其行为事件，分别与他们进行特殊沟通，采用对比分析的方法，总结出优秀者和一般者在行为和思维方式上的差异。

2）社会职业的发展对人的素质的要求

（1）当今社会对人们思想品德素质的要求日益凸显

随着经济的高速发展，社会环境瞬息万变、日益复杂，整个社会的职业体系也发生了很大变化，许多旧的职业开始在内涵上产生新的变化甚至走向消亡，同时又有许多新的职业产生甚至成为就业热点，这就要求人们首先要转变对社会职业发展变化的认识，形成适应新的社会职业体系的新思想和新观念。

也正是整个社会经济和文化的发展，社会生活的日趋民主化、法治化，要求人们在具有强烈的职业道德感和责任感的同时还必须具有比过去更强烈的法律意识和法治观念。

（2）社会职业的发展要求人们不断提高自身的生理素质

随着社会职业的发展，整个社会出现了体力劳动脑力化的趋势。但这并不表明对人的生理素质的要求开始下降了。事实上，生理素质是一切活动的基础和保证，是高效率和高质量工作的保证。对于脑力工作者而言，由于缺乏运动和锻炼，更容易出现各种疾病和不适，如电脑综合征、偏头痛、颈椎病、腕管综合征等。另外，随着工作压力的加大，"过劳死"在脑力工作者中逐渐增多。这些无一不为当前的脑力工作者的健康敲响了警钟。

（3）社会职业的发展要求就业者提高自身的职业心理健康水平

社会职业的迅速变迁，使人们面临着更大的工作压力，竞争加剧，工作和生活节奏加快，从而更可能引发精神上的疲劳、紧张、焦虑等不良情绪，影响心理健康，降低工作效率，给工作带来消极影响。因此，为适应当代社会职业的发展，人们必须增强自己的意志力、自控力、认识力及心理调适能力，从而加强自身对职业和社会的适应性。

（4）社会职业的发展需要更高的科学文化素质

社会职业的发展使得职业种类变化迅速，劳动分工越来越细化，各种分工之间的联系也越来越密切而复杂，这就要求现代人必须具有强烈的奉献精神、创新精神、协作精神和求实精神。另外，由于职业种类的迅速变迁，同一职业对就业者的知识技能要求不断发生变化，而新职业的出现又会对人们的知识技能提出新的要求，因此就要求就业者在知识技能方面做到一专多能，在知识结构层次上成为复合型人才。获取知识的能力、运用知识的能力和创新知识的能力是知识经济时代个人、企业甚至国家在激烈的竞争环境中成败的关键。社会职业的发展对人的素质与提高人的素质的当代教育提出了严峻的挑战。

2.3 人生发展与职业发展

从终身发展的观点出发来考虑个体的职业心理发展，使我们能够系统地把握影响人的生活质量与潜能发挥的各种因素及其相互作用的规律。

2.3.1 生命发展观

埃里克森与莱文森提出了具有典型意义的生命发展观。现分述如下：

1）埃里克森的生命发展观

埃里克森（E. H. Erikson）是最早研究这一问题的学者之一，同时，他也很有影响力。他认为，人的心理发展共有八个阶段（见表2-1①），每个阶段都存在"危机"，这种危机是刺激人们成长或阻碍其发展的因素，具体情况则由该阶段的结果而定。比如，婴儿的学习和生存全靠他人。在良好的环境下，婴儿会对父母和他人建立起信任；反之，如果环境不好，婴儿就会对世界产生根本的不信任感，且终身难以消除。最终，每个发展阶段中正面经历与负面经历的比重大小会决定最后结果的性质。

表2-1　　　　　　　　埃里克森的生命发展阶段模型

发展阶段	年　龄
1.基本信任或不信任	0～1岁（婴儿期）
2.自信或害羞、怀疑	1～3岁（幼儿期）
3.自动自发或畏缩愧疚	3～6岁（嬉戏期）
4.自立或自卑	6～12岁（学龄期）
5.自我统合或角色混乱	12～18岁（少年期和青春期）
6.亲和或孤僻	18～25岁（青年期）
7.多谋善断或故步自封	25～50岁（中年期）
8.乐天知命或怨天尤人	50岁以上（老年期）

埃里克森模型的最后三个阶段与成人期及职业的关联度最为密切。成人期早期的主要使命是发展亲和性，真正承担起对他人和组织的义务。如果这一时期没能培养并保持这种亲和性，年轻人就会产生孤僻感，同时缺乏爱心。到了中年期，"多谋善断"（给年轻人以指导）的发展就变得相当

---

① 林崇德. 发展心理学 [M]. 杭州：浙江教育出版社，2002.

重要了，这种能力可以通过为人父母或为人师长而获得。这一时期如果没能做好这件事，人们就会产生落伍感，因为自己既没有对下一代有所帮助，又没有留给他们什么。到了晚年，人们需要理解和接受这一生最终的意义及缺憾，否则就会面临在痛苦中告别人世的局面。

埃里克森对人生和职业发展的研究有两大贡献：第一，他提出了人生各阶段的基本次序，人生中重大关头的监管问题都依次"闪亮登场"。虽然每个时期的"成功"不能保证一劳永逸地消除矛盾，但"早期阶段的失败会影响到后面阶段的整个发展"。第二，他区分了成年期发展的三个关键使命——亲和性、多谋善断、乐天知命——正如我们即将看到的，这几个使命与我们对职业的理解有着明显的联系。

2）莱文森的成年人生命发展观

莱文森（D. J. Levinson）提出的看法是，人的生命周期有四个时期：成年前期、青年期、中年期、老年期（如图2-3所示），每个时期都由稳定期和转型期交替组成。稳定期通常持续6～7年，人们追求能实现其人生重要价值的使命。稳定并不是指安静不变，而是指人们试图建立满意的生活结构。由于生活结构不可能永远合乎心意，因此就需要有一个转型期，质疑已经建立的生活结构，重新进行评价，考虑生活中的各个部分并做出改变。这个时期一般持续4～5年。

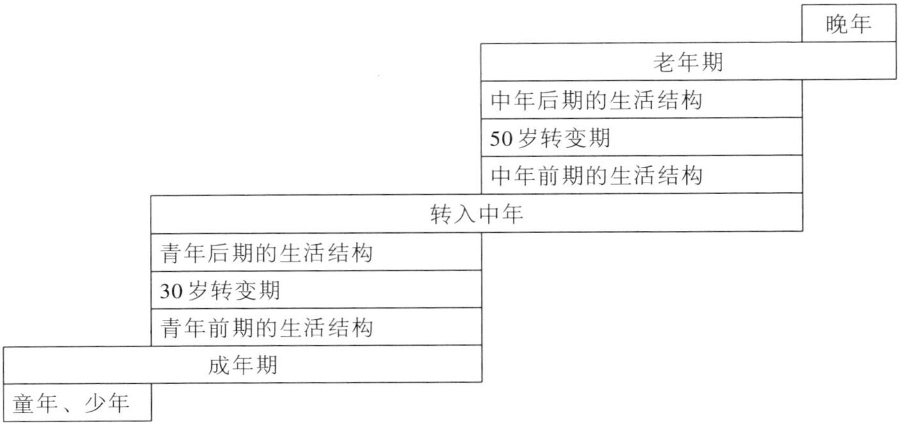

	晚年
	老年期
	中年后期的生活结构
	50岁转变期
	中年前期的生活结构
转入中年	
青年后期的生活结构	
30岁转变期	
青年前期的生活结构	
成年期	
童年、少年	

图2-3　莱文森的生命周期模型

下面，我们考察一下成年人生命中（包括青年期、中年期、老年期）的稳定期和转型期，看它们如何结合，并由此预测个人会如何发展。

（1）青年期

青年期始于 17 岁（包含早期转变过程），止于向中年转变的 40 ~ 45 岁。

早期（17 ~ 22 岁）的转变过程中，人们走出少年时代，正试图为自己在成人社会中找到一个合适的位置。年轻人想脱离父母开始新历程。通常，他们会离开家，在经济上、情感上减少对父母的依赖。要进入成人世界，年轻人必须进行一些尝试，比如，想象自己已经是一个成年人，甚至尝试扮演某一成人角色。

青年期早期（22 ~ 28 岁）的生活结构是稳定的。在这一时期，青年人刚进入成人世界，面临两个可能是互相矛盾的使命：一是尝试不同角色（即工作、人际关系），体验成人期，同时又要保留自由选择的权利。二是建立一个稳定的生活结构。有些青年人强调，这只是试探性的使命，不会真正形成对他人和组织的实际承诺；而另一些青年人却由此形成了可以确保将来一帆风顺的人际关系。但不管他们如何决策，在这个过程中肯定会有问题产生，因此，那些强调选择权和试探的人可能把握不准自己能否发展出有意义的人际关系（读者可以回忆一下埃里克森对青年时期"亲和性"的需求分析）。而强调稳定，强调对工作、组织及其他人承诺的年轻人，对于承诺是否过于死板、不够成熟也毫无把握。

无论属于两种情况中的哪一种，到 30 岁这个转型期都会刺激人们对自己的生活结构进行再评价。莱文森说："人的内心深处有个声音告诉自己：'如果我想改变我的生活——有哪些地方是需要更改或放弃的，或者是以往需补充的——我就必须从现在开始，否则就太迟了。'"如同所有的转型期一样，存在于 30 岁转型期中的上述感觉给沉思、成长和生活的再定位提供了机会。

沉思、成长、生活，这个过程构成了青年时期的"新手"阶段。在这个阶段中，年轻人拼命想变成一个"真正"的成年人。此时的主要使命就是形成、定义和追逐他的"梦想"——关于他或她应当如何生活的强有力的想法。这个梦想经常是职业方面的使命（如成为一个富有的著名金融家），不过，它也能超越工作，扩展到家庭、团体或是更大圈子的社会中去。

30岁转型期后，人们进入青年期中第二个稳定时期（30～40岁）。作为青年期的最后阶段，人们此时的生活结构有两个主要使命：一是在成人社会各主要生活领域（工作、家庭、休闲）中为自己找到合适的环境，这对个人来说很重要；二是"实现梦想"，努力与时俱进，开始更好地生活。传统美国社会里的男人一直职业性地对待上述"使命"，30～40岁属于获得职业成功的典型时期，这个时期的生活结构基本上是实现自己的梦想。莱文森构造了一个可以描述该时期的阶梯，其中包括测量各种成就的尺度，比如地位、收入、权力、名望、家庭生活质量。无论用哪种尺度进行衡量，该时期的使命就是爬上阶梯，成为一个羽翼丰满的成年人。莱文森认为，在这个时期的36～40岁之间，人们想实现自己梦想的需要变得比以往更加强烈。该时期结束的时候，人们已达到自卫/自立的目的（即成为自己）。

【小阅读】　　莱文森成年人生命发展观的关键概念

莱文森的成年人生命发展理论涉及三个主要概念，即梦想、生活结构和指导过程。

梦想：是个体对未来自我的深层次理解，由一系列的有意识和无意识的成分组成，是个人生命过程中目标和活力的主要来源。

生活结构：是个人在某一阶段的根本生活模式。它包括自我与社会文化的碰撞，自我与外部世界之间的关系、角色定位等。

指导过程：莱文森强调指导和顾问关系。指导关系的参与者和状态对职业适应和发展具有重要价值。

资料来源　ARTHUR M B，HALL D T，LAWRENCE B S. Handbook of career theory[M]. Cambridge：Cambridge University Press，1989.

（2）中年期

中年期始于生命中期的转型期（40～45岁）。在此之前的一段时间内，个人已经反复评价自己所追求的生活结构，这种评价通常伴随着巨大的混乱和苦恼："我这些年都做了些什么？我到底从妻子（或丈夫）、孩子、朋友、工作、社会那里得到了什么？我为他们、又为自己做过些什么？"莱文森和他的同事的结论是，样本中80%的男性和85%的女性在中年转型期或多或少都经历过上述思想危机。

为什么一些人会在40多岁时经历这种痛苦的再评价过程呢？莱文森指出了三个重要的相关因素：

第一，40岁左右时，身体机能下滑得即使不大，也有可能被视为失去了青春活力，这种刺激使人们增加了对死亡的注意力。而一旦意识到生命已经过去了一半，人们就会减少对外界的持续性"贡献"（即莱文森所谓的"多谋善断"）。

第二，40~50岁之间通常会发生"代"的转换。二三十岁的人容易把40多岁的人看成是"老一代"。到了自己40多岁的时候，孩子可能已经十几岁了，父母也有可能生病或去世，这时，他们就会感到自己被推入了成人世界中的老一辈人的境地，青春已经结束了。

第三，40多岁的人，其经历过的人生已经足以使其对年轻时候的梦想做出评价。没有实现梦想的人必须面对失败，重新为未来做出选择。而有些在事业阶梯上成功攀登的人也开始怀疑以前做的选择是否正确。人在30岁的时候，所做的选择更强调"自立"的某些方面（如成就、权力、竞争），这就超过了对其他方面（如友谊、照顾家人、精神上的发展）的重视。或许，按时完成工作、出差、整天的忙碌已经成为生活的一部分，然而，这却是以牺牲其他的生活方面为代价的，此时"那些被遗忘的方面急需'发泄'，于是人们就得对自己的人生重新评价一番"。

莱文森推测，中年转型期后将是一个稳定时期（中年期一开始时的生活结构，45~50岁），人们必须尝试为中年构建一个令人满意的生活状态。道格拉斯·霍尔（D. Hall）、菲利普·莫尔维斯（P. Mirvis）建议，中年人应当从事"多样化的事业"，体育界的自由代理人就是这样的例子。灵活性和自主性使中年人比他的年轻同行更适应工作，有更多的选择。多样化的事业包括"更平坦的发展之路、拓展能力范围、扩展与他人的关系及工作方式……既包括在本专业内的发展，也包括在相关方面的发展——

比如，兼有'男性'和'女性'的发展方式"。

这个阶段下来就是50岁后的转型期（50～55岁），这时的生活目的就是解决在中年时期出现的问题及承担新的发展使命。再往下又是一个稳定的阶段（中年最后的阶段，55～60岁），此时人们需要另外构建一个适合自己的生活方式。

（3）老年期

老年转型期（60～65岁）前承中年期，后接老年期。此时，身体的衰退更加明显，疾病和死亡开始发生在家人和朋友之中。面临退休，同时伴随着地位和权力的丧失。与埃里克森的看法一致，莱文森在论及老年人的工作发展时认为，必须在此时实现"生命的完整感——不仅仅是德行和成就，也是生命作为一个整体的完整。假如做到了这些，他就能在老年期享受没有痛苦和失望的生活。尽管也有不完美，却能在面对死亡时找到这一生的意义和价值"。尽管人们在老年时应当为最后的生命时光做准备，很多人还是采取了一种新的生活方式，这种生活方式也许与工作有关，也许无关。只要在一些有意义的方面还有活动能力和生产能力，老年人就并不认为自己老，他们的家人和朋友也不认为他们老了。与生产能力较低或一般的老年人相比，生产能力较高的老年人能做3倍的家务劳动、2倍的庭院劳动、3倍的有偿劳动、接近4倍的志愿工作。这些研究使人越来越意识到，老年人从正常的工作角色中退出后，仍然能够而且的确保持着高效的生产能力。

我们认为，莱文森的生活模型是直觉性的，给人印象深刻，其中，与时期有关的发展概念还可以用来研究成年人的问题，稳定期和转型期这两个概念可用于研究成年人整个成长和发展过程中存在的问题。另外，成年人在生命中所需经历的三个阶段（早期、中期和晚期）还给我们提供了一个有用的、可供考察职业问题的空间。

2.3.2 终身发展的影响系统

心理学家认为，人的发展是由多重影响系统共同决定的，个体发展的任何一个过程都是年龄阶段影响、历史阶段影响和非规范性事件影响三种影响系统相互作用的结果。

1）年龄阶段影响

年龄阶段影响指与实际年龄（生理年龄）有很强联系的那些生物学因素和环境因素的影响，如个体生理上的成熟以及与年龄有关的社会文化事件，包括家庭生活周期、接受教育（入学升学）、职业活动（就业与退休）等。这类影响在开始时间、延续长短、先后次序等方面都有很大的可预见性，某一特定社会文化中的所有成员都比较一致，因此，这类影响是规范性的。

2）历史阶段影响

历史阶段影响是与特定历史时期有关的生物学因素和环境因素的影响，如经济繁荣或衰退、社会进步、人口统计状况和社会职业结构的变化、战争、流行病等。这些事件在社会生活中的某一年龄群体的大部分成员间以相似的方式发生，因此就某一特定年龄来说，其影响也有较大的可预见性。但对于出生于不同历史年代的人来说，由于所处的历史条件及所遇到的历史事件不同，不同的年龄群体之间就表现出发展上的差异。因此，历史阶段影响也属于规范性影响，但具有一定的历史相对性。

3）非规范性事件影响

非规范性事件的影响指与特定个体相联系的生物学因素和环境因素的影响。例如，个人职业的变化、疾病、事故、离婚、亲人亡故等事件所产生的影响。这些事件缺乏个体之间的同质性，其发生的时间、形式、次序不适用于多数个体，也不明显地与发展时期相联系，其影响一方面取决于事件发生的时间、形式等条件，另一方面取决于个体的调整和过去的经验等因素。因此，它既无普遍性，又无可预见性。

4）三种影响系统的作用

在个体一生中的各个时期，三类影响系统的作用与重要性有所变化。年龄阶段影响在儿童期起着最终约束的作用，随着个体社会化进程的不断深入，生物学因素的控制作用越来越小，年龄阶段影响也相应不断减弱。不过，到了老年期，年龄阶段的影响又会增强，历史阶段影响在青少年期和成年初期特别明显，因为在这个时期，个体发展的大多数基础（如家庭生活、职业生活等）都要受到当时社会环境的影响。非规范性事件影响可能在人的一生中逐渐增强，重大生活事件在个体的发展过程中起着越来越重要的作用。

历史条件和个人特殊事件是成人发展变化的重要调节者，因此，成年期和老年期个体内部和个体之间的变异与分化比儿童期明显增多。

对人生三种影响系统的了解，可以使我们从仿生学的角度去把握代际差异和个体间的差异。对形成差异的原因的深刻认识，使我们有了控制这些因素，让这些因素发挥积极影响以促进人的职业发展的可能性。比如，为了减少重大生活事件对个体发展的非规范性影响所带来的负面效应，社会可以采取一定措施，使一些可控的生活事件，如就业、结婚、生儿育女等活动与一定的年龄阶段匹配起来，以减少个体发展中许多人为的障碍和问题。

2.3.3 人生发展周期

雪恩（E. H. Schein）认为，沿着年龄阶段的线索，人的一生交织在由三个生命周期构成的心理-社会空间当中①。这三个生命周期是生物-生活周期、工作-职业周期以及家庭生活周期，如图2-4所示。在每一个生命周期的历程中，个体在不同阶段上都需要完成一些关键性的重要人生任务，这些任务具有极大的挑战性，会给人带来很大的压力，需要个体尽最大努力去应对。应对成功，个体能得到积极发展，并对下一阶段的发展产生积极效果；应对失败，就会成为问题，对下一阶段的发展产生不利影响。

在人生发展周期应激曲线上，波峰意味着发展的一个障碍或选择点，标志着人生的一个重要任务。平滑的谷底是一种平衡、适应的最佳功能发挥状态。

在两条曲线同时处于波峰的时候，个体一般倾向于减少在某一方面的投入，降低对某一周期的参与程度，但是，这样做一般会加大各方面的压力。例如，结婚、生孩子与工作之间发生冲突，分身乏术，若采取对家庭

---

① SCHEIN E H. Career dynamics: matching individual and organizational needs [M]. Reading: Addison-Wesley, 1978.

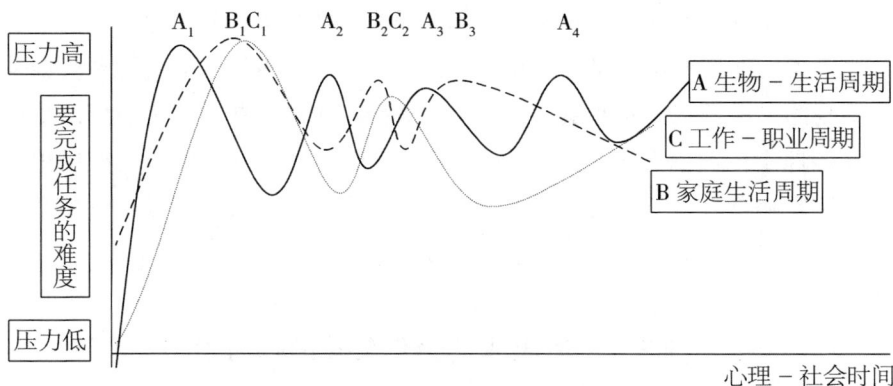

图注：A₁——青少年期危机；A₂——30岁而立之年的危机；A₃——中年危机；A₄——晚年危机；B₁——进入职业组织；B₂——取得职位；B₃——适应退休；C₁——结婚、生孩子；C₂——子女成长、离家。

图2-4　人生发展周期应激曲线图

减少参与的策略，必然会导致家庭关系的紧张；若采取对工作减少参与的策略，工作上的矛盾和压力就会加重。

解决好生命周期中的各种冲突和矛盾，需要个体素质与社会支持两个方面的条件。

1）个体素质

个体素质就是个人方面的条件，它包括：

（1）身体素质（健康、体能、天资、气质等）。

（2）童年期体质与情感方面的经验（营养、童年健康状况、父母的感情等）。

（3）社会化程度（通过他人学到的价值观以及建立在此基础上的生活目标、抱负、实现目标与抱负的现实途径等）。

（4）所积累的生活经验（与解决新问题相适应的观点、方法）。

2）社会支持

社会支持的因素包括三个方面：

（1）职业组织以人为中心的管理氛围（政策、奖酬制度、工作环境等）。

（2）同辈人的帮助（认知、情感和行动等）。

（3）家庭关系（良好的家庭人际沟通、谅解和支持）。

人生发展周期这个概念给我们提供了一个十分有用的制订职业生涯发展计划的参考框架。职业组织和员工在关于人生的哪些阶段需要解决哪些重大问题上的看法如果能够一致，就可能形成职业组织与个人在组织政策、制度和个人工作、社会安排上的默契配合，产生良好的互动，使个人和职业组织都能够在相互促进中不断成长、发展。

2.4 个体职业社会化及其影响因素

社会化是社会心理学中一个重要研究课题，也是职业心理学关心的一个问题。在个体的社会化进程中，个体的职业社会化也相伴而行。个体职业社会化的结果是个体对职业社会的适应以及个体在职业生涯中获得成就感和满意感。个体对职业社会的适应是通过职业角色的胜任来实现的，因此，在职业社会化过程中形成什么样的职业意识、职业态度、职业兴趣，发展什么样的职业能力和个性，将影响到他对职业从选择到适应的整个职业生涯。因此，理解职业社会化，即为适应职业角色需要做一些相应的准备，与发展中的职业相匹配，就显得十分重要。

职业社会化（occupational socialization）是指人一生与各种各样的职业打交道，获得对各种职业的认识，选择适合自己的职业，在职业中获得成功，并受到周围生活环境中有关职业的价值观和行为规范影响的过程。

2.4.1 个体职业社会化的概念

个体职业社会化是个体成为合格的社会劳动者所必须经过的人生历程。解决好个体职业社会化中的各种问题，有利于个人以其在职业生涯中的成功来获得人生的满意感。

个体职业社会化即个体进行与职业有关的社会化，包括学习与职业有关的知识，形成一定的职业意识，最终有效选择和适应职业角色，有效应对失业和退休后的生活方式的适应与再适应的整个历程。

在童年时代的角色游戏中，儿童就开始了对职业的探索。随着年龄的增长，个人社会活动空间不断扩展，于是，对职业逐步有了更深刻的理解，职业意识越来越鲜明，职业定向也就越来越清晰。个人职业社会化的过程与人的身心发展过程在基本方向上是一致的，也要经历从低级到高级、从准备到介入、从被动到主动的发展过程。

2.4.2　个体职业社会化的内容

1）职业意识

职业意识主要是指个体对不同职业的看法和认识。不同的人既可能对不同的职业有相似的看法，也可能对同一职业有不同的看法。例如，两个人可以把公务员和清洁工都看作为人民服务的高尚职业，但他们在对幼儿园教师的看法上，可能一个人认为这是女性的职业，而另一个人则认为无论男女都可以从事这一职业。因此，个人的职业意识互不相同，是自身所特有的。职业意识对人们选择职业有很大的影响，正是因为具有一定的职业意识，一个人才会选择某种职业而不是其他职业。

职业意识的发展是职业社会化的一个组成部分，同样受到社会文化、家庭、学校、同辈群体、大众传媒等的影响。比如，个体通过大众传媒、同辈群体等渠道来了解自己所不熟悉的职业，会根据社会文化来判断一项职业的价值，从而可能形成与父母、老师相似或符合他们期望的职业意识。

职业意识是随着个体的成长逐渐形成的。幼儿在学习语言的过程中，首先接触到各类职业的名称，他们通过诸如老师、医生、工人、农民等词汇的获得，对这些一般性的职业有了模糊的印象。在儿童期，促进职业意识发展的主要是一种角色游戏，这种角色游戏通常被称为"过家家"。在游戏中，儿童利用道具凭想象扮演各种职业角色，如司机、教师、医生等，而且模仿成人的职业行为。这样，儿童就了解了这些职业的大致概念和内容，知道这些职业是做什么的，也对不同职业有了一定的倾向性，即产生了职业意识的萌芽。进入初中阶段，个体通过以往的经历及各种信息来源，对具体职业及职业本身已比较了解，建立了对不同职业的价值判断和不同的态度，对某些职业产生了兴趣并有了对职业的理想。可以说，在这一阶段，个体的职业意识初步形成了，但个体的这种职业意识还不完整，很大程度上带有片面性、幻想性、不稳定性，他们往往不考虑自己的实际情况而对未来充满了完整的期望，这样的理想并不具有现实意义。直到高中、大学阶段，个体考虑到了自身的状况及与职业之间的关系，能够从更全面、更理智、更实际的角度看待各种职业并思考自己将来所要从事的职业，形成了具有现实意义的理想。这时，个体的职业意识才真正完全形成。

2）职业需要与职业动机

需要是人脑对生理和社会要求的反应。人为了求得自身与社会的生存和发展，就必须具备一定的条件，如饮食、睡眠、服装、交通、劳动、人际交往等，这些各种各样的必须具备的条件要求反映在个体的大脑中，就形成了需要。因此，需要是个体的一种内部状态、一种倾向。需要是个性心理倾向性的基础，它通常以动机等形式表现出来。需要是个体行为积极性的源泉，是人活动的动力。在人的活动中，需要不断被满足，又不断产生新的需要，从而不断推动人类社会向前发展。

当需要指向职业活动时，就是职业需要了。职业需要对职业活动意义重大，它是人从事职业活动和积极工作的动力来源。职业需要是由多种因素交织在一起的具有多种类、多层次特点的复杂心理倾向。从引起职业需要的因素来看，它可以分为以下几种：

（1）维持和改善生活的需要。这主要是物质方面的需要。在现代社会中，人们除了维持生存和繁衍后代之外，还有种种对更好生活的需求，如衣、食、住、行、娱乐等方面不断改善的要求。职业能提供物质报酬，人通过工作就能满足维持和改善自己及家人生活的需要。

（2）发展的需要。人们在职业活动中不断地学到新的东西，努力适应自己的职业角色，发展和完善自我。同时，从事职业活动也促进了个体社会化的发展。

（3）交往和归属的需要。人通过与他人的交往来满足社会性的需要，职业活动提供了更广泛的与人交往的机会。人们在职业活动中结交各种各样的人，参与到一定的群体之中，从而获得归属感。

（4）获得自尊的需要。社会通常要求其中的个体通过职业活动来尽一份职责，使社会自身能够向前发展。而人们也需要通过职业在社会中树立相应的形象和获得一定的地位，使自己受到他人的认可与尊重，从而满足自尊的需要。

（5）自我实现的需要。自我实现的需要是一个人最高层次的需要。个人希望自己特有的潜能得到极致发挥，并追求实现理想，做一些自己认为有意义的事情。只要从事适合自己的职业，个人就可能实现人生价值，满足这一需要。

职业需要的直接表现形式是职业动机，是人们从事职业活动的现实原因。比如，一个人选择做律师，是因为律师受人尊敬，这就是职业动机，而实际上满足的是自尊的职业需要。职业动机的重要作用在于它决定职业选择的方向，并发动、维持、激励或阻碍人进行工作。早期的管理理论认为，人工作的基本动机是获取金钱，但后来有研究表明，即使有足够的金钱，大部分人还是不愿意放弃工作，其原因是工作中能与他人保持联系。在另一项"工作中最重要因素"的研究中，"收入高低"也并未被列入首位，最重要的是"工作稳定"。而对更高层次动机的研究表明，以上"保健因素"即收入、人际关系、工作条件等的不满足只会使人失望而并不是积极动机之源，而"工作的实质"即工作本身、进展、成绩、承诺和责任，以及能够发展自我、发挥自身潜力才是工作的目的。

人们的职业需要和职业动机通常不会只存在一种，而是集中并存且相互交叉的。而且，不同的人或同一个人在不同的情况下，各种职业需要和动机强度的比例会有所差异。职业在满足人们需要的程度上也会有所差异，人们总是会选择适合自己的职业，以实现职业与需要的匹配。而实际上，尽管人们总是追求自身需要的同时满足，但职业需要有时还是会和职业实践发生一定的矛盾。首先，社会就业会出现求大于供的情况，使得人的职业需要同各种职业所需求的工作者的数量之间出现不平衡，即某种职业已有足够的人员而需要这一职业的人还有很多。其次，任何一种职业对其工作人员的质量都有一定的要求，甚至有些职业的要求还非常高，即使个人有对某种职业的需要，但如果没有该职业所要求的生理、心理素质也无济于事。由于上述两个原因，需要与职业就不能达到完全的匹配。因此，为解决这些矛盾，使个人的职业需要能够与职业相匹配并得到健康发展和充分满足，个人在进行职业选择和从事职业活动的过程中，应培养适合职业需要的品质并且不时地调整和强化自己的职业需要。

3）职业态度与职业价值观

态度是个体对某一对象所持有的评价和行为倾向，是一个比较稳定持久的个体的内在结构。态度的特征包括对象性、持续性、复杂性、社会制约性和内在倾向性。态度作为调节外界刺激与个体反应之间的中介因素，主要由认知、情感、意向三个部分组成。其中，"认知"是指对事物好坏的评价，这种评价由人们用来区分好坏的标准与指导行为的心理倾向系统及价值观决定；"情感"指对事物所抱有的好恶情感；而"意向"即行为倾向。事实上，价值观除了认知范畴外也包含情感和意志的成分。态度和价值观主要是后天受自身需要和环境影响而形成的，对个人的行为有较大影响。

当态度的对象指向职业时就是职业态度了。职业态度的中心是认知体系，是对职业好坏的评价，也就是职业价值观。职业态度的意向是人们在职业选择过程及工作中表现出来的行为倾向。职业态度的情感成分则是伴随着评价与行为倾向的喜欢或厌恶、热情或消沉等情绪情感。职业态度同态度一样有积极和消极之分，对人的职业行为的影响也不同。当人们对某种职业抱有积极的态度、职业评价很高时，便乐于参与其中，积极工作并往往取得高效率和好成绩；反之，当对某种职业抱有消极态度时，则不愿意从事该职业，即使从事也不易发挥出好的水平。有一点需要说明的是，职业态度与职业行为、工作效率之间并不是正相关的，在现实情况下，决定人们工作积极性的除态度外还有很多情境因素，如当时的身体健康状况、心境、动机以及工作的难度、强度、新异性等主观和客观因素，但职业态度仍起着较为稳定和主要的影响作用。

要使态度、价值观与职业匹配，就要使人对所从事的职业抱有积极的态度和正确的价值观。一方面，在职业选择过程中要寻找被自己的职业态度与价值观认可的职业；另一方面，在选择和从事职业过程中应变消极态度为积极态度、变不正确的价值观为正确的价值观。职业态度不是一成不变的，可以在家庭、职业教育、职业实践等环境中受父母、老师、同事等人的影响，经过服从、认同、内化的过程而改变。对于个体来说，可以通过增加与职业对象的接触，提高理性认识；通过虚心听取意见、客观评价不同意见、遵循有关社会规范和团体规定等方式，形成积极的职业态度体系；而价值观也可以通过解放思想、更新观念、加强自身修养来加以引导。

2.4.3　社会职业意识的发展

1）职业声望

美国社会职业学家特莱曼对在 20 世纪 60 年代初所做的两项调查进行了分析，排出了 83 种常见职业的社会声望等级，发现排在前五位的是总统或内阁成员、众议院议员、最高法院法官、内科医生和科学家，排在最后五位的是看门人、雇农、捡垃圾人、清洁工和擦皮鞋者。特莱曼的研究表明，职业声望的决定因素首先是职业收入，其次是职业所拥有的权力、从业人员受教育的年限、职业所需要的经验以及职业岗位的稀缺程度。研究同时也发现，社会职业声望的排序一般来说在相当长的时期内是稳定的，不同社会阶层和不同地区的公众对职业声望的评价基本一致，不同国家的公众对职业声望的评价也有很高的相关性。

随着我国改革和建设的飞速发展，经济、社会结构不断变迁，社会公认的职业声望评价在不同年代变化很大，可总结归纳为：（20 世纪）50 年代军人吃香，60 年代工人、劳模吃香，70 年代老干部吃香，80 年代知识分子吃香，90 年代企业家、商人吃香。我国学者于真于 20 世纪 90 年代初对我国公众的职业声望评价进行了调查，发现 16 种典型职业的排序由高到低分别为：教授、工程师、领导干部、企业家、影视艺术家、一般干部、运动员、中小学教师、军警、采购员、农村干部、个体户、服务员、工人、农民及神职人员。研究发现，从业者智能高和法定权利大的职业享有最高的声望；而权利小、体力付出较多的专业性职业和智力付出少、经济收入多的体力型职业次之；体力付出多、收入少的体力型职业和宗教型职业声望最低。进入 21 世纪，人们的职业声望评价又有所不同。宗刚等人 2016 年的研究发现，新时期人们对于职业声望的评价呈现出以下一些特点[①]：

（1）体制内职业的声望评价无论在政治、经济还是社会地位上都更有优势。

（2）传统常规类职业的声望地位优势不复存在，文艺类职业表现出高经济地位、低政治地位与低社会地位的特点。

（3）高知识型职业的声望评价有所下降，体现出公众职业价值观的多元化。

（4）中小学教师、农民等的职业声望处于底端。

可以看出，职业声望受到经济收入、文化程度、单位性质（是否体制内）和权力大小的影响。而"官本位"的思想在当今的职业选择中依然具有影响力。

2）职业价值

（1）传统工作价值。传统的工作价值包括经济价值、安全价值、伦理价值。

① 经济价值。当问及人们为什么工作时，他们会说"为挣钱"。若干世纪以来，经济方面的需要是人们工作的主要原因之一，工作使我们有能力付账和赊买生活必需品，这就很容易理解人们为什么特别关注所从事的职业能够取得多少收入。许多人还相信，挣钱的能力、所获报酬和一个人在社会中的地位三者是相互关联的。另外，因为这样或那样的一些原因，许多人同时从事一个以上的职业。20世纪80年代末的统计资料显示，当时我国就有大约5%的在职人员从事第二职业。根据国家统计局公布的资料，2024年我国灵活就业规模已达到2亿人，他们可能以各种方式从事一份以上的职业。

② 安全价值。在为收入而工作的同时，人们也为安全感而工作。需要是否随时得到满足是我们大多数人关心的热点。日常开支、健康保险和其他保险能否终身保持稳定，变得越来越重要。未来的不确定性往往引起人们的不安情绪，安全环境中安稳的工作会消解这种忧虑。

① 宗刚，李盼道，孙晨晨. 改革开放以来我国职业声望排序及变迁研究［J］. 北京工业大学学报（社会科学版），2016（2）：11-17.

③ 伦理价值。我们中的一些人从小就被告知，工作是一种道德责任。工作伦理告诉我们，为大家做贡献是我们对社会应尽的道德责任。我们应该做一些对人类有益的事，以回报社会为我们所提供的一切。即使经济上仍处于依赖地位的人，也会感受到这种责任，常常自愿献出自己的时间或金钱来回报社会。

（2）现代工作价值。现代工作价值包括个人认同、强自我价值、个人成长和成就感、人际（社会）交往等。

① 个人认同。除传统工作价值外，通过工作增强自我同一性、自我价值感，以及个人成长与社会交往的需要正在崛起。在很多情形下，人们都把工作内容与社会认同联系起来，似乎在"你叫什么名字？"这个问题后，接下来很自然就要问"你在做什么工作？"人们常用所做的工作来描述自己。这种社会认同接下来就会转化为个人认同——我是一名会计师、我是一个社会工作者等。对于大多数人来说，这表明工作已经成为心理成长的组成部分，我们在工作团体中的成员身份使我们的认同感和自尊感得到确定和加强。

② 强自我价值。心理发展中一个十分重要的组成部分是自尊的发展。我们的自我价值的强弱，常常与在职业生涯中我们的所作所为相关联。如果我们的所为得到承认，或者我们欣赏我们自己的所为，我们就会感到在他人眼中有一定地位，就会有自我价值感。如果我们在工作中失败或失去工作，我们的自我价值感就会陡然下降。如果我们对自己所做的工作失去兴趣，我们就会开始消沉。

③ 个人成长和成就感。现代工作价值要求职业用长期个人发展和成就取代厌烦和消沉。绝大多数人赞同这种观点，当我们成长、学习和感到所做的工作既有价值又重要时，我们会感到振奋和幸福。你一定会记得刚开始得到工作或在职场中面临新技能挑战时所感受到的兴奋，但当你已经掌握大多数必备知识，职业技能非常娴熟之后，你就会感到目前的职业枯燥乏味，恨不得每一个工作日都早些结束。之所以这样，是因为当你刚开始工作的时候，你所做的一切都显得对他人很有价值，而后，当你所做的得到了报偿，你的个人需要就不再被充分满足了。

④ 社会交往。社会交往和归属也是职业满意感的一个重要方面。与尊敬的人建立友好关系，与一般人建立同事关系，对长期的工作满意感来说是一个十分重要的因素，这些关系具有提供友谊、支持、友爱和情感的潜能。格言——"不要把工作与愉快混在一起"再也不适合现代职业人了，现在人们往往能在工作中交到好朋友。

3）生活质量与工作质量

（1）生活质量。在考虑什么职业最适合自己的时候，我们必须思考我们未来所追求的生活风格或生活质量。在我们思考生活风格的时候，许多问题会在头脑中浮现出来，如我们在什么地方居住，我们希望获得什么样的成就，我们能承受多大的压力，我们将发展什么样的社会关系等。确实，在什么地方居住对我们的生活质量具有戏剧性的影响，曾有一篇题为《生活工作在旧金山》的文章指出，在什么地方居住，成为取得多大的成就以及发展家庭、邻里、工作关系的中心。卡塞尔（Cassell，1986）在刊登于《今日美国》的《探测未来趋势》一文中提到的一项调查结果显示，53%的人表示他们不愿意离开当前的社区去寻找更好的工作。当然，如果我们对居住在什么地方没有过分偏好，我们未来的职业就会更加开放。

（2）工作质量。工作质量也是直接或间接影响生活质量的一个重要因素。对工作和职业中人际关系的满意感会加强我们对生活质量的看法。人们常在家中谈论工作，并在工作中谈论自己的家庭，很难把生活中这两个主要方面截然分开。从工作质量中获得的满意感取决于人们在工作中感受到自己的个性、兴趣和能力表达的充分程度。

4）职业角色意识

中国社会科学院曾对全国47家企业的15 472名职工做了一项职业角色意识方面的调查，发现我国企业职工在工作积极性的五个维度上表现出如下倾向：

（1）努力性——处于一般偏高水平。

（2）主动性——处于较低水平。职工的等待性、被动性较强，一般处于被动接受任务的状态，主动接受较多任务的人远远少于嫌任务太多的人。

（3）创造性——大多数人在遇到困难时能想办法解决现有问题，但不愿多动脑筋去开拓创新。

（4）负责性——能服从安排、遵守规定、接受要求，但主动参与精神和负责精神不够。

（5）情绪性——多数职工在工作中很少体验到高涨的情绪和紧张感，一些职工明显流露出低沉、消极情绪。进一步分析发现，除厂级领导干部外，企业职工对本职工作的安心程度及主人翁感较低，工作主动性也较差。

在20世纪80年代中国社会科学院社会学研究所、日本青少年研究所及早稻田大学社会学系合作的一项题为"中日青年工人劳动意识调查"的跨文化研究中，得出的关于中国职工职业意识的结论，与上述结果十分相似。

在以时间为测度的工作投入程度上，中国青年工人低于日本青年工人（见表2-2）。

表2-2   **以时间为测度的工作投入程度比较**

问题：你在工作时，觉得时间过得快，还是过得慢？

	中国青年工人（%）	日本青年工人（%）
时间一下子就过去了	14.8	33.2
时间过得很慢	23.1	7.8

在经济有保障的情况下的生活安排取向上，中国青年工人中想玩的人比日本青年工人要多（见表2-3）。

表2-3   **经济有保障情况下的生活安排取向比较**

问题：如果你有足够的钱，不工作也能愉快、充裕地生活，那么你是想玩还是想工作？

	中国青年工人（%）	日本青年工人（%）
想玩	49.8	26.7
想工作	50.2	73.1

由表中的两组资料可见，在当时的社会背景中，两国青年工人的职业角色意识存在的差异。

5）闲暇

作为成年人，人们不仅需要学会工作，还需要学会如何放松和享受闲暇时间。

闲暇指工作之余的愉快时光，在这些时间里，人们有空去从事属于自己的活动和满足个人的兴趣，如看电影、运动健身、读书等。

闲暇有恢复、补偿价值，给个人提供完善不同层面角色与需要的空间和自我提高、自我实现的空间。

【小阅读】   大学生职业社会化的障碍

大学生职业社会化，就是大学生逐渐接受社会的职业文化规范，并使自己逐渐成为合格的社会职业公民的过程。其中需要认知、心理、职业情感和参与层面的共同作用，若相互不协调，就会阻碍大学生职业社会化的实现。阻碍因素具体表现如下：

（1）理想与现实分离。大学生关注社会和自身的发展，走在社会的前列。但一方面，他们的身心发展阶段决定了他们对未来的职业向往和追求带有明显的理想化色彩；另一方面，在校期间他们接收到的关于职业的信息基本上都是正面的，这就使他们很容易把社会职业美好的一面绝对化。

（2）职业价值取向错位。随着市场经济的深入发展和西方文化的影响，传统的集体主义价值观和社会所倡导的"大公无私""无偿奉献"理念不再被奉为理所当然。与前辈相比，当代大学生更重视个人利益的实现和自身积极性、创造性的发挥，甚至崇尚合理的利己主义，表现出个体本位的价值取向。这使他们在对现实社会的认识和理解上，多从个人的实际利益出发，以致职业评价和职业参与功利化。

（3）职业意识偏激。由于大学生社会实践经验不足，因此他们容易在认识上产生片面化、简单化和绝对化。比如，大学生在社会职业生活中耳闻目睹一些不正之风，便产生消极的思维定式，对正确的职业要求表示反感，甚至产生对立情绪。有些大学生对社会职业的认同往往比较肤浅、偏颇，对传统的思想文化往往持怀疑、否定的态度，常把幻想当成现实。

（4）职业情感波动。大学生处于与成人相毗邻的特殊阶段，很难形成相对稳定、相对统一的心理体验，往往在"得意"时激情飞扬，"失意"时心灰意冷。忽而狂热，忽而冷漠；忽而情绪低落，忽而满腔热情。这会导致他们在职业态度上的摇摆和思想上的动摇。与波动情感相联系的是矛盾情感，即情感上的矛盾状态。

（5）职业意志脆弱。当代大学生在反传统、反文化的社会心态作用下，往往形成思维超前的特点，再加上他们的成就欲过大，常常抱有"医以济世"的心态，因此容易幻想脱离社会现实的职业目标。但是，由于大学生还处于成长时期，心理机制尚未完全成熟，人生观与世界观也不完善，因而遇到阻力和困难时很容易改变和放弃既定的奋斗目标，表现出消极的心理状态，失去以往的职业热情和职业信心。

资料来源　潘吉平. 解析大学生职业社会化的基本含义［J］. 高教探索，2011（6）.

2.4.4　影响个体社会化的因素

影响个体社会化的因素有很多，总的是指对个体产生影响的全部社会环境，其中包括宏观环境和微观环境两类。宏观环境指的主要是社会文化，微观环境则包括家庭、学校、同辈群体、大众传媒等。

1）社会文化

对文化概念的理解有多种，目前比较通俗的是把文化解释为凝聚在一个民族的世世代代和全部财富中的生活方式的总和。它包括衣食住行的方式，物品制作和使用方式，待人接物、言谈举止等交际方式，以及蕴含在哲学、宗教、道德、法律、文学、艺术、科学、风俗传统中的思考方式等。文化具有无所不在的特点，人们的行为无不体现着本民族的文化，即使是从最简单的事情中也能看出来。例如，人饿了都要吃饭，但不同的民族有着不同的习惯。中国人喜欢用筷子并且大家吃同一盘菜；欧美人用刀叉并采取分食制；日本人在吃饭前和吃饭后要说礼貌用语等。另外一个例子是，人们在相互交谈时保持的距离也体现出文化的特点，如欧洲人特别是北欧人在交谈时会保持较远的距离，甚至在一米开外，而阿拉伯人的交谈距离会近到鼻子贴鼻子。

社会文化对个体社会化的影响固然很大，但社会文化不能直接对个体发生作用，必须通过一定的"代理人"，这个"代理人"就是微观环境。

2）家庭

家庭是社会的基本单位，家庭环境对个体社会化的影响具有特殊意义。国外的研究表明，学前期是接受社会化的最重要时期，而儿童在家庭中生活的时间最长，因此儿童首先会受到家庭环境的影响。家庭和睦、家教良好、家风端正，儿童才能健康成长，社会才能健康发展。在家庭中，对子女施加社会化影响最多的莫过于父母了。首先，父母在教养自己子女的过程中，反映了社会文化的要求，他们根据社会规范、价值标准、风俗习惯来判断自己的行为，实际上是把自身早已内化了的社会文化灌输给子女。父母通过规范子女的言行，期望和要求子女领悟到只有遵守父母的准则才能满足自己的需要，而在子女学会遵守父母的准则的同时也就习得了社会的准则。其次，父母作为子女学习的榜样，其行为对子女会产生潜移默化的影响。孩子一边观察父母的行为，一边把他们的行为方式内化，以后遇到同样的情况，就会以类似于父母的方式做出反应。此外，家庭中的其他成员也对儿童的社会化有一定的影响。总之，家庭对个体社会化的作用是非常大的。

【小阅读】　　　　　叶小沫忆祖父叶圣陶

在子女的职业选择上，爷爷和父亲觉得无论做什么工作，只要是服务于人民的，都是好工作，如果说有什么更高的要求，那就是无论在什么岗位上，只求做得好是不够的，要不断进取，不断创新。拿我来说，我积极要求去北大荒，他们支持；我病退回来做工人，他们支持；我做了编辑干上了他们这一行，他们也很高兴。无论我干哪一行，他们都会给我许多具体的指导。我们家除了我，两个哥哥、一个弟弟都是工人。弟弟在陕北插队的时候是个好农民，在工厂里是个好工人，这让爷爷和父亲感到欣慰。常常有人问我，爷爷和父亲给我们留下了什么样的家训。我理解，行事守则就是家训。爷爷和父亲没有给我们留下写在纸上一直保留至今的家训。他们都强调为人师表，身教重于言教。他们做人做事的态度在潜移默化中影响着我们。

爷爷一直认为，做老师，身教永远重于言教，而且这种身教不是做出来给孩子看的，而是自身的修养，是已经养成的习惯，是平日里的一言一行。爷爷自己就是这样一位老师。我从小生活在爷爷身边，爷爷做人行事的作风在潜移默化中影响着我，当年没意识到，现在想想他的言行就是我的榜样，直到现在，碰到事情我还常常会想想爷爷会怎样做，努力不让他老人家失望。在我成长的每个时期，爷爷都给过我最实际最有力的帮助。

资料来源　叶小沫，慕立琼.叶小沫忆祖父叶圣陶：他不在意子女的学习成绩，更关注兴趣〔EB/OL〕.〔2017-10-18〕. https://www.thepaper.cn/newsDetail_forward_1829362.

3）学校

学校不同于家庭，它以一定的教育方针、培养目标，有计划、有步骤地把社会规范、价值观及历代积累下来的知识、技能传授给学生，从而帮助学生实现社会化。学校一般通过教材、教师、教育方式、考试考核、各类学生组织如学生会、兴趣小组等对学生的社会化产生影响，其中，教师的作用尤其突出。一个有威信的教师会使学生乐于接受他传授的知识和提出的要求，能够激励学生进步，他的表扬与批评对学生很重要，易于帮助学生遵守规范。学生把有威信的教师看成是自己的榜样，自觉或不自觉地在自己的行动中加以仿效，原本体现在教师身上的社会道德要求就会转化为学生自身的品德，这也是一种社会化过程。此外，教师的期待，即对具有各种心理特点的学生加以分析并提出相应的要求，在学生的社会化过程中也有很大作用。有研究表明，被教师期待的学生学习成绩会好于不被期待的学生，因此教师的期待能够推动学生的社会化。

4）同辈群体

同辈群体对青少年的社会化的影响具有不同于家庭和学校的特点。同辈群体的社会化影响通常在一种自然的状态下发挥作用，个体完全在不知不觉间接受。同辈群体中的同伴是青少年自由选择的，并且可以自由地交往、自由地探讨一些秘密的问题，这样往往满足了个人的社会需要，如安全需要、归属需要、自尊需要等。同辈群体一般有自己的价值标准、思维和行为方式，个体会采取这样的价值标准、思维和行为方式来寻求支持和归属感。所以，同辈群体是个体社会化的重要因素之一。

5）大众传媒

大众传媒是指广泛存在的多种不同的媒体形式，如书籍、报纸、杂志、广播、电视、电影、网络、音像出版物等。现代社会中的个人已经离不开形形色色的信息来源了。虽然在信息的发送者和接收者之间没有任何个人联系，但大众传媒无疑对个体有着直接的影响。大众传媒是社会文化的代言人，对个体来说是一种强大的社会化力量。

除此以外，影响个体社会化的因素还有很多，如就业单位、业余组织、志愿团体、宗教团体等。这些不同的因素并不总是相辅相成的，有时甚至会有极大的矛盾冲突。但很明确的一点是，人是有主动性的，不会只学习社会要求的东西，也会进行选择，选择自身需要的东西。

主要概念

埃里克森的生命发展观　莱文森的成年人生命发展观　个体职业社会化

思考题

1. 概述社会职业的发展及其对员工素质的要求。
2. 阐述终身发展的三种影响系统及其作用。

職業心理与职业指导的
理论基础

第3章

重点内容

•了解职业指导理论模式的三大取向

•具体掌握人格类型论、心理动力论、行为论的观点、指导策略及其评价

3.1 职业心理与职业指导理论概述

3.1.1 理论的作用与基本取向

职业指导人员的工作就是帮助求职者或学生解决所面临的各种职业问题。其工作对象包括想找工作、追求人生目标或希望从工作中获得满足与自我发展的人们。因此，在职业指导中两项最普遍且重要的工作就是：

（1）问题的界定，即描述和解释求职者或学生的问题，这一问题可称为"问题诊断"。

（2）设计指导的方法，即根据求职者或学生所面临问题的性质拟订指导计划与选择指导方法。

职业指导人员在从事这两项工作时，不管如何界定问题的性质或设计什么样的指导方法，都必须遵循一定的准则。问题的界定涉及对求职者状况的正式或非正式的测评，因此需要选择适当的工具，诸如量表、问卷或会谈。这些测评工具都是以对人类行为的某种理论假设为基础的。指导方法的设计亦涉及有关的理论概念，大部分的指导是根据"什么样的情况会影响什么人的什么行为"的概念而设计的。指导人员在使用时，必须加以

选择，根据问题的性质及相关的影响因素来决定如何处理。如果指导人员认为职业选择可以根据性质与兴趣而将人与职加以匹配，则可能根据求职者的个人特质与各种职业的性质来加以匹配，从而使问题得以解决。如果指导人员认为职业选择并非简单的人-职匹配，而是个人实现自我价值与社会价值的过程，那么指导方向就不是人-职匹配，而是帮助求职者发展职业自我概念，最终让求职者自己决定和解决自己的问题。

总之，职业指导理论（career theory）影响和指导实践主要表现在两个方面：其一，可以帮助实际工作者分辨职业问题的一般现象；其二，当实际工作者在从事问题诊断、设计指导方法等具体工作时，可以特殊的理论观点为指导。既然理论对实际工作者具有重要作用，那么了解职业指导的理论就成为职业指导工作者之必需。在本章中我们将先对职业指导的基本理论做一个了解，在第7章再详细介绍职业指导的一般程序和具体实施。

职业指导理论一方面反映了职业指导实践的需要，另一方面也反映了心理学的发展对职业指导的影响。从职业指导的历史发展来看，最初并无任何理论可循，而是先有实际的工作，而后才逐渐由实践经验中抽象出若干基本原则与假设，再加以验证与总结，进而产生理论。职业指导人员的这种由个人生活和指导经验发展出来的"非正式理论"，不仅只将每个求职者视为独特的经验个体，同时也可以从许许多多求职者身上找到一些可循的规律，尝试将这些经验进行提炼和概括，因此实践工作便成为职业指导理论的重要来源。

3.1.2　职业心理与职业指导理论的源流

职业指导理论的全面发展要归功于心理学，尤其是心理测验技术的发展。第二次世界大战（以下简称"二战"）后，社会学家和职业指导工作者广泛运用心理学的原理和方法研究职业问题。20世纪50年代之后，逐渐形成了更多的职业指导理论派别，职业指导理论趋于系统化和多样化。

心理学的理论可以作为职业指导的理论基础，而工作上的经验积累又可验证理论的假设。职业指导人员从其对人性的特点、人格发展的过程、人生价值观等的基本认知中，引出指导的策略与方法，再配合工作经验上的发现与体验，逐渐发展出具体、切实、系统的职业指导观点。

职业指导实践经验的积累和心理学理论与方法的运用已成为职业指导理论的两个基本来源。最初的职业指导理论要归功于被称为"职业指导之父"的帕森斯。1908年帕森斯在美国波士顿设立职业局，将职业指导工作发展为具体组织形态的专业性工作。帕森斯根据其多年的工作经验积累总结出职业指导的三大要素：

（1）清楚地了解自己，包括性格、能力、兴趣、局限及其他特质。

（2）了解各种职业成功必备的条件、优缺点、酬劳、机会及发展前途。

（3）合理推论上述两类资料的关系。

帕森斯所揭示的职业指导三要素，虽然严格说来不能称之为正式的理论，但却成为后来"特性-因素论"的基础，影响职业指导工作数十年。

心理学的发展为职业指导理论的蓬勃发展奠定了重要基础。二战后许多重要且有影响的职业指导理论大多源于心理学理论与方法的运用，诸如以行为主义心理学为基础的"行为论"，以发展心理学为基础的"发展论"，以精神分析心理学为基础的"人格动力论"，以社会心理学为基础的"社会认知论"，以及以人本主义心理学为基础的"需要论"等，此外还有从社会学角度探索职业指导的"社会学理论"。

【小阅读】　　　　　　　　**帕森斯的职业指导思想**

1908年，美国律师弗兰克·帕森斯通过职业咨询等一系列实践活动，首次提出了"职业指导"这一概念。这个系统的职业指导思想，指导着人们进行职业选择，使人们认识到职业指导的重要性，帮助人们按照职业规律和个体特点选择职业、规划人生，帕森斯因此被认为是职业指导之父。帕森斯最核心的观点就是在认识自我、理解工作基础上的"人-职匹配"。

通常来说，职业规划包括自我认知、职业认知、目标确立、计划实施和反馈修正五个步骤。自我认知包括职业兴趣、职业能力、职业人格和职业价值观。相关的职业规划测定工具有生涯彩虹图、生涯岛、了解人格的霍兰德六角形等，大家可以通过相关书籍进一步学习和理解。

职业生涯规划的意义在于让人们不断产生希望，使人产生连续的刺激，是人生中的大智慧，会产生积极的效果，对大部分人而言，是自我实现的价值要求。

资料来源　姚裕群，李从国，童汝根. 职业生涯规划与管理［M］. 北京：北京师范大学出版社，2011.

3.1.3　职业心理与职业指导理论的定向

综观职业指导的各种理论派别，尽管模式不一、见解各异，但各种理论之间互为补充，或者强调个人因素，或者强调社会因素，或者强调两者的综合。农应的，可分为个人取向、社会取向、综合取向三大类。

个人取向的理论重在从个体的角度探讨职业行为，重视个人的需要、能力、兴趣、人格等内在因素对职业选择与职业发展的重要作用。个人取向的理论又可大致区分为三类：以强调个人特性与职业特性相匹配为核心的特性论模式（如特性-因素论、人格类型论），以强调个人内在动机为核心的动力论模式（如需要论、心理动力论），以及从发展的观点来研究个体职业行为的发展论模式。

社会取向的理论倾向于研究作用于个人职业选择和职业发展的社会环境因素，强调个人所处的家庭与社会环境等外在因素在职业选择与职业发展中的重要作用，包括社会学理论、经济论等。

综合取向的理论认为，无论是个人因素还是社会环境因素，都不能单方面决定个人的职业选择与职业发展。职业选择与职业发展既受个人因素的影响，也受个人所处的家庭与社会环境的影响，两者相互作用，共同决定个人的职业行为。主要包括行为论、决策论和社会学习论。

总体来看，本书把职业心理学的理论框架分为五个模式，即特性论、动力论、发展论、决策论和社会认知论。各种模式所包含的理论如图 3-1 所示①。在下面的小节中，我们将对其有代表性的理论模式一一进行介绍，包括基本的理论观点、指导策略及指导方法，同时做简要评价。

---

① 孟慧. 职业心理学［M］. 北京：中国轻工业出版社，2009.

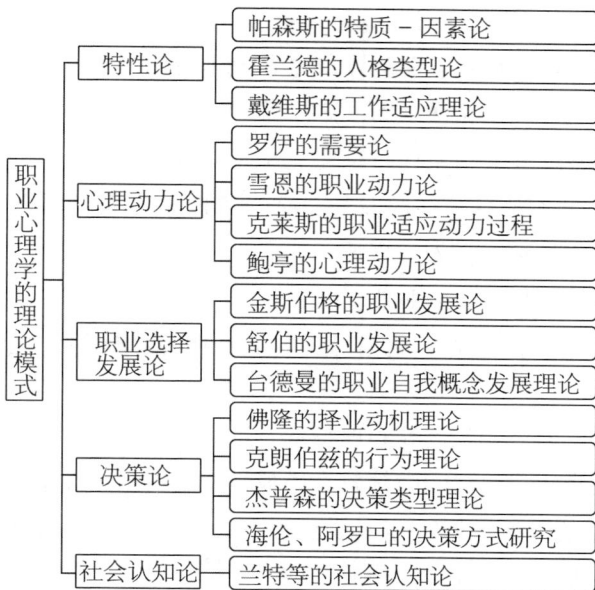

图 3-1　职业心理学的理论模式

3.2　特性论

特性论是职业指导中历史渊源最深的理论，它源于 19 世纪官能心理学的研究成果，但在职业指导方面的应用，则是建立在帕森斯关于职业指导三要素思想的基础上，由美国职业指导专家威廉姆森（E. G. Williamson）发展而成的[①]。后来，由于差异心理学的研究发现、心理测量技术的发展，以及职业资料系统的建立，其内涵逐渐充实，形成了具体的框架，从而成为职业指导实际工作中最重要的理论依据。其代表理论有帕森斯的特质-因素论、霍兰德（J. L. Holland）的人格类型论。

3.2.1　理论观点

1）特性-因素论

特性-因素论基本上是一种以经验为导向的指导模式，其主要焦点就

---

① WILLIAMSON E G. How to counsel students［M］. New York：McGraw-Hill，1939.

是人–职匹配。这一模式的理论基础是差异心理学的思想。

特性–因素论认为，个别差异现象普遍地存在于个人心理与行为中，每个人都具有自己独特的能力模式和人格模式（即特质或特性），而某种能力模式及人格模式又与某些特定职业相关。每种人格模式的个人都有其适应的职业，人人都有选择职业的机会，人的特性又是可以被客观测量的。职业指导就是解决个人的兴趣、能力与工作机会相匹配的问题，帮助个人寻找与其特性相一致的职业。

根据帕森斯所揭示的职业指导三要素，职业指导的过程由三个步骤组成：

（1）评价求职者的生理和心理特点。通过心理测量及其他手段，获得有关求职者的身体状况、能力倾向、兴趣爱好、气质与性格等方面的个人资料，同时通过谈话、调查等方法获得有关求职者的家庭背景、学业成绩、工作经历等情况，并对这些资料进行评价。

（2）分析各种职业对人的要求（职业因素）并向求职者提供有关的职业信息。这包括：

① 职业的性质、工资待遇、工作条件以及晋升的可能性。

② 求职的最低条件，诸如学历要求、身体要求、各种能力及其他心理特点及要求。

③ 为准备就业而设置的教育课程计划，以及提供这种训练的教育机构、学习年限、入学资格和费用等。

④ 就业的机会。

（3）人–职匹配。指导人员在了解求职者的特性和职业的各项指标的基础上，帮助求职者进行比较分析，以便选择适合个人特性又有可能获得的职业。

2）人格类型论

美国职业指导专家霍兰德于20世纪60年代所创立的"人格类型论"是在特性–因素论的基础上发展起来的，这一理论一方面源于人格心理学的概念，认为职业选择是个人人格的反映和延伸；另一方面则源自霍兰德本人的职业咨询经验，是经过大量研究形成的一套系统的职业指导模式。

　　人格类型论是一种人格职业类型匹配的理论。这一理论的基础在于霍兰德对人格类型的划分以及人格与职业两者间的关系。

　　有关人格与职业的关系，霍兰德提出了一系列的假设[①]：

　　在我们的文化中，大多数人的人格都可以分为六种类型：实际型、研究型、艺术型、社会型、企业型与传统型。每一特定类型人格的人，便会对相应职业类型中的工作或学习感兴趣。

　　环境也可区分为上述六种类型，人们会寻求能充分施展其能力与价值观的职业环境。

　　个人的行为取决于人格和所处的环境特征之间的相互作用。

　　在上述理论假设的基础上，霍兰德提出了人格类型与职业类型模式，不同类型人格的人需要不同的生活或工作环境，因为这种环境或职业才能给予其所需的机会与奖励，这种情况即称为"和谐"。如果类型与环境不和谐，则该环境或职业无法提供个人的能力与兴趣所需的机会与奖励。为此，霍兰德在其1973年著述出版的《职业决策》一书中描述了六种人格类型的相应职业，见表3-1。

表3-1　　　　　　　　　　　　人格类型表

人格类型	人格倾向	典型职业
实际型	喜欢有规则的具体劳动和需要基本操作技能的工作，但缺乏社交能力，不适应社会性质的职业	技能性职业（一般劳动，如技工、修理工、农民等）和技术性职业（如摄影师、制图员、机械装配工等）
研究型	具有聪明、理性、好奇、精确、批评等人格特征，喜欢智力的、抽象的、分析的、独立的定向任务一类的研究性质的职业，但缺乏领导才能	科学研究人员、教师、工程师等

　　①　HOLLAND J L. Making vocational choices: a theory of careers ［M］. Englewood Cliffs: Prentice Hall，1973.

续表

人格类型	人格倾向	典型职业
艺术型	具有爱想象、冲动、直觉、无秩序、情绪化、理想化、有创意、不重实际等人格特征，喜欢艺术性质的职业和环境，不善于事务性工作	艺术方面的（如演员、导演、雕刻家等），音乐方面的（如歌唱家、作曲家、乐队指挥等）与文学方面的（如诗人、剧作家等）职业
社会型	具有合作、友善、助人、负责、圆滑、善社交、善言谈、洞察力强等人格特征，喜欢社会交往、关心社会问题，有教导别人的能力	教育工作者（教师、教育行政人员）与社会工作者（如咨询人员、公关人员等）
企业型	具有爱冒险、有野心、独断、乐观、自信、精力充沛、善社交等人格特征，喜欢从事企事业单位的领导工作，或与人打交道的工作	政府官员、企业领导、销售人员等
传统型	具有顺从、谨慎、保守、实际、稳重、有效率等人格特征，喜欢系统地、有条理地工作	秘书、办公室人员、记事员、会计、行政助理、图书馆管理员、出纳员等

　　然而，人格类型与职业的关系也并不是绝对的。霍兰德在实验中发现，尽管多数人的人格类型可以主要地被划分为某一类型，但个人又可能有着广泛的适应能力，其人格类型在某种程度上与另外两种人格类型相近，那么，他就可能适应另外两种职业类型的工作。也就是说，某些类型之间存在着较多的相关性，同时每一类型又有一种极为相斥的人格特征。霍兰德用六边形图示简明地描述了上述六种类型之间的关系，如图 3-2 所示。

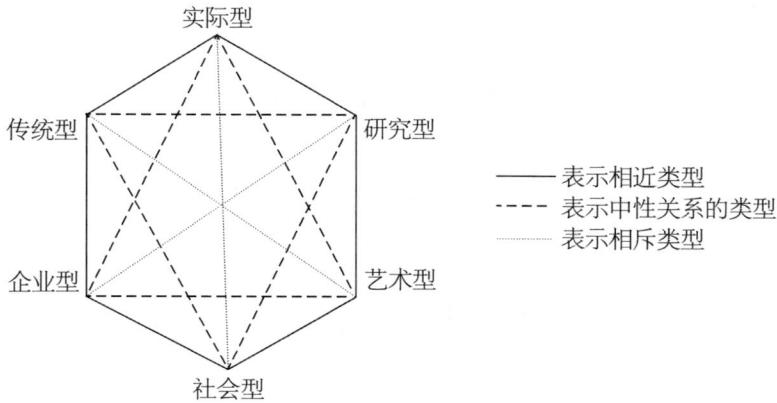

图 3-2　人格类型关系图

由图 3-2 可以看出，每一类型都有两种相近的类型（图中用"——"表示），如实际型的相近类型为传统型和研究型。每一类型又有两种中性关系的类型，即处于相近和相斥类型之间（图中用"‥‥‥"表示），如实际型的中性关系类型为企业型和艺术型。每一类型又有一种相斥类型（图中用"‥‥‥"表示），如实际型与社会型。这里的"相近"说明二者之间有许多一致性；"中性"表示二者之间有一致的地方，也有不一致的方面；"相斥"表示二者毫无共同之处。

霍兰德经过大规模的实验，分别确定了男性和女性的各种类型之间的相关系数（如图 3-3 和图 3-4 所示）。霍兰德认为，最为理想的职业选择就是个体能找到与其人格类型重合的职业环境，这称为"和谐性"，是个体工作满意度和工作绩效的重要决定因素。当个体的职业兴趣与其工作环境相匹配时，其会有更高的工作绩效和工作满意度，即一个人在与其人格类型相和谐的环境中工作，容易感受到乐趣，并获得内在满足，最可能充分发挥自己的才能。如果个人不能获得与其人格类型完全重合的职业，则应寻找与其人格类型相近的职业，即两种类型之间有较高的相关系数，经过努力，个人也能适应其职业环境。然而，个人如果选择与其人格类型相斥的职业，则既不可能感受到乐趣，也很难适应，甚至无法胜任工作，这称为"非和谐性"。

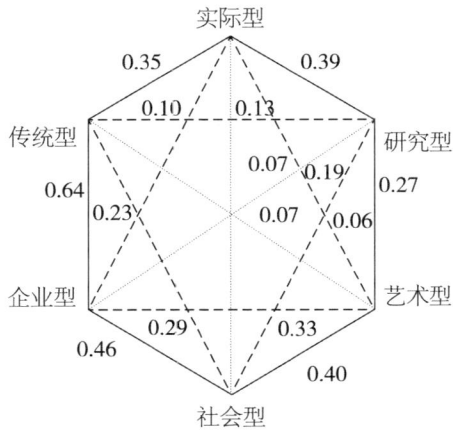

图 3-3　男性人格类型之间相关图

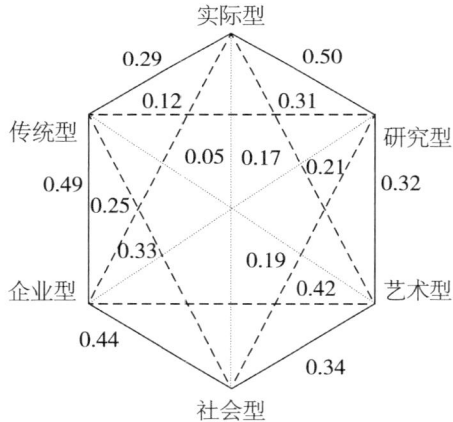

图 3-4　女性人格类型之间相关图

近些年来，随着职业兴趣研究的重新兴起，许多研究结果再次支持了霍兰德关于职业兴趣的和谐性有利于工作绩效和满意度的观点①②③④。

① NYE C D, SU R, ROUNDS J, et al. Vocational interests and performance: a quantitative summary of over 60 years of research [J]. Perspectives on Psychological Science, 2012, 7 (4): 384-403.
② NYE C D, SU R, ROUNDS J, et al. Interest congruence and performance: revisiting recent meta-analytic findings [J]. Journal of Vocational Behavior, 2017, 98 (2): 138-151.
③ SU R, TAY L, LIAO H Y, et al. Toward a dimensional model of vocational interests [J]. Journal of Applied Psychology, 2019, 104 (5): 690-714.
④ VAN IDDEKINGE C H, ROTH P L, PUTKA D J, et al. Are you interested? a meta-analysis of relations between vocational interests and employee performance and turnover [J]. Journal of Applied Psychology, 2011, 96 (6): 1167-1194.

第 3 章
职业心理与职业指导的理论基础　　81

3.2.2　指导策略

1) 特性–因素论

特性–因素论最基本的指导策略是重视心理测量技术的运用和问题的诊断。

（1）心理测量技术的运用

特性–因素论与心理测量有密切的关系，指导过程的实施是以测定人的特性为前提的。职业指导中的测验类型包括能力测验、特殊能力测验、职业兴趣测验以及人格测验，同时还包括常规的体质检查、家庭背景、学业成绩及其他有关背景情况等。

（2）问题的诊断

特性–因素论的职业指导十分重视诊断的功能。威廉姆森阐明了诊断的意义在于以一种逻辑的程序，通过各项资料了解求职者的特性，寻找出前后一致的目标，并进一步预测判断该目标是否适合求职者。为了诊断求职者的问题，威廉姆森提出了下述四种可能的问题和情况：

① 没有选择。求职者不知道也无法表达所需要选择的职业。

② 不确定的选择。求职者虽能说出自己所希望的职业名称，但不知道是否合适。

③ 不明智的选择。求职者所选择的职业与自身的能力、性格等条件不相符合。

④ 兴趣与能力相互矛盾。这种矛盾包括三种情况：兴趣高但能力低，兴趣低于能力，兴趣与能力不在同一领域。

威廉姆森认为，为确定求职者真正的问题所在，指导人员必须尽量收集所有相关资料，分析求职者问题的症结所在，以作为指导的主要依据。

（3）指导步骤

为了保证指导工作有目的、按计划地进行，特性–因素论者提出了以下指导步骤：

① 分析。通过各种测验工具及其他途径，收集有关求职者个人的兴趣、性格倾向、态度、家庭背景、知识、受教育程度及工作经历等资料。

② 综合。以个案研究法及测验的侧面图，综合整理所收集的资料，

以显示求职者个人的特点。

③ 诊断。描述求职者显著的特征和问题，将个人能力的侧面图与职业要求相对照，分析其匹配的程度，查出问题之所在。

④ 预测。依据各项资料，预测个人职业成功的可能性，或者可能产生的后果以及调整职业的可能性，据此确定选择或调整的方向。

⑤ 咨询。协助求职者了解、接受并运用各项有关的个人与职业方面的资料，进而与求职者晤谈有关择业或调整的计划。咨询的主要过程为：首先与求职者建立良好的人际关系，进而通过交谈、测量或其他方法帮助求职者更加深入地了解自我；其次帮助求职者制订教育或职业计划；最后帮助求职者实施自己的计划。

⑥ 追踪。协助求职者执行计划，若有问题产生，则再重复上述有关步骤。

以上六个步骤中，前四项中有关资料的收集、处理与解释都主要是职业指导人员的工作，求职者仅在最后两个步骤中积极参与指导过程，而测验工具的使用以及有关职业资料的提供等，则是特性-因素论的根本所在。

可见，职业指导人员与求职者的接触大致可分为三个阶段：

首先是建立关系；其次是对测验结果进行解释，并传达给求职者；最后是对目标或问题的解决方法进行分析、选择或决定。

（4）指导方法

特性-因素论的指导方法以使用测验与提供资料为主。威廉姆森认为，测验的解答有下述三种方法：

① 直接建议。职业指导人员直接告诉求职者最适当的选择或必须采取的计划与行动。

② 说服。指导人员不直接给出建议，仅以说服的方式让求职者明了其应做出的抉择。

③ 解释。职业指导人员向求职者说明各项资料的意义，以增进求职者的认识。

威廉姆森认为，解释的方法是最完整而较令人满意的方法。解释的过程通常是由职业指导人员从兴趣测验的结果开始谈起，然后以其兴趣与能力、性格、成就等测验配合分析，加上人格测验资料，之后再解说其与上述测验结果的关联。各项资料解释完毕后，再与求职者讨论其与职业选择的关系。

（5）职业资料的选择与利用

职业资料具有提供信息、改正错误观念、引发动机、参与抉择过程并执行计划等作用。职业指导工作者可根据当事人的问题所在，采取不同的方式选择与利用资料。具体方法如下：

① 以口头方式（配合若干必要的小册子或简介）与求职者沟通。

② 与求职者共同研阅并讨论书面资料。

③ 指导求职者自己向有关部门索取资料。

④ 访问从业人员或借培训的机会获得第一手资料。

2）人格类型论

人格类型论主要的指导策略是人格类型的评定与分析。表 3-1 中列示的六种人格类型可通过以下方法加以评定：

（1）定性方法

以个人自己表示的职业或教育方面的偏好，或目前所从事的职业，参照各职业或教育所属的类型，评定其人格类型所属的范围。

（2）定量方法

运用心理测量手段来测量并进行分析。测量结果可分别得到六种人格类型的分数，得分最高的一项即表示被试者接近该种类型，也就是其人格类型。霍兰德编制了两种类型的测评工具，一个是"职业偏好问卷"（VPI），另一个是"职业自我探索量表"（SDS）。VPI问卷通过让被试者在一系列工作中选择，给出答案，最后经过统计处理，确定其职业兴趣领域。而SDS这一量表包括个人的职业愿望、具体职业所需的能力、能力倾向测验及自我评估等项目，可帮助被试者在广泛的职业领域中抉择，最后通过计算机处理，确定与其人格一致的职业类型。

（3）人格组合的评定

由于各人格类型彼此并非完全独立，实际情况中一个人往往不可能完全属于某一特定的人格类型，而是多重人格的组合，因此，可依据测量结果的得分高低排列出侧面图，以分数高的前三项判断个人的人格组合。

（4）一致性（consistency）分析

在人格类型的六角形图示中，相邻的类型具有较多共同的特性，其一致性高，如实际型与研究型、研究型与艺术型等。相对的人格类型则具相反的特性，其一致性低，如实际型与社会型、研究型与企业型等，其余各种类型的一致性介于上述两类之间。类型一致的程度与个人人格稳定性及职业的成功有密切的关联。

（5）区分性（differentiation）分析

测量结果所得的六种类型的分数，最高分与最低分之间的差距大小，可显示人格组合的区分性高低。区分性高者，其职业发展过程可能较明确而稳定；区分性低者，可能出现较多变异情况。

（6）和谐性（congruence）分析

如 3.2.1 节所提到的，研究者普遍认为在个人生活或工作环境中，其人格类型与环境类型之间的和谐程度（即一致性）与职业稳定及成就密切相关。人格类别与职业环境完全吻合，其和谐程度高，职业环境所提供的机会与报酬合乎个人需要，因此可能适应性良好，工作满意；反之，人格类别与职业环境完全不一致，其和谐程度低，则适应情况可能较差。至于人格类型与职业环境不完全一致，但并非相斥，则和谐性属中等程度，其适应状况介于上述两种情形之间。职业兴趣的和谐性可以用指数来表示，即通过单一的分数量化个体职业兴趣与其所处职业环境的匹配程度。指数的计算步骤依次为形成兴趣和环境编码、从编码中选取有代表性的类型、对类型进行比较并通过主观赋值或加权计算得到和谐性指数。其中编码的生成有两个步骤：一是获得职业兴趣测验的维度分数，二是对特定工作的环境特征计算各职业兴趣维度的分数。之后，基于两列编码，将个人职业兴趣维度分数和工作的职业兴趣维度分数，分别由高到低排序，采用所选的具体计算方法得出指数。职业兴趣和谐性指数有诸多的具体计算方式。仅传统计算方式就不下 10 种，近年的研究中研究者们还引入了新的二项式回归的计算方式。目前，在职业咨询和选拔领域所使用的计算方式仍然是传统的计算方式（有关具体计算方式简介见本节小阅读）。

根据上述测评结果，在职业选择中，一般常见的问题有以下几种：

一是当事人对自己的兴趣、能力或自我意识了解不足。

二是当事人对自己的兴趣、能力或其他特性了解不具体或相互矛盾。

三是当事人缺乏职业环境资料的学习经验。

四是当事人对职业环境资料的学习经验感到困惑。

五是无上述问题，但缺乏自信心、决断力或有其他职业选择障碍。

职业指导人员针对上述问题，可分别采取适当的指导方法。通常有效的方法是提供模拟的工作经验，让求职者（或当事人）尝试六种不同类型的模拟活动，据此确定其偏好的类别。同时，亦可以根据各种职业的性质与具体要求，同求职者的人格特性进行综合的比较与分析，以供个人选择与参考。另一种方法是利用"职业自我探索量表"等工具，鼓励求职者对自己及工作领域进行深入的探索与评估，并协助求职者澄清有关问题。

3.2.3　评价

特性论是最早的职业指导理论，它奠定了职业指导的基础，其模式与方法为职业指导所广泛采用，影响深远。之所以如此，根本原因就在于这一理论抓住了职业领域中"求职与就业"这一主要矛盾，通过对求职者和职业两方面的全面深入分析，寻找人与职业之间的最佳匹配，使职业指导有规可循、有资可用。

注意个别差异与职业资料的收集与利用，是该理论的基本特点。在这一背景下，各种心理测量工具得以迅速发展并投入使用，使职业指导建立在心理学基础之上；而职业资料的收集和运用，促进了求职者对职业的广泛了解，使得职业指导成为广大求职者与招聘单位间的桥梁，沟通了二者间的联系，从而使职业指导这种以"为人谋职"和"为职找人"为基本功能的专门行业得以产生并迅速发展。

特性-因素论也有其自身的局限。一方面，个人所具有的特性错综复杂，性格、需要、价值观之间存在着交互作用，很难精确地加以测量；另一方面，职业千差万别、种类繁多，很难为每一种职业确定所需的个人特性，最多只限于通用性强的职业和少数特殊职业。同时，人、职之间的最佳匹配也很难用某种固定模式来解决。

【小阅读】 职业兴趣和谐性指数的计算

职业兴趣和谐性指数的传统计算方式很多，不同的方法采用了不同策略，这也导致在兴趣-职业和谐性与工作场所中各类效标之间关系的研究结果并不稳定。因而传统计算方法虽然应用广泛，但仍受到很多质疑，有人提出了一种新的二项式回归法。

1）传统计算方法的两个维度和代表性计算方法

传统计算方法在选取类型数目和赋值两个维度上各有差异。对选取类型的数量，霍兰德的单类型法最早用兴趣和环境编码中位于首位的类型做匹配计算。随后多类型法（如两类型、三类型）中，三类型法使用较广泛，如C指数、M指数、K-P指数、Z-S指数（详细信息请参阅文末参考文献列表）。Gati的Sb指数选取类型的具体数目不固定，仅选取两列编码中显著突出的类型[①]。此外，六边形和谐性指数使用兴趣和环境的整体剖面，建立两维坐标系进行计算[②]。对赋值方法，早期大多对所选类型之间的匹配程度做主观等级赋值，如应用广泛的Z-S指数就是对各种不同匹配情况分别赋值；也有指数采用加权计算，如C指数和K-P指数对两列编码中各位置赋予不同权重；六边形和谐性指数用代表兴趣和环境的向量的夹角来衡量和谐性。以下介绍以三类型赋值、权重和基于整体剖面的向量夹角为算法的三个指数。

（1）Z-S指数（Z-S index）

Z-S指数计算选取两列编码的前三位，分数为0~6且越高代表兴趣和谐性越高。两列编码前三位、前两位完全相同分别计6分和5分，编码相同但顺序不同计4分，仅第一位相同计3分，两列编码、仅一列编码的第一位与对方的后两位中的一位相同分别计2分和1分，双方第一位与对方的三位均不相同计0分。例如，某男生小王的现实型（R）、研究型（I）、艺术型（A）、社会型（S）、企业型（E）、传统型（C）兴趣维度得分为

---

① GATI I. Description of alternative measures of the concepts of vocational interest: crystallization, congruence, and coherence [J]. Journal of Vocational Behavior, 1985, 27 (1): 37-55.
② SWANEY K, PREDIGER D. The relationship between interest-occupation congruence and job satisfaction [J]. Journal of Vocational Behavior, 1985, 26 (1): 13-24.

45、58、40、65、72、30，其职业环境得分为 50、30、38、60、80、35，其两列编码分别为 ESIRAC 和 ESRACI，前两位完全相同，指数为 5 分。

（2）K-P 指数（The K-P index）

K-P 指数选取两列编码的前三位加权，分数为 0 到 1 的任意实数且越高代表兴趣–环境匹配度越高。计算公式 X=7−1（W1AD+W2BE+W3CF）中的 W1~W3 依次赋值 4、2、1，对应编码前三位的权重。A~C 以及 D~F 分别是兴趣编码和环境编码的前三位。AD、BE、CF 的值是霍兰德六边形模型中各类型之间的相关系数。上例中两列编码前三位（ESI 和 ESR）中的前两位相同，因此 AD 和 BE 均为 1，而相关系数 CF 为 0.46（见 3.2 特性论一节中的图 3-3），得出指数为 0.92。

（3）六边形和谐性指数（Hexagon congruence index）

Prediger 提出霍兰德职业兴趣模型中存在人物/事物（X 轴）、资料/观念（Y 轴）两条轴，六边形的中心为原点（如图 3-5 所示）[1]。

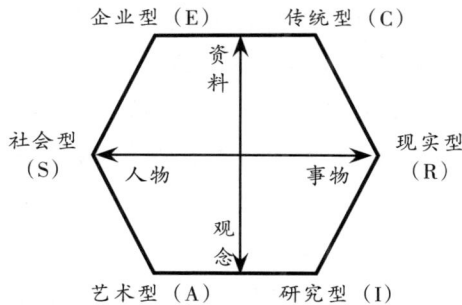

图 3-5　Prediger 的维度模型

对个体的兴趣和职业环境得分做标准分转换和加权计算可得知二者对应的坐标位置，分别与坐标系原点相连，得到兴趣和环境两个向量，向量夹角即为六边形和谐性系数值。其计算公式如下：

X = 事物/人物 = 2 × R + I − A − 2 × S − E + C

Y = 资料/观念 = 1.73 × E + 1.73 × C − 1.73 × I − 1.73 × A

将上例的数据代入公式，得到兴趣 B 和环境 T 的坐标位置分别为

————————

① PREDIGER D J. A world of work map for career exploration [J]. Vocational Guidance Quarterly, 1976, 24 (3): 198-208.

（-64，6.92）和（-73，81.31），以 O 为原点，得知 OB 与 OT 的夹角为 41.93°，即为和谐性数值。

2）多项式回归法

Nye 等人将多项式回归引入职业兴趣和谐性的计算中[1]。首先，该方法要选取一个有代表性的、覆盖目标地区大部分职业且职业分布均衡的样本，其次，要收集数据并建立一个包括兴趣和环境特征变量一次项、二次项及交互项（I、E、I2、E2、IE）的多项式回归模型。最后，将某个人的兴趣和职业环境分数代入方程，以回归系数为权重，得出与传统指数含义相似的块变量值，即用方程中各项的线性加权组合代表兴趣和谐性[2]。

综上，传统和谐性指数均是基于霍兰德职业兴趣六因素模型，其本质是对兴趣和环境在多个类型上的得分进行整合，最终形成兴趣-环境匹配度的单一分数，来量化职业兴趣和谐性，计算方法简洁、直观、便于使用，通过比较六维兴趣分数与多个职业之间的和谐性可以对个体进行职业指导。其局限性在于主观计分、默认兴趣与环境的影响相同以及忽略兴趣与环境之间差异的大小和方向等。多项式回归不但解决了传统方法的问题，而且提升了兴趣和谐性对工作满意度、绩效等效标的预测效度，在学术领域有其使用价值，但未来对回归模型建立所使用的样本、理论解释以及结果的整合与解读应深入研究，探索其实践应用的可能性。

更多信息可参阅下列参考文献：

BROWN S D，PAUL A，GORE. An evaluation of interest congruence indices： distribution characteristics and measurement properties ［J］. Journal of Vocational Behavior，1994，45（3）：310-327.

IACHAN R. A measure of agreement for use with the Holland classification system ［J］. Journal of Vocational Behavior，1984，24（2）：133-141.

KWAK J C，PULVINO C J. A mathematical model for comparing Holland's personality and environmental codes ［J］. Journal of Vocational Behavior，

---

① NYE C D，PRASAD J，BRADBURN J，et al. Improving the operationalization of interest congruence using polynomial regression ［J］. Journal of Vocational Behavior，2018，104（2）：154-169.
② EDWARDS J R，CABLE D M. The value of value congruence ［J］. Journal of Applied Psychology，2009，94（3）：654-677.

1982，21（2）：231-241.

ZENER T B，SCHNUELLE L. Effects of the self-directed search on high
school students ［J］. Journal of Counseling Psychology，1976，23（4）：
353-359.

3.3　心理动力论

美国心理学家鲍亭（E. S. Bordin）、纳奇曼（B. Nachmann）、施加
（S. J. Segal）等人以弗洛伊德的个性心理分析理论为基础，吸取了特性-
因素论和心理咨询理论的一些概念和技术，对职业团体进行了大量研究，
于20世纪60年代后期提出了一种强调个人内在动力和需要等动机因素在
个人职业选择中的重要性的职业选择与职业指导理论，被称为"心理动力
论"①。他们认为，职业选择是个人综合快乐原则与现实原则的结果。个
人在人格与冲动的引导下，通过升华作用，选择可以满足其需要与冲动的
职业。职业指导的重点应是"自我功能"的增强。若心理问题得到解决，
则包括职业选择在内的日常生活问题将可顺利解决而不需要再加以指导。
其代表理论有：罗伊（A. Roe）的需要论、鲍亭的心理动力论、雪恩的职
业动力理论和职业锚理论、克莱斯（J. O. Crites）的职业适应动力过程模
型。我们将重点介绍罗伊和雪恩的理论。

3.3.1　理论观点

1）罗伊的理论

需要论关于个人职业选择的中心论点是，一个人早期所受的教育方式
影响其追求的职业类型以及在所选择领域中可能达到的水平。职业指导就
是要帮助个人识别自己的需要，发展满足需要的技术，消除需要发展中的
障碍。

这一理论强调早期经验所发展的适应模式对个体日后职业选择行为的
影响。职业选择是个体满足其心理需要的过程，而个体心理需要的性质与

---

① BORDIN E S，NACHMANN B，SEGAL S J. An articulated framework for vocational
development ［J］. Journal of Counseling Psychology，1963，10（2）：107-116.

满足方式受遗传与环境的交互影响，特别是早期经验决定着个体心理需要的发展方向，方向一旦确定，个体便朝此方向选择职业。早期经验对个体需要发展的影响表现为：

（1）如果个体需要获得满足，则不会变成无意识的动力来源。

（2）如果个体的高层次需要（如马斯洛所谓的"自我实现""美的追求""尊重"等）未获满足，则此等需要将永远被消除，不再发展。

（3）如果低层次需要，如生理、安全等需要未获满足，则将成为主要的驱动力，促使个体满足这些需要以求生存，从而妨碍高层次需要的发展。

（4）如果延迟其需要的满足，则这些需要将成为无意识的驱动力。

上述这些需要满足的发展情况与个人早期的家庭环境，尤其是父母对待子女的态度密切相关，会极大地影响个体成年后的职业选择。罗伊将父母的行为分为三种类型：

（1）关注子女型，包括溺爱型和严格型。

（2）回避子女型，包括拒绝型和疏忽型。

（3）接受子女型，包括随意接受型与抚爱接受型。

在对教养方式做出区分后，罗伊又把所有职业划分为两大类：

（1）定向于人的职业：服务性的（如服务于他人的工作），商业性的（主要是买卖，如与顾客打交道的工作），组织性的（如商业、工业和政府组织管理者），一般文化性的（如教师、新闻工作者），艺术和娱乐性的（如创造性艺术的表演者）。

（2）定向于物的职业：技术性的（生产产品、维持生产、输送产品），户外性的（农业、森林、矿业），科学性的（自然科学理论和应用）。

不同的早期经历会使个人发展出不同的与职业选择有关的态度。生长于溺爱、过度保护及过度要求的家庭者，将发展出顺从型人格，而选择与他人有关的职业；生长于拒绝、忽视或不稳定的家庭者，将发展出倾向于独立型的人格，而选择与他人无关、定向于物的职业；如果个体感受家庭过度保护的情况非常严重，则可能发展出强烈的防卫或侵略性格，形成非人际的倾向。

罗伊的职业选择理论说明图如图3-6所示。

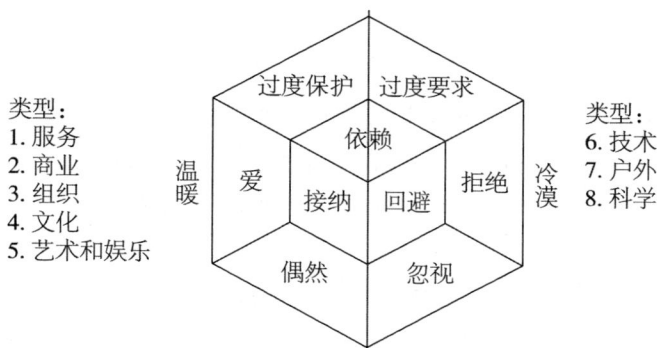

类型:
1. 服务
2. 商业
3. 组织
4. 文化
5. 艺术和娱乐

类型:
6. 技术
7. 户外
8. 科学

过度保护　过度要求
依赖
温暖　爱　接纳　回避　拒绝　冷漠
偶然　忽视

图 3-6　罗伊的职业选择理论说明图

2）雪恩的理论

与罗伊不同，雪恩试图整合职业发展的心理-个人视角和社会-组织视角，重点关注组织与个体之间相互作用的心理动力机制，进而提出了职业动力论和相互作用的职业发展观，通过外职业、内职业的区分，职业通路分析以及人力资源管理基本模型的构建，描述了职业发展与个体成长之间的关系与心路历程[①]。

（1）外职业与内职业

雪恩认为，个人的职业或职业生涯可以分为外职业和内职业两个相辅相成的方面。这两个方面有着不同的内容和成就条件，成功的职业生涯需要满足两方面的条件，特别是内职业条件。

① 外职业是指个人经历的职业道路，从接受教育开始，经由工作期，直至退休。进入外职业的条件有三：首先是一种职业要提供主要岗位或等级；其次是一种职业要提供隐含的地位阶梯；最后是职业中要有明确的规范。

② 内职业是指从业者在一种职业中所经历的通路，是"他或她自己的职业通路"，即一个人外职业的主观方面的满足。在内职业中，阶段性并不重要，而是更多地涉及个人取得成功或满足的主观情感。在内职业中，人们力图使工作事务与他们的其他需要、家庭义务和个人休闲取得

---

① SCHEIN E H. Career dynamics: matching individual and organizational needs [M]. Reading: Addison-Wesley, 1978.

均衡。

（2）职业动力论

雪恩认为，职业动力论就是要探讨职业组织的外职业系统与人们内职业系统之间相互作用的规律，揭示人们为什么喜爱或讨厌自己的工作，人们的创造力为什么有大有小，人们为什么要忠实于或背弃组织等涉及组织发展与个人发展背后的深层原因。

【小阅读】　　　　　　　　雪恩的八大职业动力

雪恩通过对麻省理工学院校友的研究，提出了职业动力的概念。他认为，职业动力是通过早期职业发展而形成的核心价值观、兴趣和需要，并提出了八种职业动力：管理、技术/功能、自主–独立、安全–稳定、服务–奉献、挑战、生活风格整合和创业。

具有管理动力的人有较强的影响他人和为他人工作承担责任的愿望；技术/功能动力是个体对学习某一专门技术的承诺；具有自主–独立动力的人偏好没有督导的独立工作；安全–稳定动力是个体对稳定的雇佣关系和工作情境的需要；服务–奉献动力是个体的助人倾向，这种倾向可能导致个体选择诸如心理咨询师、社会工作者、护士这样的职业；具有挑战动力的人倾向于选择那些每天都有有趣问题需要解决的工作；生活风格整合的动力是指个体倾向于寻求家庭责任、休闲和职业的平衡；具有创业动力的人是有创造性的，并有开始他们自己的冒险之旅或创办自己的企业的愿望。

资料来源　FELDMAN D C. Work career：a developmental perspective ［M］. Misenheimer：Pfeiffer University Press，2002.

（3）职业发展观

在职业生涯过程中，三个方面的问题贯穿职业组织、个人生命的全过程：职业组织为维持其效益、生存和发展而招聘、管理与开发人力资源；个人在自己完整的生命周期中寻找具有安全感、挑战性和自我发展机会的工作或职业；社会的发展需要前两者的整合。

职业组织的发展与职业组织中个人的发展是在相互作用中共同向前运动的，只有将两者联系起来，才能充分理解这种相互作用机制，使个人的职业追求与职业组织提供给员工的发展机会有机地关联起来。

要使行业兴旺、员工进步,从职业发展观出发,职业组织着手解决下列问题是十分必要的:

① 调整完善组织的人力资源计划和开发活动的问题。

② 改进个人职业计划,帮助陷入工作困境的人更有效地应对这种情形。

③ 改善所有职业阶段上的匹配过程,使处于早、中、晚期职业危机的组织和个人能更有效地解决这些危机。

④ 职业生涯中、晚期出现的技术落伍退化、动力消退与只求安稳的问题。

⑤ 在不同的生命阶段,使家庭事务和工作取得均衡发展的问题。

⑥ 使所有有贡献的个人或无意在组织中寻求晋升的员工保持生产效率和工作动力的问题。

雪恩在职业发展要素的基本模型(如图3-7所示)中形象地表达了职业组织提供的外职业与个人认同的内职业之间的动力关系,并明确了社会文化对职业组织与个人双方的制约关系。从职业组织的立场出发,雪恩又把这个模型称作"人力资源计划与开发的基础模型"。

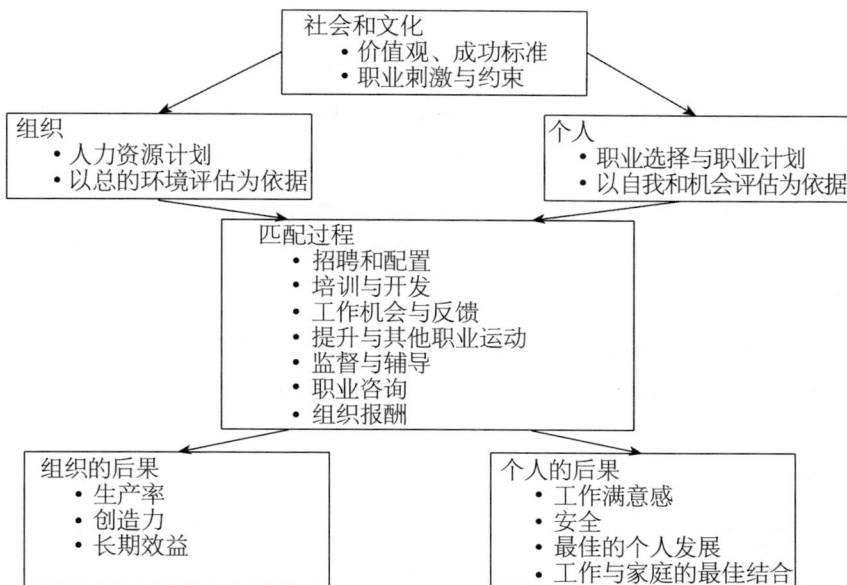

图3-7 职业发展要素的基本模型

3.3.2　指导策略

心理动力论强调个人需要的满足与焦虑的降低。因此，职业指导人员必须以诊断与测评的方法，了解求职者的人格动力状态。诊断的工作应以动态的观点对求职者的问题做详尽的分析，而不仅仅是将其问题加以分类了事。鲍亭认为，产生职业问题的求职者可能有五种情况：

（1）依赖性。求职者缺乏独立判断和自我决策的能力，而将问题的责任交付他人，在他人的指引下采取行动以满足需要。

（2）信息缺乏。求职者缺乏做出职业抉择所需的职业资料或教育信息。

（3）自我矛盾。求职者自我观念不协调，其表现形式为既想做这种工作又想从事另一种工作，或者其自我观念与环境产生冲突，如个人兴趣与家庭期望不一致。

（4）选择焦虑。求职者遇到各种选择上的冲突，产生情绪上的焦虑或挫折感。

（5）没有问题。求职者前来求助，目的仅在于征求意见，确定其所做的选择是否正确。

除上述分析方法外，鲍亭等人还提出了另一套诊断方法，即针对求职者的动机冲突做更深入的分析，具体内容包括：

（1）认识上的困难。求职者无法澄清或辨别事实状况。

（2）自我认识问题。求职者缺乏正确或全面的自我认识。

（3）需要与满足的矛盾。求职者对各种工作所能给予的需要满足程度产生不满。

（4）职业适应不良。求职者对当前的职业不满意而企图改变。

（5）明显的精神病态。求职者有较为严重的精神困扰，使得他们难以完成职业发展的相关活动。

对上述问题进行诊断后，需要针对这些问题予以指导。心理动力论除了以精神分析的基本原则作为依据外，亦重视发展的过程，因此职业指导的过程近似于个人职业发展过程的缩影，可分为三个阶段：

（1）探索。心理动力论避免对当事人的问题做表面的分析诊断，而强调应对个人与职业之间动态的关系做深入的探讨，特别就需要、心理防御机制及早期经验等方面的因素加以分析。咨询员以温暖、关切、真诚的态度，通过澄清、比较、解释等方法，协助当事人进行工作探索。

（2）初步决定。经过探索阶段后，当事人逐渐觉察现实与理想间的差距，而指导者即可适当提供改变现状的机会，这种改变不仅在于职业方面，还可对当事人的人格改变做全面规划。这是一个初步的决定，其目的在于将原先局限于职业选择的问题焦点重新集中于人格这一根本问题，视指导为人格发展的一部分。

（3）进行改变。当事人若意识到其个人的人格应有所改变，即使只涉及职业方面，也可以做出改变。

最后一个阶段的工作可由自我觉察与了解开始，适当地改变计划，如对于不合理的观念、需要或不当的经验之影响，则计划调整的重点在于减少和降低这些影响因素所带来的压力，通过相关的咨询关系与适当的咨询技术，重组其人格结构，进而发展其适宜的职业行为。

心理动力论的咨询技术综合运用了精神分析学派、特性–因素论及当事人中心论的方法，主要有澄清问题、比较、解释三项。

（1）澄清问题。在晤谈初期，咨询者以开放式的提问方式，协助当事人描述、思考与其面对的问题相关的资料，借以澄清问题。由于这种方法较少存在威胁性，因此可以增进双方的关系，而当事人也有更多机会参与咨询过程并负起若干责任。

（2）比较。咨询者将与当事人有关的情况陈述出来，包括自我期望与他人期望，过去与现在乃至未来的目标等，比较其间的相似与相异之处，从这种对比中，促使当事人面对现实，引发其对问题进一步的认识与了解。

（3）解释。运用这种方法旨在使当事人觉察其内在动机与其职业选择问题间的关系。

此外，心理动力论运用心理测验技术，对测验结果的解释亦注重当事人的参与。咨询者扮演伙伴的角色，鼓励当事人将测验结果与其问题连贯综合地加以分析，作为进一步探讨或决定的依据。

3.3.3 评价

心理动力论注重从个人职业发展的观点及个人内在因素方面来探索职业选择，强调发展当事人的自我概念，通过当事人个人人格的重建来达到恰当的职业选择目标，重视当事人在其职业选择过程中的自主作用，这对职业指导实践有重要启示。职业指导的根本目的不仅在于人–职匹配，更在于通过职业选择来达到个人的人生目标及社会对人力资源的开发和合理使用。比如，需要论将环境及个人经验背景纳入职业选择的理论框架中，兼顾个人内外因素的影响，从动态的观点考虑人的职业选择行为，较特质–因素论有很大的进步。雪恩的职业锚理论在个人职业生涯规划和组织人力资源管理中起着重要的作用，这部分内容我们将在第6章职业生涯中做更为深入的介绍。

帮助个人开发良好的职业领域，发展自我概念，最终使当事人自己做出自己的职业选择，这才是职业指导的宗旨所在。然而，对于如何实现这一目标，心理动力论尚缺乏具体确定的指导方法与措施。心理动力论过于强调个体内在因素的作用，而忽视当事人所处的现实社会环境方面的因素，未免失之偏颇。职业选择具有很强的个人特征，同时也具有鲜明的社会特征，在我国目前人们的职业选择过程中，社会环境因素起着极其重要的作用，这是职业指导者所必须重视的。

【小阅读】　　　　　　　**高考志愿：更加有的放矢**

每年6月都是高考考生和家长们的"大日子"。学子们终于走上考场，一展自己的才华，交出他们寒窗苦读的答卷。然而不少考生表示，"高考很难，但比高考还难的是填报志愿"。读大学接受高等教育很大程度上是为了日后的择业。学生所填报的专业只有符合自己的性格特点、兴趣爱好、职业理想，在未来的职业发展中才能得心应手。因此，了解自身的职业倾向对于填报志愿具有重要的意义。然而，许多高中的班主任老师都表示，现在大多数高中毕业生对于自己的职业兴趣、职业能力、职业价值观等都是"一头雾水"，对于日后的职业规划更是毫无头绪，到了大学才发现自己选的专业不喜欢或者喜欢的专业学起来吃力。

近几年，陆续有省份在部分试点高中引入高中生能力和职业倾向测评系统。这一测评系统的引入将有助于学生更好地了解自己的职业倾向，从而有针对性地展开学习。学生到了高中阶段已经有了一定的知识基础，同时在学习兴趣方面有着更加明显的分化。提前了解自己的职业倾向，有利于学生根据自己的职业兴趣和职业能力，提前确定在高考中选考的科目和大学就读的专业方向。需要注意的是，人的职业倾向并不是一成不变的，它会随着学习和工作经验的积累而发展变化。因此，测评结果应当仅作为一种科学依据为学生提供参考，而不是成为他们学习和兴趣拓展的束缚。

资料来源　陈昕宇. 高中评测职业倾向　你怎么看 [N]. 广州日报，2016-04-15 (19).

3.4　职业选择发展论

美国职业指导专家金斯伯格（E. Ginzberg）、舒伯（D. E. Super）和台德曼（D. V. Tiedeman）等人，于20世纪40年代初提出了发展性职业选择与职业指导的概念和原则，经过长期的实验研究，于50年代逐渐形成了一套理论体系。这一理论以发展心理学为理论基础，综合差异心理学、职业社会学及人格理论的有关原理，从发展的观点来探究职业选择的过程，研究个体的职业行为、职业发展和职业成熟阶段，因而成为西方职业指导领域中重要的理论学说。其代表理论有金斯伯格的职业发展论、舒伯的职业发展论和台德曼的职业自我概念发展理论。

这一理论模式认为职业发展如同人的身体和心理发展一样，可以分为几个连续的不同阶段，每个阶段都有一定的特征和职业发展任务。如果职业指导和咨询有效，个体就能在每一阶段达到职业成熟；如果前一阶段的发展任务不能很好地完成，就会影响后一阶段的职业成熟，导致最后在职业选择时发生障碍。"自我发展"是每一阶段的最终目标，所以，发展论视整个职业发展为自我发展的过程，职业选择的过程可视为发展个人职业认同（vocational self-identity）的过程。

3.4.1　理论观点

1）金斯伯格的理论观点

金斯伯格认为，随着年龄的增长，职业也在不断变化，个体在不同的年龄阶段有着不同的职业选择，对应了不同的职业发展[1]。他将个体一生职业发展分为三个时期：

首先是幻想期。儿童在四五岁时就逐渐表现出对职业的兴趣，由其内在的好奇心引发，进而会与同伴共同游戏模仿成人社会中若干职业行为，但对职业的概念与了解多凭直觉想象。

其次是试探期。试探期又可细分为兴趣、能力、价值与转移四个阶段。青少年在十一二岁时开始觉察并培养自己对某些职业的兴趣；十三四岁时，则以个人的能力为核心，衡量并表现自己的能力于各种与职业有关的活动中；至十五六岁时，开始了解职业的价值，并将这种认识融于职业选择中；至十七八岁时，则可以综合有关职业选择资料，正确了解自己未来的职业方向。

最后是实现期。这里包括试探、具体化、专门化三个阶段。根据前一时期的综合结果，开始实际进行各种尝试性活动，一旦有了结果，即进入具体化阶段，据此做出专门的就业准备。

金斯伯格的职业发展论为我们展开了一幅从幼年期到青年期个体职业心理发展的生动图景，揭示了早期职业心理发展对人生职业选择的重要影响。

2）舒伯的理论观点

舒伯通过对职业发展、职业适应以及自我概念等的综合研究，提出了一系列有关人-职关系的假设，成为职业发展的理论基础[2]。他是继帕森斯之后又一位里程碑式的职业心理学大师。

与金斯伯格一样，舒伯也认为个体是朝着职业成熟的方向发展的，但不同的是，他在金斯伯格职业发展三阶段的基础上将职业发展阶段划分为成长、尝试探索、创立、维持和衰退五个阶段。他认为，总体而言，在个人人生发展的全过程中，各个阶段按个人职业发展的层次，由幻想、不切实际的状态逐渐进入合理、切合实际而有积极意义的境界。

① GINZBERG E. Career development [M] //BROWN D，BROOKS L. Career choice and development. San Francisco：Jossey-Bass，1984.
② SUPER D E. A life-span，life space approach to career development [M] //BROWN D，BROOKS L. Career choice and development. 2nd ed. San Francisco：Jossey-Bass，1990.

（1）成长期（0~14岁）。这个时期，少年儿童通过对家庭、学校（包括幼儿园）及邻里中的重要他人的观察来发展关于职业角色的意识，并把他们与自我概念联系起来，中国古代"孟母三迁"的典故生动地说明了这个过程。在这个漫长时期的早期阶段，儿童的主观需要和幻想在职业意识发展中起着主导作用。随着社会生活环境的不断扩大，有关职业的兴趣和能力逐渐成为儿童少年所关注的重要方面。根据活动内容和形式的发展变化，这一时期又可以分为三个阶段：

① 幻想阶段（0~10岁）。这个阶段职业心理发展的特点是儿童以主观需要为主导，在幻想和模仿中实现自己对成人职业世界的追求。以玩具为工具，以玩伴为工作伙伴，通过角色游戏来实现自己对职业角色的认同。

② 兴趣阶段（11~12岁）。这个阶段的特点是爱好和兴趣成为儿童愿望和行为的主要因素。

③ 能力阶段（13~14岁）。这个阶段的特点是儿童少年开始考虑职业所需要的条件和必要的教育训练，开始关注自己能力的发展。

（2）探索期（15~24岁）。这个时期正是个体从初中到大学毕业的时期。在这个时期，青年力图更多地了解自我，并尝试职业决策。同时，在尝试的过程中通过经验的不断积累，不断地改变自己的职业期望。这个时期可以分为试验、过渡和试行三个阶段：

① 试验阶段（15~17岁）。个体通过想象、讨论、观察、访问、见习、社会实践等活动，开始全面考虑自己的需要、兴趣、能力、价值观及谋职机会等，并据此进行试验性的职业选择。

② 过渡阶段（18~21岁）。个体进入劳动力市场和接受专门训练，从过去的理想进入当前的现实，对自己已有的职业期望进行一定的现实性调整。

③ 试行阶段（22~24岁）。进入基本上适合自己的职业领域，开始了正式的职业生涯，并试图将其作为自己的终身职业。

（3）创立期（25~44岁）。在这个阶段，个体已经进入了特定的工作领域，努力掌握该领域中的职业发展信息，力图开辟自己在职业中的发展道路，把基本上适应的职业确定为自己的终身职业。这个时期又可以分为适应和稳定两个阶段：

① 适应阶段（25～30岁）。这个阶段因人而异，有些人较长，有些人较短，也有些人不经过这个阶段直接进入职业稳定状态。在这个阶段中，若个人一直不能适应，就有可能转换职业。如果一个人要转换职业，他的个人职业发展又会从探索期重新开始。

② 稳定阶段（31～44岁）。个体已经适应了整个职业环境，明确了自己在岗位中的责任和权利，能够顺利、成功地解决职业中的各种问题，开始在职业中体会到满意感和成就感，并确定以现有职业作为自己的终身职业。

（4）保持期（45～59岁）。这个时期，个体已经在工作领域内具有了一定地位，一般不再寻求新的职业领域，而是朝着既定的目标前进。由于技术进步、产业结构调整等因素，个体容易进入"职业发展高原期"，出现技术落后、发展停滞等现象，因而需要接受继续教育，继续学习和提高。

（5）脱离期（60岁以上）。个体到了法定的退休年龄，职业兴趣衰退，开始脱离工作岗位，专注退休后的生活安排。随着世界人口平均寿命的延长，退休后的老员工还可以采取不同的方式重返职场，发挥余热。

舒伯的职业发展理论有如下一些基本观点：

第一，个体在能力、兴趣及人格上均具有不同的特征，而每种职业均要求特殊的能力、兴趣与人格特征，但两者又均具有很大的弹性：一方面，每个人都适合从事多种职业；另一方面，容许不同的人从事同一种职业。

第二，个人的职业兴趣、能力、工作、生活环境和自我概念随时间和经验而改变，因此，职业的选择与适应成为一种持续不断的过程。这种过程构成一系列的生活阶段——生长、试探、建立、保持和衰退。个人生活阶段的发展可借个人能力与兴趣的成熟及自我概念的发展而达成，所以，职业发展的过程即是自我概念的发展过程。

第三，职业发展过程是个人与社会环境之间、自我概念与现实之间的一种调和过程，而个人的职业形态或职业发展模式的性质由社会环境、个人能力、人格特征和机遇所决定。

第四，工作满意的程度与自我概念实现的程度成正比。工作满意与生活满意基于两种情形：一是个人的工作与其能力、兴趣及人格特征等配合的程度；二是个人在成长与摸索经验的基础上，是否觉得自己工作称职。

舒伯不仅对职业发展进行了阶段性的区分，而且揭示了各阶段职业发展的任务。所谓发展任务，是指与职业发展的各阶段相适应的发展水平或成就水平。前一阶段发展任务达成与否，关系到后一阶段的发展情况。舒伯列举了各阶段的发展任务如下：

（1）学前儿童，主要是增强自我协助和自我引导的能力。

（2）小学生，发展与他人合作的能力，选择适合个人能力的活动，承担个人行为的责任，以及从事零星的家务劳动。

（3）中学生，进一步发展其一般能力与特殊才能，选择就读学校或就业的工作领域，选择学校课程以及发展独立性。

（4）青年人，选择高等教育机会或就业途径，选择学校课程，选择适合的职业并发展职业技能。

（5）中年人，维持职业的稳定，探索适当的发展或晋升途径。

（6）老年人，逐步适应退休生活，探寻适当的活动来补充退休后空闲的时间，以及尽可能维持自足的能力。

舒伯认为，个体从成长期到衰退期的连续发展的过程，可显示其职业发展的成熟程度。所谓"职业成熟"（vocational maturity），指的是与个人年龄相适应的职业行为的发展程度和水准，即个人在整个职业生涯过程中达到社会期望的水准，可以各发展阶段的发展任务为标准进行衡量。他认为，职业成熟应包括以下五个方面的内容：

一是职业选择的取向。指个人对职业选择的关注及运用各种资料解决问题的能力。

二是收集资料与计划能力。指收集有关的职业资料并做出计划的能力。

三是职业选择的一致性。指发展过程中前后所选择的职业的范围、层次及职业的稳定性与一致性。

四是人格特征的定型。指与职业有关的特性，如性格、兴趣、独立性等成熟定型的程度。

五是选择职业的明智性。指职业的选择与其能力、活动、兴趣、社会背景吻合的程度。

3）台德曼的理论观点

台德曼在金斯伯格与舒伯理论的基础上，提出了"职业自我概念发展"的观点①。这一理论观点的内涵是：

（1）个体职业心理发展的过程，实际上是个体所做的一连串职业决策的综合，也是个体职业自我概念不断分化与综合的过程。所谓"职业自我概念"（vocational self-concept），指个体对职业与自身关系的认识及定型，是个体在与社会的接触中对自我发展进行反省的结果。

（2）职业抉择，即职业选择的具体过程贯穿人的一生。在个体的整个职业心理发展过程中，职业抉择起着分化与综合两种作用：分化使个体在职业抉择的关键时刻，根据认知、观念与若干外在信息，对各种问题加以鉴别分析，形成新的观念；而综合则将新的、片面的分析结果加以整理与组织。在职业抉择的每一个环节中，这种分化与综合交替进行，从而达到"自我发展"的最终目的。

（3）整个职业的发展就是自我发展的过程，职业抉择的过程也是发展个体职业认同的过程，"自我"是认同的核心。职业抉择过程一般包括两个环节：

一是预期环节，包含试探、具体化、选择与明确化三个步骤。

① 试探。试探活动一般表现出随机的、形式多样、内容丰富的特点。个体在各类活动中比较广泛地考虑一系列自己希望并可能获得的职业目标，并对每一种选择都做出程度不同的掌握和评估。

② 具体化。当目标比较明确并形成整体印象的时候，个体就进入具体的职业定向过程。

---

① 　MILLER-TIEDEMAN A，TIEDEMAN D V. Career decision-making: an individualistic perspective ［M］//BROWN D，BROOKS L. Career choice and development. 2nd ed. San Francisco: Jossey-Bass，1990.

③ 选择与明确化。通过澄清，进入正式选择。进一步确定选择以后，思想上各种疑虑得以消除，职业选择明确化，个体着手实践选择。

二是实践环节，包含入门、重建与维持三个步骤。

① 入门。个体获得一种职位并开始工作，原来关于职业的意向、概念开始接受实际的检验。当个体能为职业团队所接纳，个体与团体之间的相互作用是积极的，个体就会初步肯定当初的选择，获得最初的职业满意感。

② 重建。在团体的共同利益和共同目标下，个人的决定能得到团体的支持，能体验到自己的独立性和自主性，能自觉地把自己的生活目标与职业的社会目标整合起来。

③ 维持。个人融合到团体之中，并且得到他人的肯定。个人与团体、与同事之间的动态平衡，使个体力图维持现有的职业岗位、职业关系，以实现自己的职业期望。

3.4.2　指导策略

根据上述基本观点，职业指导工作首先要了解当事人的发展状况，通过职业测评的方式，就个人的潜能与问题进行综合分析。测评的内容除当事人的职业观念外，还有职业成熟程度及自我概念等。根据这些资料，再配合有关性格与兴趣的资料，经指导人员与当事人共同讨论后，作为选择指导与咨询措施的依据。

发展论者编制了许多测量个人职业成熟程度的量表，最常用的有克莱斯所编制的"职业成熟量表"，它包括两个分量表：态度量表和能力量表。前者测定个人在职业决策中的决断性、独立性、定向性和解决矛盾的水平；后者测定个人的自我评价、职业了解、职业目标、职业计划和问题解决五个方面所达到的水平。此为标准化的心理测验量表，适用于处于中学时期的青少年。舒伯等人还编制了另外一种了解当事人的职业成熟状况的量表——职业发展量表（1981）。

根据测评结果，职业指导人员可针对当事人的需要施以不同的指导措施：

（1）对于选择不确定者——应注意分析影响其情绪以及使其无法确定

选择的各种文化、社会及生理因素，帮助当事人消除疑虑和障碍。

（2）对于不成熟者——应协助当事人了解影响其职业选择的个人因素与社会因素，使当事人认识到这些因素与其职业发展的关系，并参照职业发展任务的重点，逐步发展其职业自我。

（3）对于成熟者——应重点协助当事人收集与评估有关个人和职业的资料，作为其决策的依据。

舒伯认为，职业指导必须同时涉及个人理性与情绪两个方面。在指导过程中，指导者可通过重述、反映、澄清、摘要、解释等技巧，依据当事人问题的性质，分别以指导与非指导方式交替进行。

另外，发展论强调"自我形象"与"角色形象"的全面发展与接受。这种职业自我观是长期发展的结果，因此必须针对不同阶段、不同发展任务的需要，设计各种职业指导计划，以增进人们的自我观察与自我接受能力，培养正确的职业价值观，提高职业成熟水平，进而有效选择适当的职业发展目标与生活方式，成为健全发展的社会公民。

3.4.3 评价

发展论把个人职业选择与发展纳入整个人生发展的高度来进行考察和研究，从而建立起自己严密的理论体系和具体的指导方法体系，无疑对职业指导的理论和实践做出了重大贡献。在它的影响下，许多国家从初中阶段就开始着手进行系统的职业指导工作，这对我国的职业指导具有极其重要的借鉴意义。

由于发展论所涉及的范围十分广泛，如人格发展、生活方式、适应行为等，且这些变量间的关系十分复杂，几乎与心理学上所有的课题均有直接或间接的联系，尤其是近年来加入了许多新的概念，因此尚需进行深入的研究。尽管如此，发展论的提出，还是打破了人们历来把职业选择看作个人在生活中特定时期出现的单一事件的观点，明确指出人的职业选择是一个不断发展的过程，职业指导要研究人的职业心理发展阶段，根据人的职业成熟程度，通过日常有意识的教育工作来进行。同时，人的职业发展贯穿人的一生，因而职业指导工作也是一个长期的系统工程。

3.5 决策论

决策论的发展源于经济学中的决策理论在职业行为方面的研究。其实各派职业心理学理论都会涉及抉择问题，但决策论者尤为看重决策意识与决策行为，认为这两者对个人的职业成熟与发展起着重要的作用，职业发展过程就是职业决策或解决问题的过程。同样，他们视职业指导为培养与增进个人的决策能力或解决问题能力的有效方法。职业心理学家通过对职业决策的过程与步骤、技术与方法进行研究，发展出了这一理论，并分别从态度的改变、认知失调、意愿、价值澄清等角度，探讨个人对效用价值的分析过程、价值改变或强化的条件、资料的收集与使用方式以及不当决策的原因等与决策行为密切相关的方面。其代表理论有佛隆的择业动机理论、克朗伯兹的行为理论、杰普森先等的决策类型理论和海伦、阿罗巴的决策方式研究。

3.5.1 理论观点

1）择业动机理论

美国心理学家佛隆（V. H. Vroom）提出了择业动机理论，被广泛地应用在激励、绩效管理等领域[1]。这一理论的基本公式是：

$F=V \cdot E$

在这里，F 为动机强度，表明个体为达到一定目标而努力的程度；V 为效价，指个体对一定目标重要性的主观评价；E 为期望值，指个体对实现目标的可能性大小的估计。因此，行为的动机强度取决于效价大小和期望值的高低。如果效价和期望值有任何一方为零，另一方的值不论有多大，个体都不会产生追逐目标的动机。

将这一理论用来解释个人的职业选择行为，由此便形成了择业动机理论。其公式为：

择业动机=职业效价×职业概率

在这里，择业动机表明择业者对某项职业选择意向的大小；职业效价

---

① VROOM V H. Work and motivation [M]. New York：Wiley，1964.

是指择业者对某项职业价值的评价，取决于择业者的职业价值观和择业者对某项具体职业要素，如兴趣、劳动条件、报酬、职业声望等的评估；职业概率是指择业者获得某项职业可能性的大小。

下面举个例子来说明这一理论：

小王面前有 A、B 两项职业，如果以择业动机理论来进行抉择的话，他需要先对这两项职业做出价值判断，并评估每项职业获得可能性的大小。具体见表3-2。

表3-2　　　　　　　　　　**小王的择业动机要素评估**

职业要素	职业价值观（1）	A职业要素评估（2）	B职业要素评估（3）	A职业效价（4）=（1）×（2）	B职业效价（5）=（1）×（3）
兴趣	4	6	7	24	28
工资	3	5	6	15	18
职业声望	2	4	5	8	10
劳动条件	1	3	4	3	4
效价合计				50	60
职业概率				0.8	0.5
职业动机				40	30

由表3-2可见，虽然B职业的效价更高，但就获取难度而言，A职业更为容易，所以小王最终选择了职业A。

2）行为理论

克朗伯兹（J. D. Krumboltz）等人创立的行为理论也是20多年来盛行的具有实践意义的理论之一。作为职业咨询理论的领导者，克朗伯兹于2004年被美国咨询协会认定为仅有的五位"咨询传奇人物"之一。他在吸取经典决策理论和班杜拉（A. Bandura）的社会学习理论的基础上，提出了职业指导的行为理论[①]。这一理论强调学习的重要性，并把职业决策看作一种习得的技能，主张职业决策技能是可以在教育和职业辅导课程中教授的。他认为，人的许多选择在很大程度上受外界环境的控制和影响，

---

① KRUMBOLTZ J D. Improving career development theory from a social learning theory perspective［M］//SAVICKAS M L，LENT R W.Convergence in career development theory.Palo Alto：CPP Books，1994.

具体分为以下四种：

（1）遗传素质：包括种族、性别、外形、身体素质、智力等，它可以拓展或限制个人选择职业的偏好与自由，如肌肉协调性、艺术才华等。

（2）环境条件：如个人所接受的教育和训练、家庭背景、父母期望、社会政策和行业协会的规则限制、新技术发展、社会变迁等非个人所能控制的因素。

（3）过去的学习经验：个人的职业发展、知识、技能、态度与价值观等均是学习经验的产物。

（4）工作定向技能：这是指个人在处理新任务、新问题时所形成的解决问题的技能、工作习惯、认知过程和情绪反应等。

此后，克朗伯兹提出了进行职业决策的模式，主要分为七个步骤：

（1）界定问题：理清自己的需求和个人限制，就是认识自我的过程，即明确自己想要什么，自己对此存在哪些优势与不足，在此基础上，制定出明确的目标和实现目标的时间表。

（2）拟订行动计划：在明确自己需求目标的基础上，思考可能达到目标的各种行动方案，并规划达成目标的流程。

（3）澄清价值：界定个人的选择标准，即明确自己最想要的是什么，作为评定各项方案的依据。

（4）找到可能的选择：收集资料，找出可能的方法。

（5）评价各种可能的选择：依据自己的选择标准和评分标准，逐一评价各种可能的选择，找出可能的结果。

（6）系统地删除：系统地删除不适合的方案，挑选最合适的方案。

（7）开始行动：开始执行行动方案，以达成选定的目标。

在职业选择和决策的过程中，人们必然会遇到各种困难，克朗伯兹认为可能的困难如下：人们可能不会辨认已有的可解决的问题，或者辨认出了问题但不努力做决策或解决问题，又或者因为某个原因人们可能会错误地删除一个潜在的满意的选择对象，甚至选择了较差的对象，当感到没有能力达到目标时在情绪上会经历痛苦和焦虑。

这一模式不仅考虑了社会和遗传因素对个人决策的影响，还特别强调了学习的重要性及其对职业选择的影响。把职业决策看作一种习得的技能，具有实际意义。克朗伯兹认为遗传素质和特殊能力、环境条件和特殊事件、学习经验和工作定向技能都是影响职业发展的因素，个人在这些因素的影响下，通过经验的累积与提炼，形成自我认识、世界观、工作定向技能和行动。经验积累不足，个体就会产生各种各样的职业问题。对此，职业指导者可以采取认知重组疗法，启发求职者进行自我观察和认知，并对环境进行重组，评估其结果；或者采用工作定向技能培养法，给个体提供各种学习与探索经验，通过实际探索、角色扮演与模拟活动等方式，并以兴趣量表刺激与扩大个人的探索领域，提供多方面的选择途径。

行为理论以个体与环境的相互作用来探讨个人的职业行为，强调学习经验对职业选择的重要性，从其理论的严密性来讲显得还不够，但对职业指导的实践来说具有较高的实用价值。特别是在职业试探与决策能力的学习方面，已形成系统的步骤和方法，可供职业指导者据此设计适当的训练计划，培养个人自我评估与进行决策的能力，尤其对个人内在认识过程的探讨更具实用性。

3）决策类型理论

杰普森认为，职业决策行为是个人以有意识的态度、行为、思考来选择学校或职业并符合社会期望的一种反应。该行为的发生涉及决策者、决策情境（社会期望）及有关决策者个人内在与外在的资料三方面，而决策的过程又具有下述特征：

（1）每一种决策情境都有两种以上的选择机会，决策者必须选择其一。

（2）每一种可能都带有若干后果，后果包括两方面：未来的可能性及对决策者的价值。

（3）每一次决策都经常在不确定的情况下进行，因此都带有冒险性，但是否愿意冒险又与个人的心理特征有关。

（4）个人根据主要的可能性与价值的高低进行综合判断，以选择能得到最大收获的途径。

伽勒特认为，决策的基本准则是选择有利因素最多而不利因素最少的方案，他提出的"决策模式"既强调预测系统，又强调价值系统在决策过程中的重要性。

（1）预测系统，指根据客观事实资料（包括职业资料和心理测验资料）对工作成功概率所做的预测。个人所拥有的资料越正确完整，则预测效度越高，所做决策越明确，冒险性亦越小。

（2）价值系统，指个人内在的价值体系、态度或偏好。

决策系统指综合上述两种系统资料的方法，通常包括：期望策略——选择最需要、最希望得到的结果；安全策略——选择最可能成功、最保险、最安全的途径；逃避策略——避免选择最差的、有不良结果的途径；综合策略——选择最需要而又最可能成功、不会产生坏结果的方案。

3.5.2　指导策略

古德斯滕认为，职业指导人员应认清当事人的职业决策问题究竟是缺乏明确完整的自我与环境信息，还是不知如何决策而导致的焦虑。前者为单纯的"不明确"现象，属于理性-认知方面的问题，焦虑乃问题之果；后者则为"犹豫不决"的现象，涉及情感-心理方面的问题，焦虑乃问题之因。由于问题成因不同，因此应采用不同的指导措施。"犹豫不决"的案例常涉及自我认同的混淆、怀疑、焦虑等。根据埃里克森的人格理论，青年学生在其追求自我认同、职业发展的过程中，不免有不安、模糊、不稳定的倾向，这是普遍而正常的现象。因此，青年期职业指导的重点主要在于对"不明确"现象的诊断与指导。

针对当事人的问题所在，心理学家发展了许多用以测评决策问题的量表。奥斯波等人根据与当事人的晤谈经验设计的"职业决策量表"，以多元化的观点分析可能造成个人职业决策不确定的原因，包括缺乏组织与信心、外在的阻碍、双向冲突及个人内在矛盾等四方面。职业指导者可根据对各项原因的诊断，亦可由量表的总分，来了解当事人职业决策能力的高低，并做出适当的预防与处理。

霍兰德等人认为，诊断当事人的职业决策行为极其困难，他们根据人格类型论的观点编制了"职业决策困扰量表"，包括缺乏职业世界的资料、不明确个人如何与职业世界相配合、选择的焦虑以及对个人能力的怀疑四项因素。

按照决策论的观点，个人在面对职业决策时不能做出选择，主要是由于当事人尚缺乏有系统有步骤的职业决策方法，即个人不能把握其职业发展方向或缺乏某种学习的结果，并由此而产生焦虑、缺乏自信心。在这种情况下，职业指导者的主要工作旨在通过系统的训练措施，帮助当事人学习合理有序的职业决策技能，并进行各种和职业有关的探索活动，同时指导当事人评估这些学习经验对个人的影响。

决策论者为配合职业指导实践，编撰了大量的指导材料。伽勒特等人著有关于"决定""决策与结果"等内容的指导书，针对决策模式中各项关键要素（包括价值观、相关资料、决策策略等），分别以文字说明、模拟练习、自我评估等方法，提供给个人或团体做学习之用。

3.5.3 评价

决策论运用经济决策原理来分析研究职业行为，吸取了社会学习理论和其他学派的观点和方法，对个人职业选择与职业发展进行经济的、社会的与个人的整体研究，并对个人的认知过程和决策步骤、技巧、方法进行系统的研究，建立起职业决策的系统模式。

这一模式为职业指导人员分析当事人的决策行为、诊断职业问题和设计适当的训练学习计划提供了基本的框架，也为编制职业决策能力量表和计算机辅助指导程序提供了理论基础。

决策论将职业指导的重点放在培养和增进当事人的职业决策能力或解决问题的能力上，从而为职业指导工作指明了基本方向，对职业指导实践具有重要价值。同时，该模式也发展出可供实际操作的指导方法与程序，指导人员及当事人可以直接使用。

3.6　社会认知论

自20世纪50年代开始，职业发展与指导领域产生了许多新的理论。这一时期，认知科学在心理学领域的兴起和巨大发展，使职业指导工作越来越重视个体的认知系统对职业选择与职业行为的影响。一些理论认为，个人的职业行为并不是基因、气质以及社会环境影响的简单综合。人是具有能动性的生物，他们会主动建构自己的职业发展过程，塑造自己的职业可能性。与此同时，越来越多的职业指导实践者和理论研究者发现，职业选择并不是绝对理性化的决策过程，而是会受到诸多社会、经济环境因素的影响。因此，一些理论趋向于整合这些可能影响个体职业发展过程的因素，从而建立更加完整的职业发展模型和更加完善的职业指导理论。兰特（R. W. Lent）等人提出的社会认知论即是这一趋势中的典型代表。

3.6.1 理论观点

1）职业的社会认知论的观点

职业的社会认知论起源于班杜拉的社会认知理论，是社会认知理论在职业领域的重要应用。职业的社会认知论整合了哈克特（G. Hackett）与贝茨（N. E. Betz）关于女性职业发展的研究和克朗伯兹的行为论，并将其进行扩充和完善，融入了社会认知理论在各领域的最新发现。社会认知论十分强调人的主观能动性和认知过程对职业发展的重要影响，认为个体对自己行为能力和行为结果的主观认知是决定其行为选择的主要因素。这一理论观点在其对于"个体、环境与行为"三者之间关系的阐述上体现得尤为明显。

人们的职业行为和职业选择往往是个体因素和环境因素交互作用的结果，但不同的职业指导理论对这种"交互作用"却有不同的侧重。职业的社会认知论认为：

（1）职业发展是一个动态、变化的过程。特质论中所关注的人格特质或者人格类型是个体因素中较为概化、稳定和静态的特征，在一定时期内不会发生太大的变化。只研究这类个体因素对职业选择的影响，会低估人们对自身职业行为建立、改变和自我调节的可能性，不利于反映职业发展"动态性"的本质。因此，该理论提倡职业指导理论应当关注更为具体的、特异性的和具有发展性的个体因素。

（2）个体因素、环境因素与行为结果可以两两之间互为因果、交互影响，即完全的双向影响（fully bidirectional），也称个体-行为-环境的三元交互影响（triadic-reciprocal）。例如，人的行为会改变环境，环境又会影响人的认知过程，认知过程进而又会影响他们的行为。特质论虽然也认为个体因素和环境因素之间可以交互影响，互为因果，但其认为行为是个体因素和环境因素共同作用的结果（B=f［P E］；这里B为行为，P为个体，E为环境），忽视了行为结果对环境和个体的反向影响能力，因此也被称为不完全的双向影响（partially bidirectional）。个体-行为-环境的三元交互影响是社会认知论的一个重要的基本理论假设，贯穿其整个理论框架之中。这一假设不但体现了认知过程在环境影响与个体行为之间重要的中介作用，反映了人们并非被动接受环境的影响，而是主动地、有选择地对环境条件进行响应，而且体现了个体行为对环境和认知的反向塑造能力。

2）职业的社会认知论的核心概念

职业的社会认知论包括以下三个核心概念[①]：

（1）自我效能感

自我效能感是人们对自己是否有能力完成某一行为的主观信念，也是对自己行为能力的自信程度的体现。自我效能感是社会认知论最为核心的概念。

自我效能感总是指向某一特定的行为领域，它可能指向一定的"行为内容"，如学业自我效能感中的数学自我效能感和英语自我效能感，职业领域自我效能感中与六大职业类型相对应的传统型职业自我效能感、研究型职业自我效能感、艺术型职业自我效能感等；它也可能指向一定的"行为过程"，如职业决策自我效能感和职业探索自我效能感等。

自我效能感包含多个维度，具有复杂的结构。例如，职业决策自我效能感是个体对自我评价、信息收集、目标选择、计划制订和问题解决五个方面能力的主观评价。

自我效能感的获得和改变主要受到四类因素的影响：个人直接的成败经验，替代性学习经验，言语劝说，以及生理、情感唤起。其中，个人直接的成败经验是最主要的影响因素。成功完成某个行为的经验会极大地提升我们对该行为的自我效能感；相反，失败的经历则会相应地削弱自我效能感。

（2）结果期望

结果期望是指人们对于成功完成某一行为后可能带来的结果的主观估

① LENT R W，BROWN S D，HACKETT G. Social cognitive career theory［M］//BROWN S D. Career choice and development. 4th ed. San Francisco：Josset-Bass，2002.

计。这些结果可以包括：

① 来自外界环境的强化物，如下赢一盘围棋后所获得的经济奖励。

② 来自个体本身的自我反馈，如下赢围棋、战胜对手后的自豪感。

③ 来自行为过程本身的体验，如下围棋时沉浸在思考与博弈过程中的快乐。

（3）目标

目标是指人们决心执行的某个行动计划或决心达成的某个结果。目标这一概念进一步体现了个体主观能动性对个人行为的塑造作用：目标可以帮助个体组织、引导其行为始终朝向预定的方向；即便在缺乏外界强化物的情况下，也可以通过自我奖励过程长时间地激励和维持行为，以最终实现预定的目标。

3）职业的社会认知论的理论框架

自我效能感、结果期望和目标这三个核心概念，构成了职业社会认知论的基石，并以此为基础搭建出社会认知论的理论框架（如图3-8所示）。该理论框架内包含三个理论模型，分别解释了影响个体职业兴趣、职业选择，以及职业表现和职业成就的各种因素。这三个理论模型是：

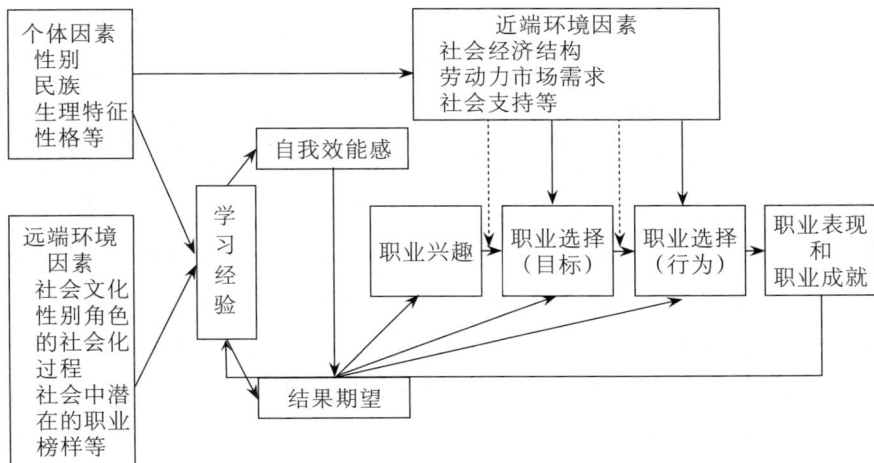

图 3-8　职业的社会认知论的理论模型

（1）职业兴趣发展模型

① 职业兴趣受到自我效能感和结果期望的共同影响。如果一个人相信自己可以在某个职业领域内有很好的表现，而且从事该领域的活动会为他带来想要的结果，他就会对该领域表现出兴趣。

② 个人能力与过往经验通过影响自我效能感和结果期望影响职业兴趣。个体在自我成长的过程中会逐渐发现有些活动是他所擅长的，往往能够表现出色并且获得令自己满意的结果。那么，他们在将来就更有意愿和兴趣继续参与类似的活动。例如，有些人从小擅长写作，作文经常被老师表扬，还在报纸杂志上发表过文章、拿到过稿费，那么，他们对写作就会有更高的自我效能感和更积极的结果期望（如成就感、赞扬和经济奖励等），也更有兴趣从事与写作相关的职业，如作家等。与此同时，个体也会意识到有些活动是他所不擅长的，自己往往表现糟糕，结果也令人沮丧。对于这些活动，个体就不太会有继续参与的兴趣和动力，也不太会发展出与之相应的职业兴趣。

③ 其他个体和环境因素，如性别、民族、遗传因素、社会经济地位等，可以通过影响自我效能感和结果期望间接地影响个体的职业兴趣。以性别为例，一方面，由于男生与女生在自身身体素质、心理特征上的差异，他们会选择参与不同类型的活动；另一方面，由于性别的社会期望，父母与老师通常也会有区别地引导、鼓励男生和女生参与不同的活动，并且会以不同的标准评价他们在各类活动中的表现。例如，父母和老师通常会鼓励男生多参与体育运动，而更注重培养女生的艺术气质；运动技能出色的男生会被评价为有男子气概，而女生则有可能被批评是"疯丫头"，同样，艺术能力出色的女生会被认为有气质，而男生则可能被认为不够阳刚。久而久之，对于同一领域的活动，不同性别的个体就有了不同的参与机会，会得到不同的信息反馈。那些有更多的参与机会、更容易被他人认可的活动，无疑更有利于成功经验的积累和自我效能感的提升，因此也更有可能发展成为职业兴趣。

（2）职业选择模型

职业选择模型是职业兴趣模型的延伸，在职业兴趣模型的基础上增加了如下一些理论观点：

①职业选择与职业兴趣密切相关。在不考虑其他影响因素的前提下，人们会选择他们最感兴趣的职业作为目标，并通过实际行动实现该目标（如接受相关的教育培训等），做出最终的职业选择。

②人的主观能动性的表达会受到其他个体因素和环境因素的限制，因此在现实生活中，很多人往往不能选择他们最感兴趣的职业。职业目标与职业选择还会受到自我效能感、结果期望和其他环境因素的共同影响。在这种情形下，个体的职业选择必须做出妥协。

③环境因素可以分为远端因素（distal factors）和近端因素（proximal factors）。远端环境因素包括社会文化、性别角色的社会化过程、社会中潜在的职业榜样等。远端环境因素通过影响人们的学习经验进而影响他们的职业兴趣和职业选择。近端环境因素包括社会经济结构、劳动力市场需求、个体所拥有的社会支持等。近端环境因素的影响方式有两种：首先，它可以影响职业兴趣向职业目标以及职业目标向职业选择的转化。例如，同样是对创业有兴趣的大学生，家境富裕的更有可能做出创业的职业选择，而家庭经济紧张的则大多选择较为稳妥的职业。其次，一些近端环境因素还可以直接影响职业选择，如招聘中的歧视现象、职场中的天花板效应等。

（3）职业表现和职业成就模型

相对于前两个模型，职业表现和职业成就的模型较为简单。但是该模型强调了职业表现和成就对于个体职业效能感和结果期望的反向影响，体现了社会认知论的三元交互理论。

兰特的社会认知论与克朗伯兹的行为论都起源于班杜拉的社会认知理论，强调学习经验和社会环境对于个体职业行为的重要影响，但二者在一些重要观点上又存在差异[①]。

首先，职业的社会认知论直接来源于班杜拉的社会认知理论，而行为论则起源于社会认知理论的早期形态——社会学习理论。虽然这两个职业

①　SWANSON J L，GORE P A. Advances in vocational psychology theory and research［M］// BROWN S D，LENT R W. Handbook of counseling psychology. 3rd ed. New York：Wiley，2000.

指导理论都非常重视遗传素质、特殊能力、学习经验和环境条件对于个体职业发展的影响，但职业的社会认知论将人视为更具有积极能动性的个体，认为个体在学习过程中的认知、动机和自我管理过程才是影响其职业发展轨迹的重要因素。因此，相比行为论，职业的社会认知论更加强调个人的认知过程对于其职业行为的塑造作用，而不是单纯的学习中的强化机制。

其次，职业的社会认知论试图整合不同的职业发展理论，以建立一个更加完整的职业发展模型，解释影响职业选择和职业行为的各种因素。因此，它在社会认知理论的一般框架下融合了一些其他的理论和实证研究成果，例如，工作动机理论、女性和少数民族的职业发展研究、行为科学研究、人格和社会心理学研究以及职业行为的发展-情景观点等。

3.6.2 指导策略

职业的社会认知论强调个体主观能动性在职业发展过程中的作用，认为职业效能感是影响个体职业选择和职业行为的重要因素，但主观能动性的表达又会受到其所处社会环境的限制。因此，职业指导者需要：

（1）帮助个体了解自我效能感在其职业发展过程中的重要作用。

（2）指导他们有意识地培养和提高自己在相应职业领域和职业活动中的自我效能感。

（3）帮助他们寻找、建立和维护支持性的职业发展环境。

这一观点对于解决职业选择困难和职业不决（career indecisiveness）等问题具有重要的意义。职业选择困难最常见的情况之一就是来访者认为自己缺乏从事感兴趣的职业的能力，可供自己进行选择的职业范围很窄，无法做出决定。造成这种情况的可能原因包括：

（1）来访者不具备从事某些职业的能力。

（2）来访者对自己的职业能力评估不准确，职业自我效能感低。

（3）职业选择受到外界环境因素的限制。

首先，职业指导者需要通过测评工具及其他途径帮助来访者正确评估自己的职业能力，建立自我效能感。例如，人们在选择非性别传统职业时往往会因为担心自身的知识、能力不足以满足职业的要求而放弃，如女性选择机械、建筑、运输等行业，男性选择护理、家政、幼教等行业。但当咨询师帮助他们回顾自己的成长经历时，却发现他们并非不具备相应知识和能力，而只是缺乏自信。在这种情况下，咨询师可以通过以下四种方式帮助来访者重拾信心，提升自我效能感：

（1）帮助来访者回顾自己在该领域活动中的成功经历。

（2）引导来访者寻找目标职业领域中的职业榜样。职业榜样可以是该领域中的知名成功人士，也可以是来访者身边的人。职业榜样与来访者之间的共性越多，对自我效能感的激励作用越大。

（3）通过言语劝说来肯定来访者的职业能力，鼓励他们进行尝试。

（4）了解来访者在职业决策过程中所经历的压力和情绪困扰，帮助他们解决由于选择某一职业而引发的焦虑、担忧、恐惧等情绪问题。

其次，职业指导者需要帮助来访者分析外界环境中可能对他们的职业决策造成影响的机会与障碍，如劳动力市场中的供需状况，未来的职业发展趋势、可获得的教育培训资源以及父母的期望等。利用分析结果，职业指导者一方面可以帮助来访者评估他们各种职业选项的可能性，另一方面也可以引导来访者学会如何有效地利用外界环境中的机会、规避障碍，做出更明智、更合适的职业选择。

3.6.3　评价

职业的社会认知论近几年来在职业指导领域受到了越来越多的关注，多个专业刊物都曾开辟专题，讨论社会认知论在职业指导的理论和实践领域的最新应用。职业的社会认知论整合了社会认知理论和其他一些职业指导理论的重要观点，建立了一个相对完整的个体-环境-行为三者交互影响的职业发展模型，为系统地考察个体的职业发展过程提供了理论框架。

社会认知论强调个体的主观能动性与认知过程对职业选择和职业行为的重要影响。这一观点不但进一步凸显和强化了职业指导的意义，同时为设计合理、可行的干预方案提供了理论依据。职业的社会认知论还催生了许多新的测量工具，为全面、准确诊断人们的职业问题提供了可靠和可行的方法。

✅ 3.7 理论的综合评价

以上介绍了特性论、心理动力论、职业选择发展论、决策论和社会认知论等主要的职业指导理论模式，总体看来，这些理论有不同的取向和不同的特点，分别从不同的角度揭示了个体职业行为的不同侧面，并分别发展出不同的职业指导观和指导方法系统，因而在职业指导的理论中占有不同的地位，但它们之间又互相联系、互为补充，共同促进了职业指导理论和实践的发展。对这些理论做综合的比较评价，对于揭示各理论的内在联系与逻辑发展、把握理论的基本方向是有必要的。这里，我们从理论的重要性、完整性、实证性及可操作性四个维度来对各派理论进行简要的综合评价。

就理论的重要性而言，特性-因素论无疑是职业指导领域最受重视的一种理论，其所确立的基本原理和方法一直为后来的各派理论所借鉴、继承和发展，尤其为职业指导实践工作者所重视。与该理论属同一模式的人格类型论，亦由于同样的缘由而发展成为广受重视的理论。职业选择发展论一反特性-因素论的传统，从发展的角度来研究职业行为，从而实现了职业指导理论的重大突破，因而成为职业指导理论中一个重要的理论流派。社会认知论虽然提出的时间不久，但因为其理论的相对完整性和可验证性，催生了越来越多相关领域的理论和实证研究，并在实践领域得到越来越多的重视。其他各理论学派虽然也从不同角度揭示了职业行为的不同侧面，但影响程度均不如特性-因素论与发展论。

就理论的完整性而言，职业选择发展论在各派理论中是最为突出的。科学研究的目的在于对事实加以解释、预测与控制，但上述大部分理论均属描述性质，只是对职业发展过程中各种影响因素或发展状况做尽可能详尽的描述，其研究的对象和领域均各有所重或各有所偏，但基本上都侧重于对职业选择过程的研究，而对选择后的职业行为缺少考虑。唯有职业选择发展论从整体的观点探究个人终身发展的过程，把职业发展置于整个人生发展的高度来考察，因而颇具理论上的预测功能。

　　理论的形成有待事前或事后实证研究的支持。早期的职业指导理论较少采用实验性研究来探讨职业发展过程中的因果关系，大多采用描述性研究的方法，以若干样本为对象，观察其所具特征或发展状况的差异情形。后期的职业指导理论则开始逐渐关注理论的可操作性和实证性。特性–因素论与人格类型论最能引导适宜的程序进行研究，且有相当可靠有效的工具可以利用，历年来均有许多研究以其观点为基础，探究个人职业的偏好、持续情况及对工作的满意程度。社会认知论的理论框架较为清晰、明确，其所包含的基本概念也较为具体并具有可操作性，因此吸引了大量的实证研究验证并充实该理论。职业发展论的理论结构虽然来源于长期的纵向式研究，具有一定的实证基础，但由于其各概念间的关系甚为复杂，从而带来了研究上的困难。决策论与行为论的可操作性属中等程度。至于其他理论，则可能因其概念较多歧义、资料不易获得等原因，不易进行可操作性研究。

主要概念

特性–因素论　人格类型论　行为论

思考题

1.概述职业指导理论模式的三大取向。

2.总结并对职业心理与职业指导的各种理论进行综合评价。

重点内容

- 正确理解职业选择、职业决策、职业适应三者的区别与联系
- 阐明职业不适应的原因及对策

职业在大多数人的生活中占有重要位置，是一个人成长的组成部分，它可以改变一个人的整个生活方式。职业也限定了人的社交范围，如正式的"文艺界""工业界"，或非正式的某个群体、"交际圈"之类。甚至在某种程度上，职业还影响着人的思维方式。另外，职业也限制了一个人的角色和社会地位，并为人们提供了联系经济现实和社会现实的纽带。投身于工作是个人成熟的表现，工作给人生以意义，并指出自我实现的方向。

正是因为职业对我们有如此巨大、如此重要的意义，所以，我们在选择职业时必须认真而慎重，必须遵循一定的原则、策略。而在生产力发展水平不断提高的当下，社会所能提供的适合人们需要的职业并不均衡，也不充足，所以，在择业时，人们还面临很多竞争。如何在竞争中占据主动，这也是寻求成功之门、探索成功之路的人所关注的问题。本章拟对职业选择的一些相关内容，以及择业中的自我推销等问题进行讨论，为择业的人们提供一些有益的思路。

王国维《人间词话》中有："古今之成大事业、大学问者，必经过三种之境界：'昨夜西风凋碧树，独上高楼，望尽天涯路'，此第一境界也。'衣带渐宽终不悔，为伊消得人憔悴'，此第二境界也。'众里寻他千百

度，蓦然回首，那人正在灯火阑珊处'，此第三境界也。"其实，寻职择业的过程，在某种程度上，也是这样一步步走到豁然之处的。

但是，即便个体采取一定的策略，遵循一定的原则，排除一定的干扰，甚至接受一定的指导，运用一定的技巧，最终走上了工作岗位，也并不见得就万事大吉、一劳永逸了。同我们身心等方面的发展一样，职业成熟也是一个渐进的过程，我们还面临着职业适应和职业满意的问题，也就是说，如何能享受到工作的快乐。

所以，在这一章里，我们还准备就职业适应和职业满意方面的内容做一些介绍、分析和解释，并就如何增进职业适应、提高职业满意度做一些指导。

4.1　职业选择与匹配

4.1.1　职业选择的内涵

职业选择（career decision-making）是指个体运用所掌握的职业资讯，依照自己的职业期望、职业兴趣和职业价值观，结合自己的特点，挑选合适的职业，使自己的能力素质与职业的需求特征相符合的过程。具体而言，职业选择包含了三层含义：

（1）人是职业选择的主体，在职业选择的过程中占据主观能动的主导地位。

（2）职业选择受到人自身条件和职业要求两方面的限制，不可以任意进行。

（3）职业选择可以被看成是一个求职者与职业岗位互相选择、相互适应的过程。

成功的职业选择可以使就业者尽快进入角色、适应工作。而在自己喜欢的岗位上，人们也乐于工作、积极参与，有利于发挥力量、调动潜能、思图进取，从而提高职业创造性和职业的社会、经济效益。另外，在合适的岗位上，人们工作起来能够心情更舒畅，职业满意感的增进，又使人们在工作中更易于成功。

当然，由于各种条件的限制，人们在职业选择中并不是完全自由的，也并不能完全实现职业与人的最佳匹配。所以，很多求职者在入职后也要面临职业适应的问题。而随着个体知识技能的增长、企业发展周期的循环，长久与企业保持一致性匹配的可能性也会降低。因此，职业选择的过程在人的一生中可能会不止一次地发生。

4.1.2 职业选择的策略

人们在谋求出路、寻找工作、选择职业时，虽然受到多种实际问题的困扰，但人们也不只是被动地等待社会的挑选，或是坐待"天上掉馅饼"，而是可以想方设法主动地采取各种"策略"来满足自己的需要和愿望。

不同的人选择职业的策略有着不同的特点、不同的针对性。有的人考虑名，有的人看重利；有的人考虑工作的刺激性，有的人看重人际的融洽性；有的人考虑稳定，有的人强调丰富；有的人考虑施展才能，有的人强调保证地位；有的人做短期计划，有的人则做长远打算。诸如此类，不一而足。

概括起来，择业策略大致可归纳为这样几种：试探性策略、以专业为重点策略、以工作单位为重点策略和稳定性策略。

1）试探性策略

当人们刚进入职业界或开始新的工作时，往往对自己所选择的新的生活模式不能完全把握，这时就可以运用试探性策略，也就是试验的方法，即把自己生活的一部分转向新的生活模式，通过一段时间的实践，看这种新的生活模式是否适合自己，然后决定是否要全身心地投入。

试探性策略只是帮助人们在多种职业中选择一份较为理想的工作，是试验。试验与真正开始的不同在于，它是暂时性的试探，如利用空闲时间去打工或做兼职，或在某段时间里临时从事某项工作，这些都可以作为尝试。通过试探，人们可以在特定的时间内看看自己在某一领域或某一方面所能适应的情况和所能取得的成绩，然后，根据自己的体验和成绩，更有远见、更切实可靠地决定——是否接受这种职业生活，是否还有更为有效的工作途径。

在试探性择业过程中，人们不仅可以通过更深入地接触职业，了解其性质，感受其滋味，从而做出取舍、去留的决定，还可以通过具体实践，扩展眼界和知识面，积累某些方面的经验，为进一步适应工作提供基础和开辟路径。最起码，人们可以在实践中了解行业，有所收获，这无疑也是对平常生活的一种补充和调剂。

2）以专业为重点策略

这是指在职业选择时，将"专业对口"作为考虑的中心，即寻求求职者具有的专业知识、技能、经验与所要从事的工作、职业的直接联系。这是以工作本身的内容、性质为中心的择业策略。

对于学习过一定专业知识和接受过一定职业训练的人来说，专业内容是他们曾经定向，并为之准备，且具有较高熟悉度的东西。在接受教育培训之前，或在学习掌握之中，他们对此专业方向大都具有一定的兴趣和了解，或者逐渐形成了一种偏向和经验，这些都会一直延续到人们选择职业时的考虑范围和定向对象上，甚至影响到以后工作当中的积极性和效率。

采取"以专业为重点"择业策略的人们，大多数追求学以致用和才能的施展，他们更看重工作本身所能给予他们的需要的满足程度、专长的运用程度，以及从中所能获得的满意感、实现感及有利于个体发展的长远机会。

采取"以专业为重点"择业策略的人们，在选择专业之初，其实就已经基本上限定了今后的发展方向和前进道路，并且在选择职业时有明确的目标、足够的兴趣和信心，以及必要的知识和心理准备。

大学生在择业时都希望选择与本专业对口的工作，然而，由于劳动力市场供求关系的复杂多变、求职者本身专业素养的千差万别，从事与自身专业不对口的工作逐渐成为大学生就业群体中越来越普遍的现象。相关资料显示，三成以上毕业生的工作与所学专业不对口。

能否找到专业对口的工作，除了受求职者本身的因素以及劳动力市场的供需波动影响外，专业本身的特征也是重要的决定因素之一。事实上，有一些专业相比其他专业更容易找到对口的工作，如会计学等。

另外，选择一个就业率高的专业，对口率自然也比较高。热门领域的、有发展前景的专业的毕业生，在职业选择中相对更有主动权，得到对口工作的概率也更大。

究竟怎样选择才更容易实现专业与就业的对口呢？一方面，在选择专业时可以参考各地人才目录评估专业的就业前景；另一方面，可以通过高校的新增专业了解当前的紧缺人才情况。

在我国，每年教育部都会公布高校新设置或调整的专业。新增专业涵盖两种情况：一种是面对全国新开设的专业，即首创专业；一种是针对某所高校新开设的专业。这些新增设的专业大部分与我国的社会经济文化发展中的支柱、新兴产业密切相关，大都属于目前或将来人才市场上的热门人才和紧缺人才的培养领域。通过这些新增专业，可以看出国家未来各方面发展对于人才的需求趋势，因此，可以此作为选择专业的参考依据。

3）以工作单位为重点策略

从事一定的职业，做一定的工作，一般都要依托一定的单位。即使相同的工作或在同一性质的不同单位，也会有不同的条件、不同的环境、不同的气氛、不同的交际、不同的待遇、不同的发展机会和不同的成就可能。正是基于这种认识，有些人将"工作单位"作为择业策略的重点。

不同的单位，由于其所处的地理位置、文化氛围和社会历史背景等的不同，也具有不同的、独特的风格和传统。

不同的单位，由于其生产基础、后备力量、管理方式和运行机制的差别，也表现出不同的状况和形象，具有不同的经济效益和社会效益，预示着不同的生存机会和发展前途。

不同的单位，由于其规模形式、人员结构、环境条件等的区别，也呈现出各自不同的优势和不足。比如，大单位有大单位的好——名声响、人际交往广、管束宽松、眼界宽、机会多；而小单位也有小单位的利——信息较密集、人际感受较深、易崭露头角等。

由于工作的内涵与前景不同，很多人在做职业选择时会把工作单位作为首要着眼点。当然，这不仅基于工作单位的实际利弊，还基于社会上人们约定俗成的一些观念，以及个人对它的评价。在其他几种策略中，其实也存在类似的情况。

4）稳定性策略

"求稳拒变"是中国人的传统性格之一。虽然时代发展至今，开放而变革的世界使得人们的观念也发生了许多更新，"安贫乐道"不再是传统的精神贵族的高洁象征，"安分守己"也越来越因为它的保守、封闭、缺乏活力和缺少创意而不适应社会的需要，但是，"安居乐业"仍然不失为一些人所追求的生活目标和模式。相应的，在职业选择中，便也产生了"稳定性策略"。归纳一下，稳定性策略中人们主要追求的是职业生活中三方面的稳定性：

其一，工作地点是稳定的。不像某些流动性强的职业需要经常东奔西走，稳定的工作地点既可免受奔波之苦，也可避免因之而产生的矛盾冲突。

其二，工作内容相对稳定。由于科学技术突飞猛进的发展变化，有些职业领域的知识和素质要求也在相应地不断调整，即便称不上"日新月异"，也是时有新法。特别是刚刚发展起来的一些新兴产业对传统工艺的挑战和其自身的完善充实，都会给人们带来落伍的危机感和更新的紧迫感。为避免这些冲击，有些人就乐意在相对稳定的传统性职业中寻求相对的轻松。

其三，是和前两者有关的，工作所能给予人的地位、待遇等方面的较为稳定的保障。不求一时热、过后冷，大起大落、大喜大悲，只希望平平稳稳地立身处世，这是一般人所乐于选择的一条中庸平和之道。

4.1.3 实现职业匹配的原则

在职业选择中，不同的人采用不同的策略，达到不同程度的相对满足，但是，要实现个人特征与职业的良好匹配，在岗位上发挥自我价值并提升工作满意度，还有一些一般的原则需要遵循。这些原则具体表现为：

1）遵循职业价值观

价值观（value）是人对客观事物的意义、重要性的总评价和总看法，它决定了对个人来说什么是最重要的，要追求什么，可以放弃什么，对个人的一生都有重要的影响。价值观反映在职业选择上，就是"职业价值观"（work value），又称择业观，它是人们对职业的一种信念和态度。个体在选择工作时，就是基于自己的价值取向来进行选择的。

以下是几种测量个体职业价值观的方法：

（1）问卷法

这里介绍的问卷，是由 Scott 编制的个人价值观量表，其将价值观分成 12 个方面，即唯智主义、仁慈、社交技能、忠诚于群体、学业成就、身体及运动、地位、诚实、宗教信仰、自我控制、创新性及独立性等的情况。

在结果测试出来后，可以了解自己最看重的价值和最不看重的价值，结合喜欢的职业进行评估，以帮助求职者确定合适的职业。测试的方法如下：

请阅读表 4-1 中的每一个句子所描述的特性或状态，并在每个句子右边标明你的反应。反应有三种：总是仰慕、视情境而定、总不喜欢。在适合的情形上打"√"。

表4-1   Scott的个人价值量表

价值观	表现	总是仰慕	视情境而定	总不喜欢
唯智主义	1.对国际、国家和地方事务有强烈的兴趣 2.对知识具有强烈的好奇心 3.培养对艺术的鉴赏力 4.对学术方面具有积极的兴趣 5.具有文化爱好 6.努力获得关于世界的新知识 7.喜爱音乐、艺术、哲学和科学 8.熟知当前的时事 9.了解国际政坛的现状 10.经常看书、读报或观看电视时事节目，及时了解世界新闻			

续表

价值观	表现	总是仰慕	视情境而定	总不喜欢
仁慈	11.即使别人做出与自己的信念相反的事情，仍然能对其很友好 12.即使有一个人不喜欢自己，仍然会帮助他获得更大的安全感 13.帮助别人实现他的目标，即使这样做会妨碍自己的进展 14.以德报怨，当别人伤害你时能原谅他 15.体谅别人的感受 16.想办法帮助那些运气没有自己好的人 17.尽量在所有行动中表现无私的精神 18.无论对谁都怀着深切的爱 19.不怕麻烦地帮助陌生人，使其有宾至如归的感受 20.关心他人的幸福			
社交技能	21.在社交情境中举止优雅 22.衣着和举止与场合相配 23.能够使人们愿意与自己合作 24.在任何情况下都很沉静、优雅、可亲 25.总是能在恰当的时候做出恰当的事 26.熟悉恰当的礼仪 27.能顺利地安排社交活动 28.受到每个人的欢迎 29.在公共场合，行为总是很恰当 30.关心自己给别人留下什么样的印象			
忠诚于群体	31.一旦自己所属的群体受到不公正的批评，就要起来维护这个群体的荣誉 32.努力提高自己所属群体的威望和地位 33.帮助组织群体活动 34.参加自己所属群体的所有会议 35.维护自己组织的所有活动 36.为群体做出超额的工作 37.如果自己所属的群体需要，可以去做自己不想做的工作 38.积极参与所有的群体事务 39.像自己受到攻击一样对待自己群体所受的攻击 40.向外人隐瞒自己对群体成员的不满和分歧			

价值观	表现	总是仰慕	视情境而定	总不喜欢
学业成就	41.在学校里努力学习以取得好成绩 42.努力工作以获得学业上的荣誉 43.尽力理解复杂的演讲和教材内容 44.在群体中努力取得最好的成绩 45.持久地学习以便成为一个受过良好教育的人 46.尽量勤学用功 47.在测验中得到最好成绩 48.认为学习是大学生活中最重要的事情 49.在学校成绩很好 50.为自己得高分而感到自豪			
身体及运动	51.身体活动优雅且协调 52.关心自己的身体，因而总是健康的 53.擅长某项运动 54.锻炼体力和敏捷性 55.练就令人称赞的体格 56.具有较好的肌肉协调性 57.做一个发育良好、喜欢体力活动的户外型的人 58.保持好的身材 59.经常做运动 60.身体弱小*			
地位	61.受到值得尊敬的人的尊敬 62.基于自己的成就，赢得别人的认可 63.处于一个指导并塑造别人生活的地位 64.确保自己受人尊敬 65.做别人要自己做的事 66.处于一个受他人尊敬的职位 67.受到自己应得的所有尊敬 68.行为举止有尊严 69.受到别人的仰慕 70.在社团里享有很高的威望			

续表

价值观	表现	总是仰慕	视情境而定	总不喜欢
诚实	71.从不欺骗或涉入欺骗的情境,即使为朋友也是如此 72.总是说真话,即使这样做会伤害自己或他人 73.从不撒谎,即使这样做能够使自己日子更好过一点 74.在任何情况下都能吐露真情 75.总是诚实地表达自己的思想和情感 76.对真相进行一些曲解,以帮助朋友渡过难关* 77.拿取不属于自己的东西* 78.无恶意地撒谎* 79.欺骗他人* 80.不经允许使用别人的财物*			
宗教信仰	81.对自己的宗教信仰很虔诚 82.总是在日常生活中实践自己的宗教信仰 83.总是定期虔诚地参加宗教活动 84.避免追求教义中禁止的身体快感 85.鼓励别人参加礼拜,并置身于宗教生活之中 86.是个无神论者* 87.否认上帝的存在* 88.很少参与宗教事务* 89.将人而不是将上帝看作衡量所有事物的标准* 90.避免琐碎的宗教仪式*			
自我控制	91.实行自我控制 92.以温和取代愤怒 93.无论面对什么,从不发脾气 94.即使是有理的,也不表现自己的愤怒 95.压抑自己的敌意 96.容易发脾气* 97.易于暴露自己的感受* 98.当他人冒犯了自己时就斥责他们* 99.一旦被激怒就公开而直接地表达自己的愤怒* 100.当事情进展不顺利时就不高兴*			

续表

价值观	表现	总是仰慕	视情境而定	总不喜欢
创新性	101. 能够创造出美丽及艺术性的物品 102. 想出新颖而不同的做事方式 103. 不断地探索体验生活的新方法 104. 自得其乐地搞些小发明 105. 尝试实现新的想法 106. 创造美丽的事物供他人享用或欣赏 107. 将全部精力放在创建新理论上 108. 总是做例常的事情* 109. 没有任何新想法* 110. 总是按同样的方法来做事*			
独立性	111. 是一个思想自由的人，不管别人是否对自己有意见或看法 112. 直言不讳地表达自己的爱 113. 不管别人怎么想，坚持自己认为正确的观点 114. 按自己的意思行事 115. 是一个逆反者 115. 遵从任何情境的要求，并按当时的要求行事* 117. 跟随大家* 118. 以取得别人的赞许为行事准则* 119. 当与群体观点不一致时，就不表达自己的观点* 120. 小心地不表达与别人观点相反的意见*			

表中的各项目后面标注"*"的表示反向计分。正向计分的题目"总是仰慕"计1分，其余计0分；反向计分的题目"总不喜欢"计1分，其余计0分。根据受测者对上述12个方面项目的反应，分别将各个维度的分数汇总，就可以知道个人的职业价值观，即最看重哪些方面，较看重哪些方面，最不看重哪些方面。

参照表4-2就可以判断受测者是否适合或能胜任哪些职业。

在使用该问卷时，建议事先通过能力测试，确定职业领域，然后，通过职业价值观问卷，判断所从事的职业是否符合自己的价值追求。

表4-2   不同职业的价值观取向

价值观	科学研究者	工程师	经商者	教师	艺术工作者	社会工作者	管理者
唯智主义	高分	高分		高分			
仁慈				高分		高分	
社交技能			高分	高分	低分	高分	高分
忠诚于群体	低分				低分		
学业成就	高分	高分			低分		
身体及运动	低分					低分	
地位	高分	高分					高分
诚实			低分		高分		
宗教信仰		低分					
自我控制	低分	低分				高分	高分
创新性	高分	高分			高分		
独立性	高分	高分			高分		

（2）价值澄清法

运用价值澄清法，可以通过一系列的询问，寻找价值源头，让员工确定自己最看重的价值和最不看重的价值。在一些情况下，人们希望获得全方位的满足，但事实上，有些价值追求之间是有冲突的。比如，要获得很高的经济回报，但又希望没有风险，这是一对矛盾。另外，有些职业是很难同时满足人的多种价值追求的，只能满足其中最重要的一部分。因此，如果要选择职业，可以通过价值观来缩小选择的范围，供决策时参考。

下面是一段价值澄清的对话：

问：你想想，你印象最深刻的是哪几件事？

答：我考上大学印象最深刻，还有一次一个高中的朋友跟我吵架。

再问：为什么印象会深刻？想想为什么？

答：因为考上了嘛！考上就很高兴嘛！

又问：为什么考上很高兴？

答：考上了很有成就感啊！（这是真正的原因，说明他看重成就）

（3）魔术箱法

在采用魔术箱法时，咨询员告诉咨询对象，魔术箱是个想象中可大可小、伸缩自如的箱子，它装着许多人想要的各种各样的东西，包括肉眼看得见和看不见的东西。然后，向被试者询问一些问题，如：

① 你想从魔术箱中拿出什么送给妈妈？

② 你想拿出什么送给爸爸？

③ 你想拿出什么送给最好的朋友？

④ 你想拿出什么送给世上的穷人？

⑤ 你最想要的东西是什么？

⑥ 你最不想要的东西是什么？

⑦ 你认为世界上最不好的东西是什么？

……

提问的目的在于帮助咨询对象认真回顾和思考他所珍视和痛恨的东西，从而进一步形成清晰的价值观。

（4）生活馅饼法

画一个大馅饼，然后让测试对象根据他们自己生活中各项内容所占的比例大小，对馅饼进行分割。比如，用大圆圈表示每天的 24 小时，让咨询对象说出以下活动所占的时间，并按照各项活动所占的时间分割圆圈，这些活动包括睡觉、玩、工作、看电视、吃饭、做家务、独立活动、与父母聊天、其他。这种方法的主要作用是帮助咨询对象对自己的生活做出客观、具体、系统的分析和检查，使他们的生活朝着更为理想的境界发展。

（5）价值排队法

价值排队法是让受测试对象在自己认为重要的多种事物中，挑选出最重要的、次重要的、较重要的事物，进行排序。

（6）价值表决法

这种方法是事先由测试员拟定，并向受测试对象提出一套他们可能关心的问题，让受测试对象表明自己的意见，并做出选择。

（7）展示自我法

展示自我法即给受测试对象提供一个机会，让他把和自己有关的事情讲出来，公开自己的价值观，促进价值观的形成和稳定。

2）发挥个体能力、特长原则

能力是保证人们顺利地完成某种活动所必需的个性心理特征，直接影响着个体的活动效率。职业成就方面的差异，归根到底源于能力上的差异。

职业能力分为一般职业能力和特殊职业能力。一般职业能力，是人们在各种职业活动中都须具备的基本能力，它们广泛地作用于各种职业活动之中，并保证人们顺利、有效地掌握职业知识与职业技能。特殊职业能力则是为某种职业活动所必需的，并在某种职业活动中表现出来的能力的综合，如教师的语言表达能力、财会人员的计算能力、驾驶员的操作能力等。要保证成功有效地完成某项工作，既要有一般能力作为基础，又要有特殊能力的支持。

人们的职业能力存在着个体差异，首先，每个人都有自己的特殊能力。比如，有的人擅长绘画，有的人擅长音乐，有的人长于分析，有的人长于综合。其次，就同种能力而言，个体间也表现出差异。比如言语能力，不同的人在其形象性、生动性和逻辑性等方面各有所长，这些都适合不同的职业活动的要求。

表4-3显示了7种类型的职业能力及其对应的适宜性职业类型。

3）与气质、性格相符原则

气质是表现在心理活动的强度、速度、灵活性和指向性方面的一种稳定的心理特征，而性格表现着人们对现实和周围世界的态度，与能力不同，它们影响着人活动的特点、方式和效率。心理学家把气质类型分为四种，分别是：胆汁质、多血质、黏液质和抑郁质。每种气质类型都有其较为适应的职业范围，在适应性职业领域，各种气质类型的人能发挥其优点，避免其缺点（见表4-4）。

表4-3　　　　　　　职业能力类型与职业适宜性对照表

职业能力类型	特点	适宜的职业类型
操作型职业能力	以操作能力为主 是运用专业知识或经验，掌握特定技术或工艺，并形成相应的职业技能与技巧的能力	打字、驾驶汽车、种植、操控机床、仪表
艺术型职业能力	以想象能力为核心 是运用艺术手段来再现现实生活和塑造某种艺术形象的能力	写作、绘画、演艺、美工
教育型职业能力	是运用各种教育手段传授知识和思想，或组织受教育者进行知识与态度学习的能力	教育、宣传、思想政治工作
科研型职业能力	以人的创造性思维为核心 是通过实验研究、社会调查和资料检索等手段进行新的综合、发现与发明的能力	技术革新与发明、理论研究
服务型职业能力	以敏锐的社会知觉能力和人际关系的协调能力为主 是借助人际交往或直接沟通使顾客获得心理满足的能力	商业、旅游业、服务业等
经营型或管理型职业能力	以决策能力为核心 是能够广泛地获得信息，并以此独立地做出应变、决策或形成谋略的能力	经理、厂长、主任等管理领域以及各行各业的负责人
社交型职业能力	以人际关系协调能力为核心 是指深谙人情世故，能够掌握人际吸引规律，善于周旋、协调，且能使对方通力合作的能力	联络、洽谈、调解、采购

表4-4　　　　　　　　　　气质类型与职业匹配

气质类型	突出特征	基本特点	较适合的职业	不适合的职业
胆汁质	兴奋、冲动	外向，精力充沛，热情冲动，反应迅速，行为果断，喜欢指挥，敢负责，粗心，自制力差，鲁莽	导游、推销员、节目主持人、公共关系人员	单调或过于细致的工作
多血质	敏捷、好动	易适应，善交际，兴趣广泛，情绪不稳定，见异思迁	外交官、管理者、记者、律师、运动员	长期安坐的细致工作
黏液质	踏实、安静	不够灵活，反应较慢，心理平衡，踏实稳重，过于拘谨，墨守成规	财会、统计、播音、法官	富于变化和挑战性大的工作
抑郁质	怯懦、寡言	敏感，情感起伏大，单独活动，交往拘束，兴趣爱好少，认真仔细，易疲倦，自卑，优柔寡断	机要人员，档案管理、化验员、人事职员	热闹、繁杂环境下的职业

4）与兴趣相符原则

兴趣是最好的老师，发现自己的兴趣所在，从事自己喜欢的职业，才能使工作积极性充分发挥出来，提升工作效益。研究表明，从事自己感兴趣的职业的员工可以发挥出自己全部才能的80%～90%，而从事自己不感兴趣的职业的员工只能发挥自己全部才能的20%～30%，并且很容易感到疲劳和厌倦。

正如第3章所提到的，对职业兴趣的研究由来已久，其中以霍兰德的职业兴趣理论及配套的职业兴趣量表应用最为广泛。他假设在我们的文化中，可以分为六种人格类型：现实型（实际型）、探索型（研究型）、艺术型、社会型、企业型与传统型。每一特定类型人格的人，会对相应职业类型中的工作或学习感兴趣，见表4-5。

表4-5 人格与职业的匹配

人格类型	主要特点	职业类型
现实型（R）	（1）愿意使用工具从事操作性工作 （2）动手能力强，做事手脚灵活，动作协调 （3）不善言辞，不善交际	主要是各类工程技术工作、农业工作，通常需要一定的体力，需要运用工具或操作机器： （1）技能性职业，如矿工、电工、机械工、农牧渔民、园艺工人等 （2）技术性职业，如电气技师、工程师、营养专家、司机、摄影师、测绘员、制图员、机械装配工等
探索型（I）	（1）抽象思维能力强，求知欲强，肯动脑，善思考，不愿动手 （2）喜欢独立和富有创造性的工作 （3）知识渊博，有学识才能，不善于领导他人	主要是科学研究和科学实验工作： （1）科学方面的职业，如数学、化学、医学、心理学等自然科学和社会科学方面的研究与开发者 （2）技术方面的职业，如技师、计算机程序员，电子、化工、冶金、电视、飞机等方面的工程师和技术人员
艺术型（A）	（1）喜欢以各种艺术形式的创作来表现自己的才能，实现自身的价值 （2）具有特殊艺术才能和个性 （3）乐于创造新颖的、与众不同的艺术成果，渴望展现自己的个性	主要是各类艺术创作工作： （1）艺术方面的职业，如雕刻家、广告创意人员、室内装修人员、摄影师、设计师 （2）音乐方面的职业，如音乐教师、管弦乐队指挥 （3）文学方面的职业，如编辑、作家、评论家

续表

人格类型	主要特点	职业类型
社会型（S）	（1）喜欢从事为他人服务和教育他人的工作 （2）喜欢参与解决人们共同关心的社会问题，渴望发挥自己的社会作用 （3）比较看重社会义务和社会道德	主要是各种直接为他人服务的工作，如医疗服务、教育服务、生活服务等： （1）教育工作者，如教师、教育行政人员 （2）社会工作者，如社会学家、咨询人员、服务行业人员、保育员、精神健康工作者、医护人员
企业型（E）	（1）精力充沛、自信、善交际，具有领导才能 （2）喜欢竞争，敢冒风险 （3）喜爱权力、地位和物质财富	主要是那些组织与影响他人共同完成组织目标的工作： （1）管理方面，如政府官员、企业家、职业经理人、律师、金融家、房地产商等 （2）销售方面，如销售员、保险员、零售商、采购代理人等
传统型（C）	（1）喜欢按计划办事，习惯接受他人指挥和领导，自己不谋求领导职务 （2）不喜欢冒险和竞争 （3）工作踏实，忠诚可靠，遵守纪律	主要是与文件档案、图书资料、统计报表相关的各类科室工作。主要职业有办公室人员或办事员、会计、出纳、统计人员、打字员、图书管理员、导游、外贸职员、保管员、邮递员、审计人员、人事职员等

5）立足现实，着眼长远原则

上述几条原则强调在选择职业时，求职者要关注自己的价值观、能力特长、气质性格和职业兴趣，从自身条件出发，实现与职业的匹配。但社会现实需要和当时的社会职业状况也不可忽视，特别是在当前就业竞争激

烈、应届毕业生知识技能与企业需要脱节、"大众化教育"替代"精英式
教育"的严峻形势下，如果应届毕业生还固守高傲自负的心态和过高的期
望值，等待自己的就只有失业。所以，要全面认识就业形势，立足现实，
使自己的就业期望值与社会需求的现实接轨，做到既能做"白领"也能做
"蓝领""灰领"，在普通岗位上实现自己的人生价值。另外，要树立"先
就业、后择业、再创业"的待机而发的择业策略。

4.1.4　影响职业选择的因素

现代社会的职业数以万计，但由于诸多因素的影响和限制，我们只能
在一定范围内做出有限的选择。不过，如果能把握和控制这些因素，遵循
其中的规则，突破其中的阻碍，我们也可以获得择业的自由。下面介绍的
是影响职业选择的两个因素：

1）个人因素

个人因素是求职者个体方面的一些情况对其职业选择的影响，大致又
可归纳为几个方面：

（1）个性特征和个性倾向及人际倾向等心理因素。这些因素关系到择
业倾向、人职匹配和职业适应，其影响和作用已在前面专门的章节中做过
较为详细的介绍。

（2）性别因素。男性和女性在职业选择的范围和内容上都有差异。

首先，两性的生理差异使女性择业时可选择的职业范围更小。

其次，社会传统观念对女性的角色期望使得女性在择业时不得不更多
考虑婚姻和家庭，这也会影响她们的择业范围、对工作的投入和谋求发展
的程度；而社会对男性的传统观念使得他们在从事传统女性工作如护理、
幼教等职业时也较有难度。

最后，当今不少企业对女性求职者的歧视问题仍然存在，而且表现得
更加隐蔽。关于这一点，我们将在随后的章节中详细讲解。

（3）年龄因素。年龄是通过影响人的某些方面的成长而影响职业
选择的。

首先，年龄与成熟与否有关。到了一定的年龄，人的某些生理机
能和心理能力才发展成熟或基本定型，也才能作为稳定的职业适合性

衡量依据。

其次，年龄与资历有关。一般来说，年长一些的，社会经验、社会阅历也相对丰富广泛些，头脑也冷静些，目标更明确些，这样在职业选择时能够更有针对性，也更易适应。而年轻人则相对多些冲动性和新奇性。

最后，年龄与心理定式有关。年纪较大的人，往往形成了一定的心理定式，不大愿意也不太容易接受新的、多变的职业要求，而是趋向于选择较稳定的职业。而青年人则更易"追新逐热"。

（4）教育文化因素。接受一定的文化知识教育和职业技术培训，会使人在择业上占有不少优势。

第一，从就业机会来看，有调查表明，专业性就业的机会是一般就业机会的2倍。

第二，教育可提高人的社会地位，较高的学历或较多的教育经历，是取得地位较高的职业的一个条件。

第三，在就职后的纵向发展——如职称评定、加薪提职上，具有较高文化程度的人也有更多的机会和更大的优势。

2）外部因素

影响人们职业选择的因素除去择业者自身的因素外，还有许多外部因素，它们通过影响择业者的心态而影响其职业的选择。这些外部因素表现为：

（1）社会因素。首先，社会习俗和职业传统影响着人们的择业策略，如"女孩子安稳些好"等观念，束缚着一部分人的职业选择。其次，社会舆论和当前社会上流行的价值观影响着人们的择业，如20世纪90年代的"下海热"，进入21世纪后自由职业者和创业者大军的兴起。再次，社会的经济发展方向也是择业要考虑的因素之一，比如在当前的经济形势下，更多求职者愿意从事发展前景好、待遇高的工作，如金融、管理类工作，而电子商务的兴起催生了新的行业——网店和物流业，它们带来了大批的相关职业。最后，求职者的人际交往情况和所处的人际关系网络也影响其态度和行为，促使他们做出某种选择。

（2）家庭因素。其一是家庭成员的影响和干预。父母的职业意识、职业价值观、职业习惯和对职业的评价都会影响到子女对职业的看法，对子女的就业动机产生潜移默化的影响，"子承父业"就是家庭成员影响的典型例子。例如，想独自创业的青年，可能会受到书香世家的捍卫者——父母的重重阻挠。家庭成员有时把社会偏见具体化，对择业者形成直接压力。其二是家庭的经济状况和社会地位的影响。家境经济拮据的人，可能想找份待遇好些的工作；处于底层家庭的孩子，则可能想出人头地、改善现状。

（3）信息因素。信息是职业选择的前提和依据。求职者掌握的信息量越大、越新，职业选择的主动权也就越大。信息既为求职者提供了机会和条件，同时又制约着人们的职业选择，从而保证人和单位能各得其所。信息也提供给人们新产业和新职业的动向，为人们做职业上的某种规划或某些决策提供依据。

（4）机遇因素。在职业选择过程中，有时可能会有一些意外、偶然的契机影响求职者改变其求职方向或进程，这便是机遇因素。这种因素虽然不具有稳定性和可预见的可靠性，但如果有所准备并适当把握，还是会有意想不到的效果的。

4.1.5　职业选择的技巧

了解了职业选择的基本含义、意义、策略、原则和影响因素之后，就要有的放矢、有据可依地运用一定的技巧，进行职业选择。

1）明确目标，确定方向

确立明确的求职目标可以调动求职者的积极心态并激发其向目标的方向行动。

2）掌握信息，创造机会

前面讲过，信息是职业选择的前提和基础。在初步确立求职目标后，求职者就要开始收集相关的信息，为求职打好基础。

互联网上有一个广泛流传的小故事，讲的是将要在监狱服刑3年的3个人——美国人、法国人、犹太人在监狱长给他们选择机会时的不同选择以及结果。3年过后：

第一个冲出来的是美国人，他嘴里鼻孔里塞满了雪茄，大喊道："给我火儿，给我火儿！"原来他选择了香烟却忘了要打火机。接着出来的是法国人，他手里抱着一个小孩子，他选择的美丽女子手里也牵着一个小孩子，肚子里还怀着第三个。最后出来的是犹太人，因为他选择了电话，与外界保持联系令他的生意不但没有停顿，反而盈利翻倍，他要送监狱长一辆劳斯莱斯汽车表示感谢。

这个故事给我们带来的哲思是，人的思路决定了他的目标，什么样的选择相应的就会带来什么样的生活，今天的生活是由3年前我们的选择决定的，而今天我们的选择将会决定我们3年后的生活。所以，我们要明确目标、确定方向，从而更好地创造自己的未来。

就我国的实际情况看，职业信息可分为如下几类：

（1）就业政策信息——国家及地方有关就业工作的方针、政策、规划、部署、措施等信息。

（2）宏观职业发展信息——有关职业发展战略、动向和趋势的信息。

（3）横向职业动态信息——地区间职业的横向联系、促进职业之间协作与交流的信息。

（4）人才需求信息——地区、部门、行业间人才余缺，促进人才供需平衡和合理流动的信息。

（5）职业咨询信息——职业指导专家等权威人士就当前职业选择方面存在的普遍性问题发表的评价、建议的信息。

（6）职业参考信息——带有普遍意义的职业指导的理论、观点、原则、方法和技巧的信息。

这些信息，提供不同内容、不同方面的规范和指导，求职者应根据自身实际需要重点关注。

信息的价值就在于它提供机会。信息的接收受到接收者的目的、努力程度和知识等因素的影响。而一旦掌握信息、看到机会，就要当机立断、抓住不放。奥里森·马登在《奋力向前》一书中劝诫人们：把每个时机都视为重要的时机。罗伯特·哈夫也在《如何在这个疯狂世界里找一份好工作》一书中指出，如果说"运气"在人们寻找好工作中起到了些作用，那是因为他们经努力奋斗带来了"好运"。

【小阅读】 O*NET职业信息网络系统

O*NET职业信息网络系统（Occupational Information Network）是由美国劳工部组织开发的职业信息系统，它的前身是同为美国劳工部组织开发的《职业名称词典》（Dictionary of Occupational Title），这部词典曾被政府和企业广泛用于人–职匹配和工作分析的信息收集。O*NET的问世取代了职业名称词典，成为美国工作分析和职业分类的常用工具。

O*NET将美国劳工部的标准职业分类（Standard Occupational Classification）进行了进一步的细化和补充，形成了O*NET标准职业分类（O*NET-SOC taxonomy）。2010年该职业分类对974个职业岗位进行了详细的描述，之后保持定期更新。同时，O*NET发展出了跨职业的指标描述系统——内容模型。图4-1用同样的指标体系衡量所有职业，为描述和比较不同的职业提供了共同语言和参照标准。内容模型中不但包含了每个职业的职业特征、职业要求以及发展前景，还对任职者的胜任素质做出了较为详细的描述。

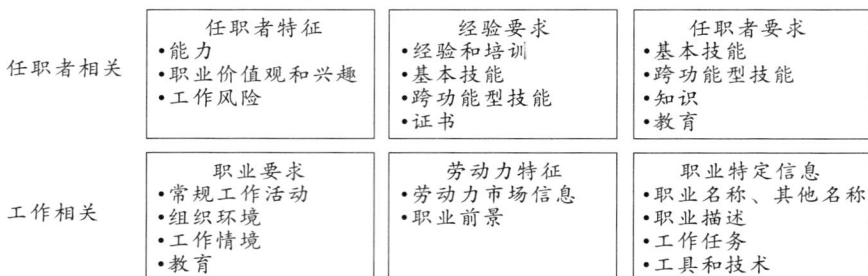

任职者相关	**任职者特征** • 能力 • 职业价值观和兴趣 • 工作风险	**经验要求** • 经验和培训 • 基本技能 • 跨功能型技能 • 证书	**任职者要求** • 基本技能 • 跨功能型技能 • 知识 • 教育
工作相关	**职业要求** • 常规工作活动 • 组织环境 • 工作情境 • 教育	**劳动力特征** • 劳动力市场信息 • 职业前景	**职业特定信息** • 职业名称、其他名称 • 职业描述 • 工作任务 • 工具和技术

图4-1 O*NET内容模型

3）调整心态，准备材料

（1）树立良好心态。在现代职业选择中，"温良恭俭"的心理已显保守，等待"伯乐相马"的心理已显被动，而"无可奈何、听天由命"的心理更显消极。求职者应该具有竞争意识和自主意识，在求职时充分展现自我。另外，得体的言行、责任心、学习能力、乐观自信、抗压能力等也是现代企业看中的特质。

　　（2）准备书面材料。书面材料是用人单位了解求职者的重要途径，是求职的敲门砖。恰到好处的书面材料对于自我推销、给用人单位留下良好印象具有重要作用。因此，它是迈向职业成功的第一步。求职的书面材料一般包括简历、自传、求职信、申请表等。

　　简历用来陈述自己的基本情况，如：①概况：姓名、性别、年龄、学历、经历、政治面貌；②文化程度和专业教育情况：毕业于何校、学习何专业、主修课程及成绩概况、特长及奖惩情况；③工作经历与社会实践状况。简历的内容要求简洁明了，新颖独特更易引人注意，但千万不能"以形害义"。一份好的简历不一定会使你马上得到工作，但一份糟糕的简历却会使你失去很多就业机会。

　　求职信要写清自己的求职意图，对所求职业的适合性优势和胜任条件；表达自己求职的迫切愿望并可以写明如经录用今后如何发展的决心和信心；还可以建议用人单位试用，恳请得到机会。其中，阐明自身的优势是关键内容，它为用人单位是否录用求职人提供参考依据。

　　求职信应写得明而不繁、洁而不乱，这样可以让阅读者有兴趣看下去，并可能得到较高的印象分。求职信中还要附有必要的资历证明，如本人的照片、评语或推荐信、成绩单和奖励证书等。

　　书面求职后，用人单位大多要采取面试方式来进一步审核求职者，为决策做准备。所以，后面我们还要专门介绍"求职面试"这一环节。

【小阅读】　　　　　HR眼中普通简历与优秀简历的区别

　　表4-6列出了HR眼中普通简历与优秀简历的区别。

表4-6　　　　　　　　　普通简历与优秀简历的区别

项目	普通版	优秀版
校徽和校名	大部分有	无
标题	纸质版："简历"和"resume" 电子版："新建文档"或"简历"	纸质版：自己的名字 电子版：自己的名字+应聘岗位
照片	大部分有	无

续表

项目	普通版	优秀版
个人信息	全面。像人口普查表	简单。主要的信息
求职目标	大部分无	一般都有
教育背景	罗列很多课程名和奖励情况	奖励单独作为一项进行介绍
工作经验	较多且复杂	有主次之分，能详细描述
获奖情况	没有归纳、没有分析	基本都有。对该奖项的介绍
个人特长	罗列较多，没有突出特色；自己不太会的也列上了	特长符合申请岗位的核心要素
页数	2页甚至更多	1页
性格特点、爱好	描述具体，而且很多	自我描述和评价符合申请岗位的核心要素
低级错误	挺多的，包括拼写、语法、时态、字体不一致、大小不统一等	极少
真实度	常常会造假	不造假，只是艺术性地放大
精确度	较低	较高，多用数字性语言
纸张	纸张过轻、不统一	白色纸张，80g以上
文字	不规范，大小、字体不统一	规范，统一大小、统一字体
排版	很差，不讲究	一丝不苟，十分讲究
打印	不整齐；彩色、喷墨打印	整齐；黑色、激光打印
文字风格	平铺直叙，大段描述	言简意赅，分点交代
直观印象	杂乱无章，无主次之分	精美流畅，有重有轻

资料来源　根据应届生求职网的相关资料整理。

4.2　职业决策

职业决策有时比较容易。

如果一个人专业能力比较强，而不喜欢人际交往，对他人的需要、愿望不敏感，对人情世故不感兴趣，那么，从事专业学术研究可能是比较理想的选择，其长远的职业理想就是专业技术职务的最高点。如果家庭经济条件允许，在最终决策时一般不会遇到什么困难。

再比如，某人专业能力比较强，看重经济收入，喜欢并善于与人交往，可能从事与工商管理有关的职业能实现自己的职业理想。通常，他可以先寻找与技术有关的职业，从专业做起，在企业中积累经验，熟悉企业经营管理的实际，在有一定的实践经验或感性认识后，利用各种机会提高自己的理论水平，或通过自学、参加相关的培训、攻读 MBA 学位等，提升自己的管理素养，一旦有职位空缺，就可以参与竞争，实现自己的职业理想。如果一个人专业能力一般，但表达能力很强，善于人际交往，与同学、同事、上级关系很好，就可以朝着与社会人际交往密切相关的职业发展，如公关、营销、旅游等职业，这种选择一方面可满足自己喜欢与人打交道的愿望，另一方面也符合个性特点，易于取得比较好的工作成绩。

但是，人们的职业决策并非总这样容易。有些时候，职业理想和现实之间的冲突比较明显，而且选择很困难。比如，喜欢绘画，但家庭经济条件不允许；喜欢舞蹈或体育，但父母坚决反对；想当工程师，但能力不够等。还有些时候，"鱼"和"熊掌"不可兼得。比如，希望有很高的回报，但又害怕风险和责任；希望有很高的收入，但不喜欢经常出差。另外的一种情况是，一些人各方面的能力都比较强，但不知自己该选择哪种职业，是考公务员，还是去企业；是选择教育领域还是艺术领域。常见的心理特质方面的决策困难见表 4-7。

表4-7 常见的心理特质方面的决策困难

职业分类的问题	能力倾向选择		兴趣选择	
	个人能力倾向	职业选择所要求的能力倾向	个人兴趣范围	职业选择所要求的兴趣范围
适应类 适应的 不适应的	一致 不一致		一致 不一致	
无法做决定 多方面潜能 不做决定的、不感兴趣的	有多种能力相一致 至少有一种能力相一致		有多种兴趣相一致 没有兴趣	
不明智决定 不实际的 未实现的 压制性的	个人能力低于所要求条件 个人能力高于所要求条件 一致		一致或没有兴趣 一致或没有兴趣 不一致	

　　适应性不良的人，可能既不符合兴趣倾向，也不符合能力倾向。具有多种潜能的人，往往供选择的职业太多，难以挑选最佳的。无法做决定者，往往是找不到个人的职业兴趣，觉得什么都差不多，缺乏决策能力是问题的关键。不感兴趣者，至少有一种选择符合能力要求，但没有特别的兴趣，如医学院毕业，但却对音乐有兴趣。期望高于实际能力的不实际者，是"小材大用"；未实现者，实际能力高于期望值，是"大材小用"。压制性的人，能力与职业的要求相当，但没有兴趣。

　　如何综合考虑各方面的因素，做出合理的职业选择，是职业生涯管理的重要内容。那么，职业生涯选择有哪些规律？又该如何化解职业生涯选择时的冲突呢？下面我们要进一步讨论。

4.2.1 职业决策过程

　　职业生涯决策的思路很简单，主要涉及个人属性和环境两个方面，可简单地用图4-2来描述。

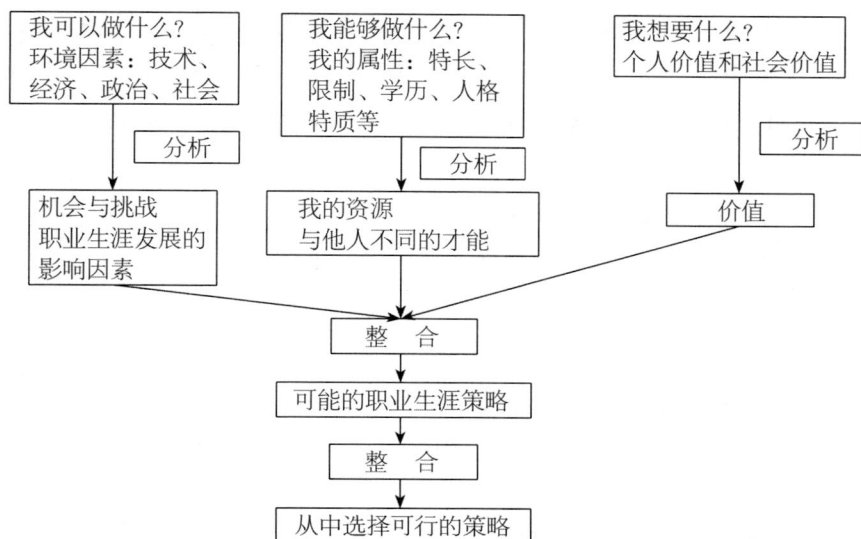

图4-2 "机会-能力-价值"模式

尽管图4-2比较清楚地表达了职业生涯选择的过程，即将个人的属性（能力、性格、学历及价值观等）与职业环境进行整合或匹配，最终确定自己理想的职业，但上述模型中仍然有许多问题没有很好地解决：环境、能力和价值观如何整合？可能的职业生涯策略如何确定？如何从可能的选择中挑选最合适的职业？选择的标准是什么？这些问题仍然需要明确。对于职业决策的研究有很多，这里我们主要介绍卡茨（Katz）模式。

卡茨是依据经典的决策理论提出职业决策理论的（1966），该理论包括决策者使用的三种系统——信息系统、价值系统、预测系统。他特别强调检查决策者的职业价值观，他认为，职业价值观是职业选择中知觉、需要及目标的综合。好的决策应该是选择具有最大期望值的对象。价值是追求满意的目标和需求的状态，决策者应列出自己主导价值的清单，并依据它们相对价值的大小进行量化。对每一种选择，决策者都要估计其回报。回报价值与客观可能性的乘积即期望价值，决策策略便是挑选具有最大期望价值的选择对象。后来，卡茨在原有的期望价值论的基础上，借助电脑辅助进行职业决策。

卡茨的工作从20世纪60年代开始，在之后的30年内，经过3次重大修改，研制出了电脑辅助职业辅导系统，在2005年的决策分析系统SIGI（system of interactive guidance and information）PLUS版本中，共分为九个部分：

（1）简介：SIGI PLUS是什么？

（2）自我评估：我要做什么？我的专长是什么？

（3）搜寻：我喜欢的职业可能有哪些？

（4）信息：我喜欢的职业有哪些特征？

（5）技能：我行吗？

（6）准备：我行吗？

（7）理由：我行吗？

（8）决策：什么才是对的选择？

（9）下一步：如何实现计划？

卡茨指出，决策分析的精华在第八部分，即"决策"单元。在"决策"单元开始时，SIGI PLUS提示使用者思考三个问题：

一是，职业的回报是什么？这个职业能满足我的需要吗？

二是，我进入这个职业的概率如何？

三是，从整体来看，这个职业是一个好的选择吗？

接着，使用者根据前面的资料，特别是在"搜寻"单元所得的职业清单，列出供决策的三个职业。如果使用者是成人，可以将现在正从事的职业列入清单。首先，针对职业的回报判断三项职业的"效用轻重"——优、良、中、差。这个总分是根据三方面来判断的：满足价值的程度、是否在兴趣的范围内，以及是否为喜欢的活动。在"满足价值"部分，使用者可以看到每一个职业的五项最重要的价值（在"自我评估"部分所得的结果），伴随着重要的属性，就每一价值评估该职业"优、良、中、差"的满足程度。其次，以类似的方式，评估"兴趣的范围"与"喜欢的活动"。每项职业在最后对三个层面（价值、兴趣、活动）的四种评估（优、良、中、差）的结果会同时呈现，然后由使用者根据这三个层面的结果评定一个总分。这个结果决定了职业在"决策方块"（见表4-8）

上垂直轴的位置，在电脑屏幕上，红色表示"差"，绿色表示"优"，黄色表示"良"或"中"。上述过程一次评估一个职业，完成后，再评估下一个职业。

表4-8　　　　　　　三种职业在职业决策方块上的位置

	优			
	良		Y	
回报	中	X		
	差			Z
	差	中	良	优

机　会

注：X表示中学辅导老师；Y表示管理顾问；Z表示职业辅导员。

完成了回报评估后，接下来进行概率评估，即评估每一个职业的风险或成功的概率。使用者根据"工作能力""必需的准备""职业展望"三项标准来评估职业上的成功概率，等级仍然是"优、良、中、差"。三种概率的成分（能力、准备、展望）的评估结果都会罗列出来，使用者再做一个总评，所得的结果决定职业在"决策方块"上水平轴的位置。最后，三种职业在"回报"与"概率"两个维度上的结果，同时呈现在"决策方块"上。

卡茨模式强调职业价值观在职业决策过程中的影响，并且将价值观量化，进行精细的推算；同时借助电脑辅助系统，训练并增强决策能力，这在电脑普及的今天很有实用性。但人们能否对各职业的各种回报价值、概率作准确的估计，尚有待进一步研究。卡茨模式不仅考虑到操作性，而且更加深入细致，比如增加了决策过程中对自我的了解，增加了对现实成分的考虑等。更重要的是，卡茨的决策过程有计算机系统的辅助，效率很高。

4.2.2　职业生涯决策的影响因素、方法与问题

1）职业生涯决策的影响因素

影响职业生涯决策的因素很多，主要可以分为三个方面：一是心理特

性，包括职业价值观、职业兴趣、职业能力、气质、人格类型等；二是职业机会，即从业、就业的可能性；三是社会家庭因素，即父母的职业态度、家庭的社会经济状况、接受培训和教育的可能性等。

有些情况下，这些方面没有冲突，但有些情况下，冲突还是存在的，如心理特性与家庭经济状况的冲突：许多有潜力的学生，由于家庭经济状况的制约，不能选择自己理想的职业；有些学生在职业理想和价值观念方面与父母存在严重的冲突：父母看重就业，子女看重实现自我价值。此外，在心理特征的内部也有冲突，比如，自己喜欢做演员，但没有演员的素质；想当职业经理人，却害怕承担风险。只有将上述各个方面很好地加以协调，才可能做出正确的决策。

2）职业生涯决策的常见方法

职业生涯决策有多种方法，常见的有经验法、直觉法、比较法。

（1）经验法。这是运用得比较多的方法，其具体做法往往是找一些有经验的人提供支持，如教师指导学生填报志愿。成年人在经历了漫长的职业生涯道路后，往往也有许多经验，可以凭借这些经验来辅助求职者决策。这种方法存在的问题是主观性强、精确性差。

（2）直觉法。该方法主要是借助个人的内在情感和感觉，运用想象力，辅之以过去的知识和背景来做决定。其优点是简单、迅速；缺点是主观、武断，缺乏科学依据，比较感性。

（3）比较法。该方法是运用推理、比较和数据资料，综合考虑多方面的利弊得失，找出正面预期多、负面影响少的方案。这种方法比较科学，但是十分复杂，需要的技术和资料较多，决策过程漫长。

3）职业生涯决策存在的问题

在进行职业决策之前，全面地考虑影响决策的因素，是实行科学决策的前提。每个进行职业生涯决策的人就像坐在一张"空椅"上，参照"职业生涯与我"清单上的资料，仔细描绘出自己的人格特质与职业生涯期待，然后逐项汇总，看有没有冲突、有没有困难，这些冲突和困难如何解决，最后选择一个理想的职业领域（参见图4-3）。

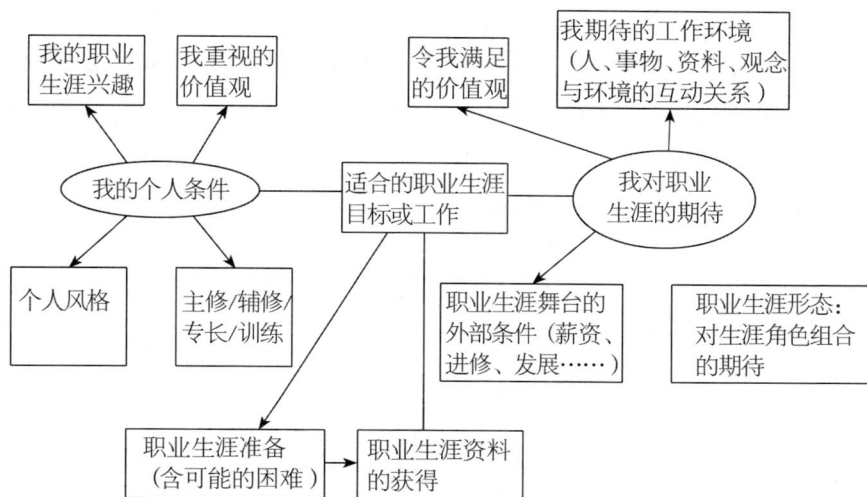

图 4-3　比较法下的职业选择决策过程

（1）职业生涯决策常见的问题如下：

① 在个人条件和职业生涯期待下，可以考虑哪些职业生涯目标？

② 就职业生涯目标的追寻而言，个人需要哪些职业生涯能力或准备？

③ 在这些职业生涯目标的追寻过程中，个人可能遇到哪些困难？

④ 如何得到关于这一职业生涯目标的进一步的资料？

（2）职业生涯决策还存在以下重大问题需要处理：

① 如何处理个人职业心理特性的冲突。通常，个人在进行职业生涯选择时，会面临几种主要的冲突。比如能力、兴趣和价值观的冲突，即感兴趣的职业，可能能力较低甚至不具备这些能力，一旦做出违背能力的决策，最终必然是困难重重，如想从事科学研究工作但缺乏抽象思维能力、外语水平较差就属于这种情况。这时，理智的选择是以能力为基础，再考虑符合兴趣和价值观的职业。

一般来说，性格与气质会影响到职业兴趣和价值观，如果出现能力与性格、气质的冲突，也应该以能力为重，兴趣、价值观、性格可塑性相对于能力要容易调整得多，因此可以做到干一行、爱一行。

②如何确定外部的影响因素及力量。认识了职业及职业自我后，便可以确立一个相对适合的初选的职业范围。如何做出最终的决策，要考虑多方面的因素，并经过分析找出可能的促进因素或冲突因素。如果找到了解决冲突的方法，就可以做最后的决定了。表4-9列出了影响职业或专业选择的可能环境因素，表4-10则列出了可能的冲突或困难源。

表4-9 　　　　　　**职业或专业选择中环境层面的影响因素**

对个人的职业或专业选择的影响因素		影响程度的回顾与认识
层面	内涵（请填写你当时对此问题的思考）	
社会与文化		
机会结构		
声望结构		
政策或制度		
社会观念		
人际关系		
性别认同		
其他		
家庭与亲戚		
家庭社会经济地位		
家庭收入		
家长意见		
其他家人的意见		
其他		

表4-10 暂定的职业生涯目标的环境力场分析

影响因素	目标1	目标2	目标3
社会与文化	阻力： 助力：	阻力： 助力：	阻力： 助力：
家庭与亲戚	阻力： 助力：	阻力： 助力：	阻力： 助力：

③决策的利弊得失分析。如何做决策？不同的人其方式和方法不同：有的人草率决策，靠直觉；有的人没有冲突，按部就班地决策；有的人寻求专家帮助决策。

决策是否合理、科学，可以通过决策后的得失分析来判断。得失主要从以下几个方面来分析：一是个人方面的得失；二是家庭方面的得失；三是亲友方面的得失（包括母校、同学、朋友……）；四是社会方面的得失。这一分析过程可以通过表4-11来完成。

表4-11 决策练习——职业生涯平衡单

考虑因素	重要性加权	短期目标1		短期目标2		短期目标3	
		有利	不利	有利	不利	有利	不利
个人方面的得失							
家庭方面的得失							
亲友方面的得失							
社会方面的得失							
合　计							

④确定进入职业生涯领域的发展规划。如果你的职业目标是担任大学教师，那么，应该考虑考研究生，筹集学费，考 TOEFL 或 GRE；如果职业目标是开个鲜花店，则应选修商业课程，学习插花艺术，筹备开业费用；如果想从事中学教学辅导工作，则需要增加中学教育的见习经验，完成中学教育学分，学习相关辅修课程等。职业生涯发展规划的具体内容见表4-12。

表4-12 职业生涯发展规划

暂定的职业生涯目标	知识能力的充实	环境资源的扩展	短期应完成的目标

4.2.3 职业决策类型

按照对职业和自己的了解水平，可以将决策者分为四种典型的类型，即犹豫型、直觉型、顺从型和逻辑型（如图4-4所示）。

		职业自我	
		未知	知
职业世界	未知	犹豫型	直觉型
	知	顺从型	逻辑型

图4-4 职业决策类型分析

犹豫型是对自己不了解，对职业世界也不清楚，因此在进行职业决策时，会觉得什么都好又什么都不理想。直觉型对职业自我认识比较清楚，但对职业环境比较陌生，仅仅靠对自己的了解做决定，犹如盲人摸象。顺从型对自己的特点不是十分了解，尽管对职业世界比较了解，但容易受亲朋好友的影响，一有风吹草动便毫无主见。逻辑型则对自己的特征一清二楚，对职业世界的情况也洞若观火，因此能按程序分析各种利弊得失，做出最适当的决定。

按照在决策时的价值追求，可以将职业决策分为四种类型，即期望型、安全型、逃避型和综合型。所谓期望型，是选择自己最希望得到的东西，将自己最看重的东西放在首要位置，比如自己看重权力，喜欢领导他人，就将此作为决策的主要依据，至于是否稳定、是否有成就、自主性强不强等，则较少考虑。所谓安全型，是注重安全、有保障、比较容易成功、不容易被辞退的职业，比如教师、公务员等，至于薪酬待遇的高低则考虑得相对较少。所谓逃避型，是指不明确自己最喜欢的，但否定自己最不喜欢的，尽管这样做逃避了一些风险，但并非意味着就避免了风险，因为有些没有被否定的职业差异也非常大。而综合型的决策者，会考虑多方面的因素，不只是突出其中的某个因素，如价值观或能力、性格等。

由于决策过程中的影响因素很多，考虑得越周全，决策难度越大。事实上，许多主要的决策内容与其他方面是有联系的，比如，敢于冒险的人，大多是承受力比较强、能力也不错的人；喜欢追求事业成就的人，其领导能力、分析问题和解决问题的能力也会比较强。自我效能理论就为职业生涯决策提供了比较坚实的理论基础，它注重抓住一个方面决策，尽管风险大，但难度小、时间短。

如果职业生涯决策科学、合理，就会为个人进入组织奠定良好的基础。当然，随着社会的发展和变化，个人的职业生涯道路也并不会一成不变，可能会出现一些变化，这就需要适时调整。如何使自己在职业生涯中少走弯路，取得较高的职业成就，仍需要人们不断地探索和努力。

4.3 职业适应

一个人由于无所选择或者贸然选择而就职于自己不喜欢或不适合的工作岗位，无疑会遇到许多实际的问题和困难。另一方面，即便个体经过认识、塑造、充实、规划自我等诸多职前准备，或是经过一定的科学指导和职业选拔而进入职业界，也只代表他对某种职业有一定的适合性，但如何使职业性质、类型和工作条件与个人需要和价值目标等融合，如何使个体在职业生活中获得最大的满足等诸如此类的问题，只有在具体职业活动中才能得到解决，这也就是我们所关心的职业适应性问题（career adjustment）。

这里，我们首先联系职业的功能来看人们对职业生活的适应问题。日本一位专家认为，职业有稳定经济、确立社会地位和参与社会三个作用。

第一，由于就业，人们可以得到金钱报酬，能够维持和提高生活水平。而职业的经济效益直接关系到人们的物质需要能否满足和满足的程度，影响人们对某种职业适应能力的发挥。比如，在教师待遇相对较低的情况下，人们对教师职业敬而远之，在职教师也很容易受到社会上各种经济现象的冲击而产生心理波动。

第二，职业带来一定的社会评价和社会地位。不同类型的职业只是社会分工不同，并无高低雅俗之分。但是，实际生活中职业间在政治、经济、工作环境等方面的差异，以及历史上形成的一些约定俗成的职业观，使得人们对现实中的各种职业的看法和评价有所不同，从而影响到对从事不同职业的人的价值、地位的评判。一个人干什么、属于什么工种和哪个组织等也成为其一定社会地位的标志，这会影响到职业适应的行为和心态。

第三，人们开始职业生涯，即作为社会中的一员参加工作，履行社会职责，从而作为一个成年人而得到周围人的认可，自己也产生了这种自我认知。这其实是一种社会角色的扩展和转换，能否正确对待，或能否顺利过渡，或能否恰当处理，都关系到个体心理上的稳定和满足，关系到其对职业的适应性。

职业适应性良好，人们才能对工作产生积极的情感反应，即产生工作满意感。前面所讲的适应性和适合性的区别，也正是在于前者有更多的主观体验和情感因素。工作满意感也表明个体对职业的适应状况。表4-13列举了特定的职务维度——一般用于评价工作满意感的各种职务特征，这些也是影响职业适应性的因素。

表4-13　　　　一般被认为与工作满意感有关的职务维度

一般类别	特定维度	维度的描述
1）事件或条件		
（1）工作	工作本身	包括内在兴趣、多样化、学习的机会、困难、工作量、成功的机遇、对工作流程的控制等
（2）奖励	报酬 晋升 认可	报酬的数量、是否公平、报酬的依据等 晋升的机会、依据、是否公正等 表扬、批评、对所做的工作的称赞等

续表

一般类别	特定维度	维度的描述
（3）工作背景	工作条件 福利	工作时长、休息时间、设备情况，工作空间的温度、通风情况、所处位置等 退休金、医疗和生活保险计划、每年的假期、休假待遇等

2）人物

一般类别	特定维度	维度的描述
（1）自己	自己	价值观、技能、能力等
（2）（公司内的）其他人	监督管理	管理的风格和影响、技能的熟练程度、行政管理的权限、友好度、帮助、技术能力等
（3）（公司外的）其他人	同事 顾客 家庭成员 其他	技术能力、友好度等 支持度、对职务的了解、对时间的要求等 依身份而定，如学生、父母、监护人等

4.3.1 职业适应问题存在的原因

影响职业适应性的主客观原因有多种，人们的职业适应性也是多侧面的。这些职业适应性的多项内容会更充分地表现在初始就业和职业转换中。因此，职业适应性问题是对人们职业心理素质的动态研究，具体表现在几对关系的冲突与调整上。

1）理想与机遇

每个人在进入职业界之初，都不免对未来有所构想。特别是接受过一定的教育训练的人，都希望能够获得一份社会评价较高、物质报酬较优，体面而值得炫耀的职业。但是，由于社会经济发展的需要、劳动力供应状况等的制约，人们可能一时只能找到一份并不理想的工作，这很容易使就职者"闹情绪"，觉得自己屈尊低就、大材小用，便对目前的工作或轻之贱之，产生抵触情绪，从而消极怠工、得过且过；或盲目自夸、自高自傲，深感怀才不遇，从而怨天尤人、心猿意马。这些心态无疑都不利于个体对当前职业的认知、了解和接受，自然也就很难适应。

2）期望与实际

我们每个人无论干什么，都有一定的期望和预想。比如一个人结婚，总希望婚后很幸福；一个人工作，也是想从中得到快乐和满足。可以说，每个人都会有一种期盼，认为通过一定的途径总能够达到预期的目的。这种假设状态是人们处理自身和外部世界关系的一种方式，也是人们通过自身主观觉察力来观察外界事物的一种方法，人们对这种假设一般都是深信不疑的，会自觉不自觉地根据这种假设去勾画、期望将要开始的新生活。

然而，这种期望和预想多基于一种社会认知，如进互联网"大厂"赚得多，机关工作稳定，学校里则人际关系相对单纯等。但现时代的发展变化，以及具体组织的千差万别，使得按照某种设想进入某种职业领域的人们会突然发现实际工作中的复杂性，好多东西是他们始料不及的，情况也并不是完全按照他们的期望发展，这包括工作的内容、性质，管理者的风格、措施，工作环境和人际氛围等。这一切都可能比就业者想象的要微妙复杂得多，甚至是全然出乎预料。面对现实，人的假设动摇了，便容易产生不适应感，其程度如何，要视个体原有期望的固着程度、期望和现实的差距、个人对待客观冲击的主观态度，以及个体自我调适能力的强弱等而定。

对职业的不适应感在初到工作岗位的青年中表现得尤为严重。因为他们不曾有过直接的职业经验，社会阅历也不够深厚，他们所见所闻的职业界的情况，大多是表面的、浅层的，还加入了自己的主观想象。青年人大多气盛，认为找到一份较合适的工作就可以大展宏图。他们对任何新鲜事物都比较敏感，对分派给的任何任务及提出的任何要求，都可能给予强烈的情绪反应。但现实往往是严峻的，他们的意气风发往往容易受到挫伤。通过就业，他们期望完全独立，却发现原来仍要受人支配；他们期望一展所长，却发现原来还有诸多限制；他们期望事业成功，却发现还需走很长的路。这些失落和错位的不适应感，对于初出校门和初始就业的青年而言，多多少少都是迷惘和阻碍所在。

3）角色转换

如果把社会比喻为戏剧舞台，我们每个人都是一定剧目中的特定角色。由于现实社会中个人身份、地位的多样性，我们又一身兼有多种角色。个人的社会活动越丰富，其充当的角色也就越多。

对于不同的角色，人们都按社会规范，对其有一定的角色要求和角色期待，"干什么活就要像什么样""在其位谋其政"，这些都表明人们对一种角色的定位要求。所以，选择或变动职业，都涉及角色转换问题。扮演不同的角色，就要遵循不同的角色要求，就要处理不同的角色关系。然而，一个人原有的行为方式、思想观念，都会形成一种"心理定式"，在新的环境条件下发挥一种"惯性作用"。在对新角色产生认同感之前，由于新旧角色间的差距，往往易发生角色冲突，产生各种矛盾，搅乱平静的心境，引起情绪的波动，从而产生不适应感。

刚步入职场的新人、刚进行了工作转换的员工，都需要进行恰当的角色转换。从大学生的角度来说，尽快实现从学生到员工的角色转变，对做好本职工作、在工作岗位上发挥更大价值很重要。从职场新人的角度来说，第一要正确地认识自我与社会，向社会化转变。不能正确认识自我和社会的个体，在职场中就可能出现社会适应能力低下和职业角色意识模糊的后果。第二要培养良好的职业素养，向职业化转变。职业意识和职业素养是大学生角色转换的重点，在学校学习的理论和专业知识固然重要，但它们总要得到实践的检验，而树立端正的职业态度和职业意识，培养良好的职业行为和职业技能正是个体按照职业要求改变自我的过程。工作转换如职位晋升、降级、跳槽等，对员工日后即将承担责任的大小、范围也都提出了转变要求。因此，工作转换后，员工应该及时调整自己的心态，加强自我修养，提高综合素质，迎接工作转换带来的挑战。

【小阅读】　　　　　　大学毕业生的"族化"现象

社会上用一些十分生动的语言描绘了大学毕业生的几种典型处境：

（1）"啃老族"。这是指那些拥有劳动能力、已经达到就业年龄并且已经离开学校（包括毕业、肆业、退学），但仍然不能实现经济上的独立，而要父母提供经济帮助以维持其自身需要的年轻人。这一群体并非没有能力立足于社会，而是主动放弃就业的机会，赋闲在家，被社会学家称为"新失业群体"。啃老族又可分为很多类型，有些是因为自身的知识、能力水平过低，只能在低端劳动力市场上寻找机会，但因为怕苦怕累索性不就业；有些是有较高学历的高校毕业生，由于对工作期待过高、过于挑剔，因此暂时待在家中依靠父母生活；有些是对新工作适应不良，不停地变换工作、频繁跳槽，最后找不到工作，"漂"落在社会上；还有些是创业幻想型青年，有强烈的创业愿望，但又缺乏必备的经验和能力，最后创业失败导致啃老。

（2）"校漂族"。这是指那些已经毕业，但仍然继续留在母校或其他高校周围，享受着学校资源的大学毕业生群体。他们有的是为了考研；有的是为了利用学校资源、寻找机会找到理想的工作；有的则单纯是留恋校园生活，享受学校的清静悠闲。毕业生可以利用"校漂"作为缓冲期更加从容地规划人生，但长期"校漂"容易产生自卑和依赖心理，不但给家庭带来经济负担，占用高校的公共资源，也会给高校的管理带来困难，给社会带来隐忧。

（3）"候鸟族"。这是指那些在不同城市之间反复迁徙，或在同一城市的城区和郊区间来回奔波的群体，通常指青年白领。在大城市与中小城市之间反复迁徙是"候鸟族"最显著的特征。他们处于焦虑和冲突之中，身心饱受煎熬。一方面，他们享受着大城市高制度化、规范化带来的更为丰富和公平的工作机会，怀揣梦想、想要出人头地，又苦于承受高成本、快节奏生活和高房价带来的压力；另一方面，他们想要退回中小城市发展，却又心有不甘，且很难适应家乡中小城市固有的"关系社会"和相对缓慢的生活节奏，难以融入。"候鸟族"在不同城市之间流动，对于个人而言矛盾的心理一直折磨着他们，对于社会而言则增加了社会管理的难度。

（4）"蚁族"。这是对大学毕业生低收入"聚居群体"的典型概括。他们大都接受过高等教育，但是没能在大城市中找到符合自己心理预期的工作；多从事简单的技术类和服务类工作，工作稳定性差、收入水平低；长期聚居于租金低廉的城市边缘地区。由于这一群体与蚂蚁有许多类似的特点：高智、弱小、群居，因此被称为"蚁族"。这一群体的生活条件较差，缺乏基本的社会保障，社会交往面通常比较狭窄，生活单一，精神上有着强烈的"被剥夺感"和"被忽略感"。

正如我们所知，当代大学生常常被冠以"脆弱的一代""经不起打击的一代"，特别是当大学生在刚刚离开象牙塔中的纯真生活，进入现实社会而产生种种不适应的"病症"时。事实上，这些"病症"并不代表新一代青年人脆弱，很多时候是他们没有真正认识到自己角色的转换，还没能适应崭新的职业与工作而导致的"并发症"。因而，如何才能在毕业之后第一时间从学生角色转换为一名职业人，更快更好地提升自己的职业适应性，从而在竞争激烈的职业舞台上拥有自己的一片天地，是每一位大学生在制定职业生涯发展规划时都必须思考的一个重要问题。

资料来源 龚维斌，赵宇新，崔玉丽. 透视大学毕业生"族化"生存现象［J］. 时事报告（大学生版），2014（1）：36-43.

4）准备和变动

为了胜任工作，进入职业界之前，人们总是要有所准备的。这不仅包括前面论述过的各种心理上的准备，还包括一些知识技能和素质上的准备。

但是，现代社会的科技发展与信息交流，使得职业领域的要求和结构始终处于一种变迁和转换的动态过程之中。英国技术预测专家詹姆斯·马丁曾做过一个测算：在19世纪，人类的知识每50年增加一倍，20世纪初每10年增加一倍，20世纪20年代每5年增加一倍，到了20世纪80年代则每3年增加一倍。相信在现时，知识的更新速度已经达到了惊人的程度。在人类知识更新如此迅速的情况下，知识老化的速度也就可想而知了。例如，原来熟练娴巧的机械操作工，面对更新的设备和改善的技术可能无所适从，产生重新适应的问题。又如，顺应现代经济社会发展的需要，关于人才素质的观念也发生了相应的转变，其趋势大致有三种：其一，从"稳重型"到"开拓型"；其二，从"经验型"到"才能型"；其三，从"辛苦型"到"效益型"。这些转型，不仅涉及人才素质结构的重建，也涉及人们相应的价值观念的更新。一些曾一度被奉为"传统美德"的东西在时代浪潮的冲击下，成了僵化、保守、不利于发展进步的阻抑因素，而原来秉承信仰并为之努力奋斗的人们，也会经受转型时期蜕变的困惑和痛苦，产生职业上的不适应感。

4.3.2　提高职业适应性的途径

人总是在一定的物质环境和心理环境中从事一定的职业活动的，所以，有诸多主客观因素影响着人们从事职业时的态度和心理状态，人的职业适应性就表现为能否尽快调适、习惯、认可这些因素。

由于职业适应性能保证人在较长一段时间内从事某一种职业活动，保证人们在职业活动中有较高的效率，保证人们在本职业变革后尽快达到新的要求，而且有利于全面发挥个性品质，有利于社会对劳动力的分配与培养，所以，人的职业适应性不仅在生产中表现出它的重要性，在人的个性全面和谐发展上也显示出它的重要性，我们应该努力提高自己的职业适应性。

在职业生活中遭受挫折、困扰、失望和冲击时，人们往往容易自怨自艾，感慨命运不公，从而怨天尤人、消极坐等，或者我行我素。其实，如果你不适应正在从事的职业，没有从中获得满意感，要改变这一现状，你可以从自身着手做些努力。这里，我们给出以下建议：

1）慎重择业，工作自然称心如意

在就业之前，要明确自己的特长、个性特点，要对社会提供的职业特性、职业信息有所掌握，经过必要的咨询指导，加上恰当的机遇，这样所找的工作才能最称心，个体才能抱着积极和良好的心态走上工作岗位。由于对该职业的情况原本就晓之乐之，那么，在从事该项职业活动时也就容易适应了。

2）有所定有所不定，灵活机动

由于各种职业对从业者都有一定的要求和期望，求职者不可能毫无准备地进入职业界，但实际上职业的具体情况纷繁复杂，并非有备就无患，所以，这就要求个人进入职业界时，要有所定又要有所不定，既要有合理的期望，同时也要准备接受变动，在现实的基础上做切实的构想。

首先，要目标专一。明朝宋应星有诗云："一个浑身有几何，学书不就学兵戈。南思北想无安著，明镜催人白发多。"这首诗形象地说明一个人若没有明确的目标，不知道自己要干什么，朝秦暮楚、"南思北想"、用心不专，只能毫无意义地耗费宝贵的时间和精力。适应是需要时间和经验的，只有执着于某项工作，才能慢慢品味出其中的甘苦，也才能慢慢总结出游刃于其中的技巧。与人相交，相处日久知道彼此脾气了，也就能互相迁就包容了。适应职业也是同样的道理。

当然，不能期望职业一劳永逸、稳固不动，应对发展和变化有足够的心理准备，对新兴事物保持开放的态度，随时准备接纳、吸收。

其次，知识内容、知识结构的更新是必然的，而掌握一定的基础知识、基本技能、普遍规律和一般理论也是十分必要的。就如在学校教育（特别是高等教育）中，不见得学到多少实用的专门知识，但在潜移默化中，实际上已经锻炼出一种科学的思维方式和判断能力，这比起具体的知识对人的职业适应能力更有助益。

3）知其道而适其职

适应新的职业环境一般来说包括两个方面：一是适应新的工作，主要是和"物"打交道；二是适应新的人际关系，主要是同"人"打交道。

适应新的工作，就是要熟悉该行业的角色规范，包括技术规范、纪律规范、道德规范，迅速掌握工作技能，提高工作效率；积极参加职业培训，虚心向师傅、同事求教，端正工作态度。这样，有利于自己尽快投入新的工作中，也容易得到他人的理解和帮助。

适应新的人际关系，实际上就是"角色认同"的过程。在不同条件下的人际关系中，有些良好的品质是相通的，如真诚坦率、诚实有信、谦虚随和、公正无偏等。这具体又涉及一些特定的关系，在职业生活中这些特定的关系主要表现为同事关系、上下级关系、师徒关系等，在不同的关系中，尊重和平等、友善和正直都是必要的。但在这三种关系中，根据身份地位的不同，交往起来还是有所区别的，与同事交往，要热情友好、心无城府；在领导面前，要更多地表现出学有所长、可委以重任；在师傅面前，则要更多地表现出踏实好学、可教可点……其实，所有的美德都有利于增进人际吸引。

4）能力补偿

适应新的职业最关键的心理因素是人的能力结构。如果能力结构与职业要求相符，人的职业适应性就强，反之则弱。但是，人们可以通过能力的补偿效应来增进自己的职业适应性，从而尽量使职业活动效率不受影响，此即所谓能力的补偿效应。

能力的补偿效应，是指在个体身上发生的不同能力之间的相互替代或补偿作用，从而保持或维持活动的正常进行。因为它与职业活动效率紧密相联，而效率的现状又会反过来影响人们适应的状态，所以，它直接影响着人的职业适应性。这种"补偿"不仅发生在不同的能力之间，还表现为性格与能力、积极性与能力之间的互补互替，如"勤能补拙"就是积极性对能力的补偿，"熟能生巧"则是行动对能力的增进，"兴趣是最好的老师"则说明人可以培养兴趣而克服能力上的欠缺。

5）培养广泛的兴趣，扩展知识面

兴趣是人们活动的心理动力之一。作为个体倾向性的重要内容，它能营造一种积极进取、主动热情的心境，支持人们去探索和参与各种活动。对于职业活动，兴趣也是不可缺少的心理动力。

培养广泛的兴趣，能使人摆脱狭隘的职业观念，拓宽职业视野，在面临职业或专业转向时，有更大的选择余地，并作为必要的心理动力，从情感上给予肯定和支持，有利于人的职业适应。

一定的文化知识、职业知识或专业知识，是一切职业活动的必要基础，是人们能按照客观规律从事职业活动的必要保证。具有广博的知识，可以使人们在不同的职业中有更大的发展空间，也具有更大的变通性，这同样可以增强人们的职业适应能力。

前面已经讲过，真正掌握娴熟的职业技术固然好，但人们只要具有一定广度和深度的基础知识，并在此基础上与实际需要相结合，就能够较为迅速、及时地掌握从事某种工作所必需的知识，也就能够做好工作，达成职业目标，取得一定的成就，获得工作满意感。

6）享受圆满完成工作的乐趣，强化职业适应性

其实，工作成就与职业适应性之间是互为条件、相辅相成的关系。

首先，人在工作中都有做好本职工作、有所成就的需要，这种需要的满足会激励人们积极地参加职业活动，勇于克服困难并排除干扰，从而提高适应能力。

其次，人的工作成就是职业适应性的外部标志。人在职场中，良好的适应性会排除掉许多不必要的内损外耗，更易取得较好的绩效。

最后，一定的工作成就的取得，可使人们认识到自身的进步，也会从社会和外部群体中得到正向的反馈信息，享受成功的快乐，为职业适应性的提高提供了正强化。随着职业成就的提高，其职业水平也会不断提高。

7）应用"踏脚石"理论

对乏味单调的工作能安心适应，获得满足感，其秘密之一是利用"踏脚石"理论，即把那些烦琐的例行事务看作通往目标进程中的一些"踏脚石"，你不该太计较它们的"造型"是不是你所喜欢的，而更重要的是要意识到它们的功用，看到这些事务背后自己所要达成的目标。

除此之外，许多专家信奉良好的、积极的心态的作用，与消极心态相比，良好的、积极的心态可以在同样的环境中产生特殊的效果。他们认为，常常真心诚意地对自己说"我觉得健康，我觉得快乐，我觉得好得不得了！"这类激励性语句，也会增进人的适应性和满意感——这是信念的魔力。

主要概念

职业选择　职业决策　职业适应

思考题

1.概述职业选择的策略。

2.列举案例说明职业决策有哪些类型。

重点内容

- 明确职业心理选拔的程序
- 简述人员选拔的心理测验方法

5.1 职业心理选拔概述

5.1.1 职业心理选拔的含义和内容

作为职业心理学的基本内容，职业心理选拔是依据职业活动结构的特点及对劳动者的职业活动要求，借助心理学的测验或非测验技术，对应职人员在该职业或专业领域的适合状况所进行的预测和评定。也就是依据职业活动的要求与个体职业心理特点和个性品质的相互关系，对应职人员进行的职业选拔。

职业选拔的出发点和归宿都是承认人是有个体差异的，职业心理选拔则是基于个体的心理品质的千差万别。这主要表现在两个方面：

一是心理过程诸方面的差异。这包括人在感知觉、注意力、记忆、想象力、思维、意志及情绪情感等方面存在的显著的个体差异。

二是个体个性心理特征上的差异。这包括人与人之间在气质、性格、能力等个性品质方面存在的明显的个体差异，这些差异的表现方式和区别程度各不相同，但可以通过一定的手段加以定性或定量地测定和评价。而差异的来源也有别：有的来源于遗传素质或神经类型上的差异；有的来源于个体所受的文化教育和所从事的活动性质等社会因素的不同。据此，职业心理选拔要对个体进行以下三个方面的测定：其一，生理心理学方面的，如在某些紧张度强、反应速度快、易于疲劳和负有重大责任的工作中，对人的神经系统的强度的测定；在颜色鉴定专业中，对颜色的辨别力的测定等。其二，个体的某些个性特征方面的，如智力、气质、性格等。其三，社会心理学方面的，如成就动机、挫折反应、社会态度、从众性、竞争意识、合作倾向、领导能力和人际关系中的信息沟通等。从以上三个方面入手，基本上可以对差异性个体的心理品质做出全面考察。但在实际的职业选拔中，并不要求面面俱到，而是只根据需要，侧重其中某些方面的预测就可以了。

5.1.2　职业心理选拔的功能和意义

职业心理选拔是在承认人的心理品质各有特点、特定职业对人的心理要求各有偏向，并认清此两者间的相互关系的前提下进行的。其出发点在于使职业活动中的主体与客体实现合理结合与科学匹配，最终目的是提高人的劳动效率和职业教育、培训工作的质量。

职业心理选拔一般具有如下几个功能：

1）明确特定职业的特定心理要求

不同的职业或专业有不同的活动结构，因而表现出不同的活动特点，从而又决定了其对人的心理特征有不同的要求。

意大利国防部于1916年建立的部属心理实验室，就强调飞行员在心理品质上应具有以下素质：迅速、正确地确定方向，对相应情况做出反应；具有足够的注意广度和集中性；记忆敏捷而且准确；情绪稳定等。而对飞机制造工程师来说，这些则不一定是必备的心理素质。

【小阅读】　　　　我国空军飞行员心理选拔系统

我国空军飞行员心理选拔系统在系统分析岗位胜任特征模型的基础上综合运用了多种心理测评方法对不同心理要素进行综合评估，并在针对每个心理要素评估的基础上，进行总分评定。

空军招飞心理系统由3个检测平台组成。

第一平台主要测试的是认知能力、情绪稳定性、人格和动机，主要考核方式为答题，在90分钟之内，候选人要回答6道大题200多道小题。

　　第二平台主要通过模拟情景下的操纵测验考核飞行特殊能力和情绪稳定性。情绪稳定性检测是在操作过程中观察候选人的血压、心跳等生理指标。第二平台测试时间为120分钟。

　　第三平台主要由专家考察候选者的动机、性格、注意力、定向、思维、操作、记忆、情绪及意志等，包括室外观察、情景模拟和专家面谈3个步骤，时间为120分钟以上。

　　最后根据三个平台的成绩，系统会根据权重计算出每个候选者的总评成绩，然后从高到低录取。

　　空军心理选拔系统综合运用各种心理测评方法，如测验法、访谈法和情景模拟法等进行评估，然后不同的测验结合各自的权重得分计算心理能力总分。空军以初教机阶段飞行大队对被测者各方面的评分为效标，对各平台测试进行效度评价，该心理选拔系统预测效度为0.56，预测符合率达到82.4%。

　　2010年以后，我军对该检测系统进行了改进，第二平台（特殊能力检测平台）增加了便携式检测仪器，使心理选拔可以在多个测试点展开，大大提高了招飞心理系统选拔的便捷性。此外，系统增加了第四平台（飞行综合能力评估系统），即飞行模拟器检测平台。该平台采取预选教育、飞行教员带教的方法，考察候选人在模拟飞行任务环境下的学习能力、操控能力、模仿能力、注意力分配和个性心理特征。

　　资料来源　赵后雨，沈兴华. 美国海军舰载机飞行员心理选拔对我国海军的启示[J]. 职业与健康，2019（7）：990-994.

　　不同职业对人的心理品质要求不同，这不仅表现在内容上，也表现在性质、水平和程度上。比如教师、戏剧演员、售货员和社区工作者都应具有一定水平的语言表达能力，但具体到每一种职业，其实际要求又各有侧重。教师侧重于解释性、逻辑性语言能力；戏剧演员侧重于语言的模仿和表现能力；售货员侧重于服务性礼貌语言和对商品做简练的语言概述的能力；社区工作者的语言能力则侧重于劝导性、宣传性和鼓动性。再如，空间判断能力对运用图纸通过想象进行操作的职业和借助空间知觉判断力的直接反馈进行操作的职业都是必备的，但所要求的水平却各不相同：土木工程、机械、电气技术等职业要求的水平较高,各种制图业次之,而研磨、铸造、钟表修理、机械加工等职业所要求的指标最低。

在职业心理选拔中,我们可以通过工作分析明确特定职业的特定心理要求,这既是随后选拔工作的依据,也为其他相关活动提供信息资料。例如,我国空军某研究所运用心理选拔的理论和技术,研制了"学习飞行能力预测法",其中包括测量应选人的注意广度、视觉鉴别能力、运算能力、地标识别能力和图形记忆五方面的数据,并以此评定成绩。如在视觉鉴别能力测量中,要求被试者在 90 秒内判断图 5-1 中每个方格内缺口圆的数量。

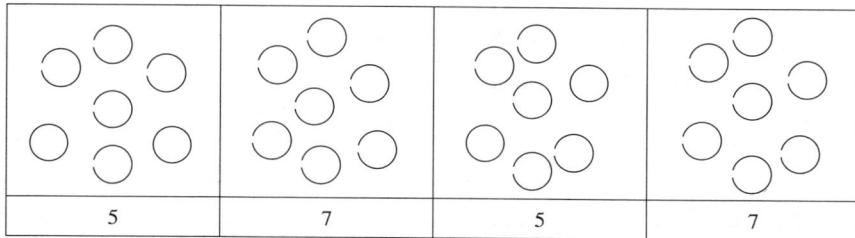

图 5-1　视觉鉴别

2)显示个体职业适合性,增进人-职匹配

这是职业心理选拔的第二个功能。人是职业活动的主体,职业心理选拔就是要充分关注人,特别是人的心理因素。根据职业活动的不同要求,结合心理品质的差异,我们不难理解,不同的人适合不同的职业。职业心理选拔工作就是要把具有职业适合性的个体选拔出来。为此,有关部门和专家开发了许多职业适合性测验或评估工具,借此我们便可以得出个体的职业适合性。如美国劳工部编制的《职业名称词典》中列出了许多性格倾向所适合的工作,表 5-1 显示了其中一部分。这 9 个因素代表了个体的某些心理倾向,它们在某工作中的价值等级由专家评估后得出,再据此大致计算出不同工作之间的性格倾向要求差异值。依照差异值的大小,该词典给定了 6 个工作族,约包含 300 个工作,这便可以反映出个体的适合性职业倾向了(见表 5-2)。

表5-1 用以评估工作的性格倾向

因素	性格倾向
G.智慧	普通学习能力，了解指示、依从规定的能力，能思考推理，做决定
V.语文	能了解字的意义及有关思想，并能有效地运用，语言能力强，能了解字与字之间的关系，即整句整段的意思
N.数字	能正确且迅速地做算术
S.空间	能领悟空间形象，并能了解平面及立体的关系，能读蓝图，解决几何问题，具有二度或三度空间的视觉能力
P.形状知觉	能了解物体、图片、图表等恰当的细节，视觉领悟，并能看出及分辨出形象及长短的些微差异
Q.文书知觉	能了解文字或图表的细节，看出拷贝之间的差异，校对文字与数字，避免计算数字时的知觉错误
K.大体协调	有快速正确的眼、手、手指协调能力，动作反应快速且正确
F.手指灵巧	快速正确地移动手指，操作小东西
M.手灵巧	快速技巧地移动手，有用手安置转动物体的能力

表5-2 依性格倾向类似区分的工作族

工作族性质	典型的工作
（1）高水准技术、监督工作，性格倾向是：G、V、S、P	测量工程师、X光技师、特殊工程师、铸造检验师
（2）低水准工作，不需要专门技术	水泥工程师助理、摄影师助理、调味师助理
（3）中高水准技术，机械及艺术工作，性格倾向是：S、P、F、M	手工雕刻师、家具制造师、汽锅工人
（4）需要高智慧及语文能力的工作，包括监督和文书能力，性格倾向是：G、V、N、Q	概率分析者、检验法律者
（5）较上一项略低的文书及监督工作，性格倾向是：G、V、N、Q	探矿者、随从、称肉的店员、仓库管理员
（6）中等水准技术的机器-手工工作，需要手指灵巧及形体知觉敏感，性格倾向是：K、F、M	控制机器者、蒸汽机图表制造者、火焊工、电缆连接者

再比如，1985 年，美国联合航空公司进行的一项调查揭示了一个令人震惊的结果：在过去的 20 年中，世界各地共发生过 5 万起空难事件，其中，只有 20% 属于机器故障，其余 80% 竟都是人为因素造成的。比如，这家公司的机员审查委员会报告，飞行驾驶员大都艺高人胆大，主观意识很强，相互之间的理解与沟通意识却较弱，彼此合作关系不良，因此，"黑匣子"显示，当危机发生时，由正驾驶员发出的紧急命令，约有 25% 的副驾驶员并未立即执行，故使悲剧频频发生。

这项调查报告发表后，立即受到各大航空公司的重视，并促使它们着手改变过去只凭技术、资历和飞行时数录用驾驶员的惯例，引进职业心理测验，在甄别待录用的驾驶员的智力高低、能力大小的同时，验定驾驶员的个性类型等，以便录用的驾驶员能组合成一个最佳状态的飞行组。

这个例子也足以显示，科技发展和硬件环境的改进，对人的要求越来越高，职业心理选拔技术和方法的发展与具体应用对促进人职–匹配更加显现出其重要价值和意义。

3）加强人的职业适应性，提高职业活动效率和职业培训效益

事实证明，不是任何人都能胜任任何职业，也不是任何人接受一项技术培训就能达到一定的职业要求。对人、对职业活动本身，都存在一个"职业适应性"问题。前者，是指个人的个性特征对于相应职业活动要求的适宜程度而言；后者，则是指某一类型的职业活动的特点对人的个性特征及其发展水平的要求。只有二者达到和谐统一，人适其职、职得其人，才既有利于就业者的自我发挥和发展，又有利于职业活动效率的提高和增强。职业心理选拔的功能和目的都表明，这些也正是其意义所在。

国外的一些具体的研究结果和统计资料，我们可以从中窥斑见豹，看出职业心理选拔在提高劳动培训的效率和增进其经济效益方面的意义。

例如，1926 年美国飞行学校有 87% 的学员因"飞行不佳"而被淘汰，其根本原因是空中飞行心理适合性不佳。直到二战期间及其后，一些客观的要求促使心理选拔技术不断发展和普及，因"飞行不佳"而被淘汰的人数才下降。美国飞行学员淘汰率由 70% 降至 36%；在法国，淘汰率则由 61% 降至 36%。

有人在计算选拔飞行学校学员的经济效益时指出，培养一名飞行员的费用不少于 70 000 美元，而淘汰成绩不佳者一般是在培训进行了 1/3 时进行的，等于浪费了 25 000 美元。实施心理选拔前每培养 100 名合格飞行员，要对 397 名学员进行培训，而采用心理选拔后只需先培训 156 名预备学员就足够了，这样，培养 100 名飞行员的耗资比采用心理选拔前可节省600 万美元，这既提高了职业培训部门的经济效益，也有利于对心理选拔技术的深入研究和推广。

另有资料表明，经过心理选拔的货运汽车司机在肇事和伤亡数量上，比未经心理选拔的司机减少 73%，而事故率也正是劳动效率的指标之一。

值得一提的是，心理选拔可以保证各方面的社会效益。在较为充分的选择条件下，求职者可以各择其职、各尽其责、各得其所，从而形成通畅和谐的社会心理气氛，形成人力资源的合理布局和正向流动，有利于国计民生。

5.1.3　职业心理选拔的程序

职业心理选拔是按照一定的程序进行的，大致包括以下几个步骤：

1）职业活动的结构和要求的分析

对于职业选拔者，选拔的目的是为特定的职业岗位寻找配备合适的工作人员。那么，如何去评判和决定什么样的人选是恰当的或最佳的呢？这就要求职业选拔者先要"自知"，也就是对有关的岗位进行分析，分析该岗位上职业活动的结构性质，明确其必需和关键性的技术能力、心理品质等方面的要求及标准，据此就可以确定测评的指标，使随后的工作更具有针对性。

2）有效的测评手段和方法的确定

一旦选拔者了解了申请者所必须具备的资格条件，就必须制定测评这些资格条件的有效工具和方法。测评工具一要准确，二要稳定，这样才会有好的效果。例如，用面试来评估一个人的口头表达能力是一种有效的方法，而用智商的高低来估计一个人唱歌好不好听就是无效的办法。

职业心理选拔中会用到很多心理测验。这些测验，有的可能是现成的已被确认有效、实用的测验，如卡特尔个性测验量表、测量手臂肌肉运动灵活性的插棒测试法等；有的是参照国外类似的测验，再根据我们应用时的具体情况，对其个别内容或常模进行修订后得出的，如韦克斯勒智力测验等；也有根据自身的特点和需要，自行编制新的测验方法，如我国空军某研究所研制的"学习飞行能力预测法"。

职业心理选拔还有许多非测验技术，如调查法、面试等，恰当地选择和实施这些方法，不但能配合测验结果的解释，而且有其独特的信息价值。

3）具体选拔方案的制订

确定了指标、选定了方法后，选拔者便可以制订选拔方案，为选拔工作的推行和开展创造条件了。

首先，是对外征集候选人，在现代企业管理中就是招工、招聘之类，这是心理选拔的对象范围的限定。采用何种方式？通过何种渠道？拟选用的人数和可供选用的人数间的关系——选择比例应为多少为好？这些都是需要考虑的问题。

其次，对每个申请人员，又必须评定他们在职业活动中应具备的技能与资历的特点。对于不同的要求，应制定出各自的最低分数线或标准，以便在选拔过程中掌握分寸。

最后，根据选拔的几个原则，各个选拔步骤的安排，各种心理技术的配用，采取怎样的顺序、方式能使心理选拔工作最快捷、经济和有效，也应是方案规划范围之内的事。

4）心理选拔的实行、结果评定及录用

一切计划都体现在活动中，并以活动为目的和归宿。周密的方案能使选拔工作按部就班、有条不紊地顺利进行，但也要求选拔者有一定的灵活性和应变力，在现实条件中能适时地调整方案，使其更为方便有效。

结果评定无非就是分析、综合、比较、概括等几个思维过程的综合，但实际操作时远非如此简单的几个术语即可概括。这一步对整个选拔工作也是至关重要的，其科学性、公正性、准确性，都关系到前面收集的材料的有效性，而且，也影响以此为依据的录用分配事宜。这里所涉及的，一是评定者的水平和对评定标准的掌握程度，二是评定者的心理观念和职业道德（即便是从事心理选拔的专业工作者，也不能摆脱心理误区的困扰。正如尼采在《偶像的黄昏》中所言，在一些场合中，我们心理学家像马一样陷入不安之中：我们看到面前有我们自己的影子，于是踌躇不前。心理学家必须不看自己，才能有所见）。

录用是选拔工作的最后步骤，至此，似乎是水到渠成可告一段落了。但实际上，在整个心理选拔体系中，它只是一次具体的尝试，也是一次经验的总结，既为新的工作的开展创造了条件、配备了人力，也更明确了该职业的性质要求，结合日后的工作培训、工作绩效等方面的情况，会给人力资源管理部门提供更加丰富的人才选拔经验。

✔ 5.2　人员招聘的方法与技巧

通过分析，招聘部门可以找出完成该工作所需的重要条件，确定在该职业中取得成功的重要因素，从而达到"自知"的境界。此外，招聘部门在"自知"的基础上，还要"自呈"，也就是让你所面对的那部分人也能了解你并趋向你，然后你便可以从广大的应聘者中选择适当的人选了，这就涉及人员招聘中的一系列方法与技巧问题。

5.2.1　候选人的来源

候选人的来源大致有两个途径：

第一种是内部来源，即同一组织或同一部门内部人员的调配、变动或升迁。这种来源的候选人员，一般已经是根据一定的条件筛选、评价过的，目的明确，定向也较清楚，数量也好控制。

第二种是外部来源。其分布范围的广泛性，也决定了其来源渠道的多样性。根据我国现在的实际情况，候选人的外部来源及途径主要有：招聘广告、大中专院校、就业服务机构（人才交流中心、职业介绍所、劳动服务部门等就业媒介）、猎头公司、招聘网络、员工推荐。

招聘广告一般通过各种媒体如报纸、杂志、广播电视、互联网发布招聘信息，吸引工作申请人。尤其是在互联网上发布招聘广告，具有信息传播速度快、范围广、成本较低的优势，而且吸引的应聘人员数量多、层次丰富，给组织带来更大的选择空间。

但是，无论何种渠道，招聘广告都有其不足之处：其一，具有不稳定性。组织靠广告单方面地发出用人信息后，并不能确保它能吸引到所需数量和质量的求职者。其二，范围难以控制。由于信息接收者分布广泛，也可能产生许多并不合格的应聘人，这就需要认真筛选，从而增大了选拔工作的强度。其三，招聘广告设计的好坏会影响潜在应聘者。所以，在借助广告吸引人员的时候，组织应考虑以下几点：

（1）需要做多少广告，即量的问题。这取决于劳动力的供应情况和对劳动力需要的迫切性。劳动力供应较充裕，那么不多的广告就可以吸引到足够的人才；招聘方对劳动力需求较急切，便不得不增加广告发布的频次和数量，以引起有关人员的注意。

（2）广告媒介的选用问题。这是指通过报纸杂志、电视广播，还是网络的途径发布广告。报纸杂志成本相对较低，而且可以较长久地保存和提供信息，适合长期的招员计划，但也易于为一般人所忽略，使信息传播不到位。电视广播就直观生动得多，能使人在有意无意中接收到信息，但是其信息传播速度较快，难以让人一次把握，应考虑适当的重复，而且费用相对较高。网络作为一种新兴的广告媒介得到越来越广泛的使用和青睐。互联网招聘广告根据广告的形式、功能、发布平台不同，在成本、选择和表现形式上更加灵活多样。另外，还应考虑媒介的性质，如通过专业的刊物或节目，可以较精确地定向招选人员；而通过大众化和普及性的传播媒介，则辐射面广，选择量和余地都大。具体采用什么方式，要由用人单位因地制宜地决定。

（3）广告的内容问题。首先，广告的设计要遵循 AIDA 原则，即 A——attention，引起受众注意；I——interest，激发受众兴趣；D——desire，产生求职欲望；A——action，让人采取行动。当然，招聘广告要传递准确而到位的信息，保证内容的完整性、措辞的严谨性，杜绝歧义和误会。

随着市场经济的发展、竞争的加剧，组织对人才的需求可谓越来越多样化。而高校作为一个巨大的人才储备库，每年都会输出大批有系统的专业理论功底、富有热情、学习能力强、可塑性强的"职场新人",令各行各业加入到这场人才的争夺战中。一般来说,校园招聘包括以下几种形式:专场招聘、校园宣讲、网络招聘、实习招募、发展俱乐部、拓展夏令营、选修竞赛等。除此之外,很多组织还在高校中设立了专项奖学金;一些企业与高校合作开展人才培养计划,在高校中开设自己所需的对口专业,并为学生提供实习机会。另外,众多的职业技术学校因为具有注重实际动手操作能力、快速提升职业技能的优点,也受到许多企业的青睐。

就业服务机构是连接求职者和供职者的中介与桥梁。它既掌握着人力资源的特性和补给信息,又掌握着职业活动的要求和供需状况。它的有效运转,无疑会使选拔工作简便快捷、直截了当。这些机构通过定期或不定期地举办人才交流会,使供需双方面对面地进行商谈,缩短了招聘时间,提高了招聘效率。因此,要重视就业服务机构的公益性质,发挥其服务应聘者的作用。

人才交流会是候选人来源的另一主要渠道,是一种由政府人才交流机构(人才市场)或具有人才中介服务资质的部门组织的用人单位和求职者面对面洽谈的招聘形式。一般而言,就是一批用人单位汇聚一堂,各自鸣锣招兵、挂牌揽才。而光顾应聘的人,可以像逛商场一样浏览咨询,既可以针对当前的需要,也可以顺便了解一下有关的行情,这实际上是提供了一个供需双方直接见面的机会。与一般市场有所不同的是,这里"买""卖"双方并不确定,"摆摊的"和"光顾的"都有自己的选择余地,这便可以省去对并不对口、并不合适的应聘者进行甄选所形成的资源浪费。随着经济的深入发展和人才招录与使用方式的变革,地区性的人才交流会在我国各地纷纷举办。1993年9月,我国第一次全国性的大型人才交流会在北京举办,这为我国人才的合理流动和补充开创了更广阔的前景。

猎头公司是近些年来为适应组织对高层次人才的需求与高级人才的求职需求而发展起来的。猎头公司通过人才寻访建立自己的人才库,为合作企业举荐总裁、经理、人事总监、产品经理、高级项目经理、高级工程师、博士、高级顾问及其他经理级以上人才等,其收费标准一般为员工录用后年薪的30%。得益于严格的调查和分析,猎头公司举荐的人才背景清晰、质量较高，对企业来说不失为一种高效益的方法。

网络招聘也称电子招聘，即通过组织自己的网站、第三方招聘网站等，使用简历数据库或搜索引擎等工具来完成招聘过程。这种方法传播范围广、速度快、成本低、供需双方选择余地大，且不受时间、地域限制，因而被广泛应用。当前，网络招聘早已深入人心，是大学毕业生和求职者的首选方式。许多国际企业，如微软、德勤、宝洁等公司作为 E 化管理的领航者，会全面发布招聘信息，求职者可以在线申请国内外职位。现今我国网络招聘市场上比较大的网站有智联招聘、中华英才网、BOSS 直聘、应届生求职网等，其他的国内知名招聘网站和区域招聘网站也紧随其后，竞争日趋激烈。

零星劳动力，实际上相当于我们平时所说的上门求职者。这是一种隐性的人员来源渠道，是不确定的。组织不一定有空缺岗位，但也不一定就不需要人。大胆的求职者贸然登门自荐，如果组织恰好考虑用人，这无疑可以节省一些招聘开支，而且也更多地掌握选拔的主动权。同时，这些求职者中也不乏恰合其意的可用之才。另外，一些公司秉承这样的宗旨：热情接待一切走进公司大门的人，不管当前是否有职可供，这样利于建立一种良好的公共关系，特别是一些直接提供消费性服务的企业，如食品生产企业、公用设施单位等更重视这种做法，这也是明智而有远见的做法。要知道，每个和用人单位接触过的人都能成为活体广告，用人单位的形象、态度会激起他相关的感受和评判，而他又会影响一批人。意识到这一点，接待求职者时，用人单位采取的态度不囿于就事论事的狭窄范围，就可能收到意想不到的效果。

还有一种渠道是熟人推荐，推荐人一般是经过认真考虑的，一方面对被推荐人负责，介绍的工作要符合其意；另一方面也为用人单位着想，所举荐的人要能基本称职适位，要能干好工作，这样才有利于自己的信誉和用人单位的利益。所以，通过此渠道得来的人，相当于经过一次或粗或细的预选，后面的选拔工作就可以简化或省事不少。有时候，用人单位因紧急需要，可以动员内部员工推荐一些人临时应招，这也确是方便快捷之径。

5.2.2 招人揽才之道

欲言建设，当得人才。人是生产劳动的主体，是物质文明和精神文明的创造者，具体到职业活动，无论现代化程度如何提高，都不能缺少特定的必要的人员配置。那么，招人揽才之道有哪些呢？

1）唯才是举，不拘一格

自100多年前清代大思想家龚自珍大声疾呼"我劝天公重抖擞，不拘一格降人才"以来，众多有识之士也不断以各种方式表达同样的心愿，即只有唯才是举、不拘一格，才能为人才的开发和利用创造宽松的环境和广阔的天地。特别是在我们确认了科学技术是第一生产力之后，更应有求贤若渴的诚意和不拘一格降人才的魄力。

但在现实生活中，人才的招揽、运用和流动等，往往要受到学历、职称、档案、所有制性质等条条框框的限制，有时会使人知难而退；各地各级各类人才不能在平等的条件下参加竞争，往往造成良才难用、适职难得。

2）怜才爱士，人才不招自来

论及如何招才纳贤，西汉刘向有几点明智之见。他认为，一个国君若有识士之眼、爱士之心、待士之诚，贤士会不招自来。而"君察之不明，举之不显，而用之疑；官之卑，禄之薄也"则不能吸引人才；若能"开其道路，察而用之，尊其位，重其禄，显其名，则天下之士骚然举足而至矣"。清代魏源说："君不见，叶公好龙真龙下，燕昭市骨来神马，由来致真不厌假。"真正做到思贤若渴、爱士怜才，确实会使人才纷至沓来。西方人本主义心理学家马斯洛也在他的需要层次理论中指出，人有爱和尊重的需要，能满足这一点，则会吸引许多人才。

其实，惜才爱士不只是精神上的激励和宽慰，还应该和一定的物质待遇挂钩。特别是在大力发展市场经济的现代，"有劳有得，多劳多得"更应该是人人视之自然的准则。物质是基础，即便是精神的和心理的追求，也要以一定的物质条件为前提、作保障。虽然不能金钱至上、唯利是图，但在招人揽才时，也不应该忽视物质待遇的激励作用。在现在的招聘中，待遇相对高的更具吸引力；而在争夺高新尖人才时，"重奖""高薪"等才是顺势之举。对人才的需要越迫切，招聘方越愿意付出较高的代价。在人才竞争中形成的待遇，是人才流动的平衡机制，是一个基础的、很实际的人才吸引要素，它可以体现为工资、奖金，以及其他各种福利保障等。

【小阅读】　　　　从《短歌行》看曹操的揽才之道

《短歌行》是曹操以乐府旧题创作的两首诗，其中第一首更为有名。此诗以对歌的形式，运用比兴的手法隐喻了曹操对三类人才的承诺和态度。《短歌行》虽然是曹操为配合当时下发的"求贤令""举士令""求逸才令"等政令而创作的一首诗歌，具有很强的政治性，但该诗充分体现了曹操在人才招揽和任用上的智慧，表达了其求贤若渴的思想和统一天下的雄心。

对酒当歌，人生几何！譬如朝露，去日苦多。

慨当以慷，忧思难忘。何以解忧？唯有杜康。

青青子衿，悠悠我心。但为君故，沉吟至今。

呦呦鹿鸣，食野之苹。我有嘉宾，鼓瑟吹笙。

明明如月，何时可掇？忧从中来，不可断绝。

越陌度阡，枉用相存。契阔谈讌，心念旧恩。

月明星稀，乌鹊南飞。绕树三匝，何枝可依？

山不厌高，海不厌深。周公吐哺，天下归心。

一、帐下人才，鼓瑟吹笙

"青青子衿，悠悠我心"出自《诗经·郑风·子衿》。原文为："青青子衿，悠悠我心。纵我不往，子宁不嗣音？"这原是一首表达男女相悦的诗，大意为："青青的是你的衣领，悠悠的是我的深情。纵然我没有去找你，你就不能与我互通音信？"曹操在此处引用这句诗，表达了对人才的爱惜和思慕："就算我没有去找你们，你们为什么不主动来投奔我呢？""呦呦鹿鸣"四句出自《小雅·鹿鸣》，这是一首描写贵族设宴热情款待宾客的诗歌，意为"要尽礼数来娱乐、款待我的宾客"。曹操借此句隐喻他对贤才的态度：既得贤才，一定同甘共苦、有福同享。同时，《小雅·鹿鸣》中的下一句为："吹笙鼓簧，承筐是将。人之好我，示我周行。"此处的"示我周行"也表达了曹操"发挥人才专长"

的用人思想。

二、叛降人才，心念旧恩

诗的第三节表达了曹操对叛降人才的承诺和态度。前两句中的"明月"喻指敌方人才。因为是敌方人才，所以明明如月无法"掇"取；因为无法"掇"取，所以忧从中来。此处再一次表达了曹操对于人才的尊重和渴望，哪怕是敌方人才，他也求贤若渴，为人才不能为己所用而叹息。此处的敌方人才包括两类：一类是帐下人才叛逃后又归降的，另一类则是从敌方叛降到曹营的。后两句描绘了想象中贤才归己的场面，"如果他们能不辞辛劳地屈驾来探望我，我们一定把酒言欢，重温旧情"。这两句诗充分体现了曹操在揽才和用才上的气度和智慧：不计前嫌，唯才是用。大胆用降是曹操招纳人才的重要途径之一，凡是真正的人才他都能授以实权、待之以诚。正是有了曹操对降才的宽容与尊重，才使得他手下猛将如云、谋士如星。

三、观望人才，吐哺以待

诗的第四节暗喻了曹操对观望人才的承诺和态度。前两句中的"乌鹊绕树"和"无枝可依"喻指在三国鼎立的局面下，许多人才犹豫不决、彷徨不知何去何从。之后曹操以"山""海"自比，表达了他对这些四处流散的人才的爱惜关切之情和广纳人才的决心。诗的最末画龙点睛，曹操将自己比作周公，暗喻自己也会像周公那样爱才、惜才，使天下人才都心悦诚服地归顺。

资料来源　余晓栋. 招揽人才的诗歌"求贤令"——曹操《短歌行》新解［J］.名作欣赏，2012（21）：124-125.

3）得一贤士，可致群才

康熙皇帝在《黄金台怀古》中道出了挖掘人才的一条客观规律，即"但得一士贤，可以收群才"，也就是"以人引人"。此中的道理有两个方面：一方面，贤士有"伯乐"之能。如北宋太宗年间，太宗通过科举封吕蒙正为当朝宰相，吕蒙正任职期间，衣袋里常装一个小册子，每当他会见亲朋故友时，总忘不了询问他们何地有何样的人才，不厌其烦。等客人离去后，他就将所得信息详细记在小册子上，并将它们分门别类加以整理。

当他从中发现某人受到多人的推荐或有特殊才能时，就立即报请朝廷加以任用，宋太宗便因此广得人才。另一方面，贤士所识所交亦多为人才。《周易·乾》中说："同声相应，同气相求。"秦穆公五张羊皮赎百里奚后，继得其友蹇叔和他的两个儿子，不久又收百里奚之子武将孟明，他们都为秦安邦定国出力不少。所以，用人单位也不应忽略某些"核心"人才的引进和重用。

4）树立形象，神而往之

在以人为核心的管理理念盛行的现代，企业文化和企业精神是一个不容忽视的问题。所谓企业文化，是指在一定的环境里，全体职工在劳动和生活的过程中所创造出来的物质成果和精神成果的表现。它是经济意义和文化意义上的混合体，即在企业或企业界形成的价值观念、行为准则在职工和社会上产生的影响。而企业精神作为其核心，是指企业职工在长期的生产、劳动、生活中逐步建立起来的一种共同的价值取向、心理取向和文化定式等因素的总和。

企业文化和企业精神，除了对内部职工具有感召、引导、凝聚、激励、规范、组合等功能之外，还具有展示自我的功能，也就是向社会展示企业的形象，包括企业的经营思想、管理风格、员工的精神面貌，向外界提供可以信赖的信息，以提高企业的知名度。正是由于企业文化和企业精神的这一功能，我们更应通过它树立起企业形象，作为吸引人才的渠道之一。

企业文化的建设不是一朝一夕的事，它涉及物质的、制度的和精神的各方面，也有表层、内层和深层之分，需要管理者、员工共同努力。良好的企业文化为员工创造了一个良好的工作环境，无疑会产生一定的吸引力和感召力。"人往高处走，才向善政流"，良好的企业文化和企业精神正是人才流动的航标。

5）实事求是，愿者来投

"跳槽"似乎已成为当今社会职业领域一个司空见惯的现象，当然，这体现了自由竞争机制下人才的合理流动和适宜调配。但越来越短期的职业活动，特别是新招人员的不安定因素，都会给组织带来一定的阻碍和损失，如何避免或减少这种不利影响呢？应该对症下药。组织除了要积极地进行内部挖潜、改造自身、增强实力、稳定人心外，还应该在最初的招员工作中坦诚相见，实事求是地呈明利弊，这样，就会避免埋下因自身的掩盖或粉饰，以及求职者对组织知之不深或过于理想化而引发日后不满情绪的隐患。

西尔斯·罗巴克（Sears Roebuck）公司是美国实事求是地介绍工作的第一批公司，它坦率地告诉应征人员公司的不利条件：工时长而不规律，频繁的工作调动及乱哄哄的步调。结果，应聘的人就减少了。但西尔斯·罗巴克的管理部门感到，他们的招聘效率提高了，招来的人接受这一工作时就知道他们在工作中会遇到什么情况，对于不理想的情况就不足为奇了。尽管得到的工作有很多不足，但受聘于西尔斯·罗巴克的员工却表示他们喜欢这种做法，因为自己受到了尊重，了解了实情，这比在大多数公司遭遇的情况强得多。

相关的做法也在英国南方新英格兰电话公司进行。该公司给未来的话务员看一部影片，影片里由在职的话务员尽量真实地介绍他们工作中的积极方面和消极方面（消极评论是积极评论的2倍）。这对未来的雇员会有什么影响呢？——很少有人不愿干这份工作（80人中只有2人）。当一个人接受工作时就已经充分意识到这是一项怎样的工作，那么他就不会在开始时对工作的性质抱有不真实的或理想化的看法。实际情况是，受雇3个月后，看过影片的62%的雇员仍在继续工作，并显示出对工作较高的满意度，并说他们很少想到离职；而未看过影片的雇员此时仍留任的却只有50%。

实际工作中还可以通过给求职者一些描述其工作性质的小册子的方法，提供更真实的工作前景；另一种方法是让求职者实地完成一项工作。如在招聘保险代理人时就做了大量这类实际操作试验，求职者作为保险代理人要进行什么工作，就提供什么内容的实际操作。结果，把这些求职者与事先不通过实际操作而受雇的求职者进行比较，前者提高了留任率和营业额。从国外的这些研究和尝试的例子中我们可以看出，提供更真实的工作前景，开诚布公地自呈利弊，对招聘双方都不无益处。

5.3 人员选拔的心理测验方法

在一些发达国家，心理测验是许多雇用人员的机构所采用的一种重要的人员选拔技术，而心理测验的发展也证明，其运用遍及所有行业及员工职业发展的各个阶段。我们在前面的职业心理选拔概述中已经提到过，由于个体心理品质的千差万别以及不同职业对任职者心理品质要求的各不相同，我们需要对个体的生理心理、个性特征和社会心理等几个方面进行测评。心理测验便是有效的测评手段之一。心理测验自身具有的特点，使其比其他方法更具客观性；更多的定量化指标使其所测内容更精确，且具有较好的可比性；并且，能在较短的时间内提供关于一个人的大量信息，提高选拔效率。

心理测验有两种目的，即工作定向的选择和人员定向的安置。所以，它可以用于求职者自测自知，亦可以用于用人单位施测以知悉应聘者，还可以作为职业指导者获取基本材料的工具。

心理测验种类繁多。根据其测验方式的不同可分为团体测验和个体测验；根据其测验手段的不同可分为书面测验、仪器测验（俞文钊设计了计算机控制多项心理功能测试仪）、口头报告测验和作业（操作）测验；根据其测验的内容不同可分为两类：最大成效测验（测验人们能够干什么，包括各种能力倾向）和典型反应测验（测定人们在特定情境中的个性、习惯、态度、兴趣等典型行为或感受特征）。

心理测验结果只反映人们某一方面的特点，人员甄选中还应根据实际需要综合几种测验，结合其他方面的情况，做出更周全的决策。

5.3.1 心理测验概述

进行心理测验，要懂得测验的编制，正确加以使用和解释其结果，这就有必要给它下个定义。在众多的定义中，阿纳斯塔西（A. Anastasi）所下的定义最为完整和更为大多数心理测验学家所接受，即"心理测验实质上是行为样组的客观的和标准化的测量"。通俗地讲，心理测验是借助心理量表，对心理特征和行为的典型部分进行观测和描述的一种系统的心理测量程序。它和在教室里进行的课程测验有些相似，但它是一种较高级的和较精确的测量手段，是经过耐心、透彻和仔细的研究产生的。

一项适当的心理测验是标准化的、客观的、以正确的常模为依据的、可靠的和有效的测量。它具有如下特点：

1）标准化（standardization）

标准化指的是进行一项测验的条件和程序上的连贯性或一致性。为了使不同的被试者所获得的分数具有可比性，测验的条件对所有的被试者都必须是相同的。这样，在测验的情境下，通常唯一的自变量是正在受测定的个体的能力或人格特征。唯此，测验才可获得真实的结果。

标准化体现在测验的编制、实施、记分以及测验分数的解释等一系列环节上，测验程序中的任何一项改变都可能使个人的测验成绩发生变化。适宜的测验程序可以由其设计者来设计并用于实验，但保持标准化的条件则是主持测验者的任务。比如念指导语时声音的高低、速度、面部表情等都可能对被测试者产生暗示作用，从而影响测验的结果。所以，要求主持测验者训练有素。

2）常模化（normalization）

某一标准化样组在某一测验上得分的平均数和标准差等数据构成了常模（norm）。常模的作用是给测验分数提供比较的标准，从而对个人在测验中所得到的并没有什么意义的原始分数（测验分数）加以解释、分析和比较。常模不同于标准，不是人们在该测验中理想应当达到的程度，而是人们在某一测验中实际达到的程度。所以，一个测验的常模不是永久不变的，它随着测验对象的年龄、性别、文化背景、教育水平等的不同而可能各有差别。常模可靠与否关系重大，是我们在引进国外或其他领域的测验时所应注意的问题。在解释测验分数时，应选择与受测对象特征相对应的群体的常模分数。求常模有效而经济的办法是遵循随机抽样或分层抽样的原则建立标准化的样组，代表总体。另外，样组的规模越大越可靠。

3）客观性（objectivity）

客观性是测验编制的目标，也是其优于其他一些非测验方法的特点之一。在管理工作中，它主要是指在给心理测验结果打分时，必须坚持统一的打分标准，使任何一个评分者在给同一个测验的同一份试卷打分时，都能得到相同的结果，从而使打分过程客观化，不为任何评分者的主观判断或偏见所左右。显然，为了对工作申请人做出公正的评价和在他们之间进行公平的比较，较为理想的方式是客观测验，但有时为了选择的目的需做一些主观测验（如主题统觉测验、造句测验等），这时就要谨慎，并且最好辅以相关的客观测验。

4）可靠性（reliability）

测验的可靠性和稳定性又叫信度，即对一项测验所产生反应的一致性。这就好比用一把尺子去量布，第一次量是一丈，第二次量还是一丈，这把尺子才算是有用的。好的测验应该信度高、可靠。

信度的确定有三种方法，对应三种类型的信度系数：

（1）测验–再测验法和稳定系数。这是指先对某个测验实施首测，过一段时间后对它进行再测，然后计算两次所得分数的相关度。稳定系数越接近于绝对正相关（r=+1.00），测验越可靠。但要求员工离开工作岗位去进行两次测验是不经济的，并且其间可能会因经验、学习等因素的影响而使再测分数提高。

（2）等同测验法和等值系数。这其实也是一种测验–再测验法，只是再测时不采用同样的测验而是采用一种类似的测验题目，并求两组得分的相关度。这避免了学习、回忆等因素的影响，但在进行两种等同测验的过程中可能会遇到技术和经济上的困难。

（3）分半法和内在一致性系数。这是把同一个测验分成两半（往往是奇数项为一组，偶数项为一组），求两组分数的相关度，再用斯皮尔曼–布朗公式来估计整个测验的信度。由于只做一次测验，所以较为省时省力，但同时却可避免因学习或回忆对第二次得分的影响。

不管采用什么方法，在选用或发展一种有效的测验时，调查和研究其可靠性是必要的。理想的可靠性系数应大于+0.70。

5）有效性（validity）

一个测验所要求的必要条件之一就是它的有效性，即效度。效度是一个测验真正能测量到它所欲测量的东西的程度，如测验目的是智力，测验结果代表智力而非其他，就说明该测验的有效性高。

1974年美国心理学会发行的《教育和心理测验的标准》一书将效度分为三大类：

（1）准则关联效度，又称经验效度或统计效度。这是把足以显示测验所欲测量的特性的变量或足以显示测验所欲预测的特性的变量作为检定效度的准则，以测验分数与它们之间的相关系数来表示测验的有效性程度。

（2）内容效度探讨的是测验行为样组的恰当性，即是否包括了可能问及的所有有代表性的典型行为方面。内容效度依赖于专家评定，可以通过多个算法来确定，比如Colquitt等在2019年所提出的定义一致性（Hinkin Tracey correspondence，HTC）和定义区分性（Hinkin Tracey distinctiveness，HTD）[①]。HTC的值表示题目与所对应测量维度的一致性程度，HTC值越大表示测题越能准确代表其所测量的维度；HTD表示与所对应测量维度相比，题目与其他非对应维度的定义之间的区分程度，HTD值越大表明区分度越高。

（3）结构效度。用心理测验来测量的对象不是实态的，而是假设性的结构，如智力或个性。因此，测验结果体现出来的某种结构和测值之间的对应程度就是结构效度。

不同的测验对于不同职业在预测效率上各不相同。王拥军对近30年来效度概化的研究进行了元分析，发现一般认知能力测验、知识和技能测验、人格测验、结构化面试和评价中心技术等的预测效度具有对应性、联合增值性。表5-3给出了它们作为预测因子时的效应值，说明了不同心理测验作为预测指标的实际效果。

表5-3 不同心理测验预测的效度概化值

预测因子	效应值	资料来源
一般认知能力测验	0.26（低难度工作）	Hunter等

① COLQUITT J A, SABEY T B, RODELL J B, et al. Content validation guidelines: evaluation criteria for definitional correspondence and definitional distinctiveness [J]. Journal of Applied Psychology, 2019, 104 (10): 1243-1265.

续表

预测因子	效应值	资料来源
知识（工作知识测验）	0.48	Schmidt
技能（工作样本测验）	0.54（工作绩效）	Hunter 等
	0.33（工作绩效）	Roth 等
评价中心技术	0.45	Arthur 等
	0.37	Schmidt 等
领导能力测验	0.44（变革式领导）	Judge 等
	0.38（交易式领导）	Hies 等
人格测验	0.49（目标设置）	Judge 等
	0.48（领导力）	Judge 等
结构化面试	0.35 ~ 0.62	Campion
非结构化面试	0.14 ~ 0.33	Campion

资料来源　王拥军，余国良．效度概化：预测效度元分析的30年成果述评［J］．心理科学进展，2008（6）．

研究证明，采用复合能力倾向测验系列作为预测指标效果更好。这种测验系列包括智力、机械能力倾向和个性等多种测验，因而可以获得多方面的、综合的测量结果和资料。从整个应用情况来看，心理测验结果对工作成效具有一定程度的预测力。

心理测验在一定程度上可以预测一个人未来的行为，对其结果的不同运用，可以达成心理测验的两个目的，即选择和安置。

选择，旨在为某一项工作寻求胜任的人选，试图在许多申请人中选择一个能在该工作中取得成功的人，重点放在工作本身。这种方法可用于组织招员、晋升、补缺等各个方面，特别是在为高级职位选择合适的人才时尤为重要。

安置，则是为某人寻找一份合适的工作，使他（她）能够发挥所长，取得成功，着眼点在于人。这种方法往往要得到专职顾问或指导者的协助，用于求职者自评，组织则很少为了安置而进行心理测验。

至于不同形式、内容和手段的测验，在下面几节中我们将作一些具体介绍。

5.3.2 智力测验

智力测验，又称普通能力测验，是心理学用于测量人的智力水平的一种方法。它包括对观察能力、记忆能力、注意能力、想象能力、思维能力等项目的考察。智力测验有团体测验，用于对大量人员进行选择时的快速粗选；还有个人测验，用于专门的精选。目前国外企业常用的智力测验方法有：

1）奥蒂斯（Otis）自我管理心理测验

这种方法适合调查工作范围广泛的申请人，适用于对智力水平要求不高的工作人员的筛选，如办公室的办事员、一般操作工人等。

该测验是集体进行的，不必花费很多时间去完成，但不能在较高的智力范围内很好地进行鉴别，所以在专业的或高级管理职位中不大适用。

2）汪德利克（Wonderlic）人事测验

这项测验包括50个项目，分别测量语言、数字和空间能力等，难度逐步提高。其测试程序比较简便，效率也比较高，并能用于团体测验。这项测验有多种形式，普遍适用于企业挑选工作人员，特别是办事员一类人员。

3）韦斯曼（Wesman）人员分类测验

这是另一种团体测验，对于较高级别的员工这种测验比前两种更有效。它适用于挑选基层管理人员。

韦斯曼人员分类测验是一项特别为工业企业设计的测验，有很严格的时间限制。其总分计算法是测试在限定时间内写出正确答案的总数；内容亦分为两方面——语文及数字能力，且是分别记分的。语文题目的形式是填空，用来填空的字从一列供选择的字中选出；数字能力测试多采取计算形式。

4）韦克斯勒（Wechsler）成人智商量表（MAIS）

这是一种冗长的、个别进行的测验，在时间、经济上都花费甚多，所以不再用于普通员工的选拔。它在测试管理能力上有较好的效度，所以一般用于高层管理人员的选拔。这一量表的运用、记分和解释需要训练有素的主试人。表5-4列举了韦克斯勒成人智商量表的主要项目与内容。

表5-4 　　　 韦克斯勒成人智商量表的主要项目与内容

测验项目	内容
语言量表	
常识（一系列有关人类日常生活的开放式问题）	知识广度
理解（一系列有关人们对社会规则了解的开放式问题）	实际知识与理解力
心算（所有问题采取故事或难题的形式，以解决的正确性及所需时间计分）	算术推理能力
类同（阅读配对名词，分出其共有的特质）	抽象能力与鉴别能力
背诵数字（主试人读出数位数字，由被试者依记忆重复）	注意力与记忆力
词汇（被试者对所给难度逐渐增加的字加以定义）	语言知识与表达能力
操作量表	
译码（一连串符号均各有一个数字为其代码，在限定的时间内，看着符号写出其正确的数字代码）	学习与书写的速度
填图（指出每张图片中遗失缺漏的部分）	视觉的记忆与理解
积木图案（将积木尽快依图示拼凑成与图示相同的形象）	视觉的模式分析能力
图片排列（尽快将图片部分拼成一幅完整的图画）	对社会情境的理解力
图像组合（在限定时间内将图像部分拼凑完整）	处理部分与整体关系的能力

【小阅读】 　　　　　**美国选拔官兵的智力测验**

　　1917年，随着美国宣告参战（一战），许多心理学家参军并开始为战争服务。他们认为，选拔和分派官兵必须考虑他们的不同智力水平。不过，军队有100多万人，要实现这一想法，只能采取大规模的团体施测方式，为此，他们编制了陆军甲种测验。但他们又发现，因为士兵的文化水平不同，影响到了测验效果，于是，后来又出现了非文字的陆军乙种测验。这样，从1917年3月至1919年1月，共有200多万名官兵参加了测试，并取得了令人满意的成效。

　　资料来源　戴海崎. 心理与教育测量［M］. 广州：暨南大学出版社，2011.

5.3.3 特殊能力测验

特殊能力反映的是人们在某些方面的特长和技能。我们可以通过对特殊能力的测量来推论和评估人们的较高层次的能力。而且，对于某些职业，某方面的特殊能力需要达到一定的要求，这也需要一系列特殊能力测验方法为我们的评估提供依据。

1) 特殊性格倾向测验

这是用来测量人的特殊能力的方法的总称。国外企业常用的特殊性格倾向测验一般分为四大类，每类中又包含了许多不同种类的小测验。

（1）机械性格倾向测验。这主要测量人们对机械原理的理解和判断空间形象的速度、准确性以及手眼协调的运动能力。该测验应用得最广且确实有效的对象是机械工、设计师、修理工、艺匠和工程师。典型测验有"明尼苏达空间关系测验""明尼苏达试卷形式硬板修订测验""贝内特机械理解能力测验"等。

（2）文书性格倾向测验。这用于专门了解个人打字、速记、簿记、处理文书和联系工作的能力，适合科室和文职人员能力倾向测量。典型测验有"明尼苏达文书测验""一般文书测验"等。

（3）心理运动能力测验。这主要测验工业企业中许多工作所需要的肌肉的协调、手指的灵动或眼与手精确协调等运动技能。典型测验有"麦夸里手工操作能力测验""欧康诺手指及镊子灵巧测验""勃杜木栓板、克雷福特小部件灵活性测验""勃杜手部精确度测验"等。

（4）视觉测验。利用远双目镜或美国鲍希罗眼镜公司设计的视力分类机等仪器，对视力的多种特征进行测验，以评定其是否符合一定的工作要求。

2) 区别性格倾向测验

该测验已经过国内修订，是结构非常精细的测验，有8个分测验：语文推理、数字能力、抽象理论推理、空间关系、机械推理、文书速度及正确性、语文阅读、科学性。除文书速度及正确性测验外，其他皆无时间限制，便于测试较年长者。该测验历时较长，但除非特殊原因或目的，一般不需要完成全部8个分测验。

3）一般性格倾向测验组合

这是美国职业服务中心建构的连续题目的组合，其最初目的在于测验底层工作人员。包括12种即时测验，可以测出一个人的9种能力倾向和一般智慧。这9种能力倾向为：语文能力倾向、数字能力倾向、空间能力倾向、图形知觉、文书知觉、瞄准、动作速度、手指灵巧、手掌灵巧。

4）创造能力测验

创造能力是发现新情况、创造新事物的能力，是更高级的思维层次。典型测验有美国学者葛采尔斯和詹克森提出的测验及我国传统的七巧板等。

5.3.4　人格测验

人格测验是用于测量不同情境中个人典型行为表现的。所谓个人典型行为表现，是指一个人在一定条件下经常表现出来的习惯性行为、反应与情感，以及所形成并表现出来的相对稳定的个性特征和兴趣、态度、价值观、意见等。因此，也就发展出各种相应的、特定内容的人格测验。

1）个性测验

狭义的个性主要指气质和性格，它们在很大程度上影响人的职业适应性，进而影响个体在职业活动中与他人的合作。所以，心理选拔中也发展出了一些气质测验和性格测验。这类测验主要有两种方式：

（1）自陈测验技术。自陈测验技术一般采用自我评定问卷，被测试者通过回答一些多选一或必答的问题，向主试人提供有关自己个性的一些信息。有的测验是专为测量某一个性特质；有的则可用来测量人的多种个性特质。典型测验有"气质类型测验""内曼和奥尔斯特性格测验""格尔福德-齐默尔曼性格测验""卡特尔人格测验（16PF）"等。

（2）投射测验技术。投射测验是给受试者提供一个模糊而暧昧的刺激情境，让他自由发挥，在不自觉中表现出内在的需要、动机、感情、适应方式、情结等，从而分析出其整体的人格结构，也同时考察个人的智力、创造力、解决问题的能力。此法可适当地用于评价高级总裁职位的候选人。典型的投射测验有"罗夏墨迹测验""缪瑞和摩根的主题统觉测验（TAT）""句子完成测验""逆境对话测验""画人测验"等。

2) 兴趣测验

在本书的前面几章中，我们多次提到职业兴趣的问题早已引起心理学家的重视。确实，对职业兴趣的测量已成为职业心理学研究的重要方面。人–岗之间的兴趣匹配的一致性或和谐性是一个人在某项职业中是否能得到满足的决定性因素之一。职业兴趣测验在职业指导和咨询方面有更大的价值。另外，兴趣测验与能力倾向测验结合在一起，能为选择职业、挑选人员等提供更为有效的依据。典型的传统测验有"霍兰德的职业兴趣测验""斯特朗–坎贝尔兴趣测验（SCII）""库德职业兴趣测验（KDIS）""爱德华个人兴趣测验"等。此外，Su 等鉴于大量新职业的产生，在霍兰德六因素模型的基础上提出了职业兴趣的八因素理论，并编制了"基本职业兴趣综合评估量表"（the comprehensive assessment of basic interests，CABIN）。孟慧和范津砚及其学生们修订了 CABIN 的中文版，同时从中国文化出发，修正了八因素理论中的基本兴趣维度，并基于中国职业类别的发展编制了适于中国文化的"中国大学生基本职业兴趣量表"。

3) 态度测验

态度可借助态度量表进行客观测量。态度量表是由一组相互关联的叙述句（态度语）或项目构成的。这些态度语或项目都涉及某事物的某一个态度层面且它们在方向上和强度上有差异。测验时让被测试者对这些态度语或项目做出反应，主试人就可依此推测个人的态度。由于态度是针对不同对象内容的，所以并不能找到足够的现成量表作为工具，但有几种典型的量表编制方法却可以引为借鉴，如"塞斯顿态度量表法""利克特量表法""哥特曼量表法"等。

4) 价值观测验

一个组织能否发挥应有的功效、完成组织目标，往往受组织成员的价值取向的影响，所以，应通过价值观测验来了解组织中成员的价值观。较流行的测量价值观的工具是罗克奇（M. Rokeach）价值观测量表，此外，还有 Allpert（1931）、Ver-nen（1951）和 Lindzey（1960）编制的"价值研究"（study of values）量表，以及 Morris（1956）所编制的"生活方式问卷"等。还有一些与职业价值观相关的测量，从不同侧面反映职业价值观，如 Hoppock 的"工作满意度测量"，Herzberg 的"工作态度问卷"以及 Hatfield 等的"工作知觉量表"（job perception scale）。最为直接的有舒伯 1970 年编制的"职业价值量表"、Perren 和 Pupont1974 年编制的"职业价值观问卷"（QVT）等。

5.3.5 群体社会心理测验

在职业活动中，人不可避免地要处于一定的人际群体之中，与他人进行交往。个体在这方面的心理倾向和能力，影响到组织的气氛和集体的协调，进而影响工作效益。所以，也有必要进行一些有关这类群体社会心理方面的测定。"社会交往能力测验"和"羞怯性测验"是两种较为简单易行的测验。

心理学中还有许多心理测验，如记忆力、注意力、思维类型等的测验；需要、动机、创造性等的测验；还有关于领导类型、领导风格等的测验等，都可能为职业领域提供借鉴和依据。特定的需要者，可以向有关心理学工作者寻求帮助和指导。不过，应该注意，心理测验只是一种工具，必须用得恰当、用得谨慎，要由经过训练和有经验的人组织和分析结果，要特别注意其信度和效度，才可以为发现人的内在潜力提供依据；反之，若滥用，只凭一个测验分数定优劣，反而会扼杀人才。

5.4 人员选拔中的非测验技术

我们可以通过多种途径获得求职者的各类信息，作为人事决策的依据。前面讲了一些心理测验技术，这里介绍一些有关求职者的其他信息来源渠道，如面谈、申请表、推荐表和介绍信、评价中心等。

5.4.1 面谈

接见、面谈一直被西方国家人力资源部门作为一种很重要的评选考核工具，而与其类似的"面试"也越来越成为我国当前求职者所必过的一关。人员选拔中，面谈究竟能提供一些什么样的信息？如何提供？其效度怎样？如何把握？下面我们对面谈的一般性和较关键的几个问题作些说明：

1）面谈的作用和意义

（1）面谈是较理想的沟通方式。面谈能在较短时间内获得较多的信息，是主试者和被试者面对面交互作用的双向交流系统。主试者可能通过面谈观察和了解被试者的语言和非语言行为，包括情绪反应、工作动机、社会适应、语言表达能力等，作为评定的参考资料；被试者也可借此机会了解用人单位的组织情况、工作特性等，从而决定自己的去留。

（2）面谈可用于弥补心理测验的不足，提供一些更直观的印象；同时它也是静态的表格式资料的动态延伸，可以随时"查漏补缺"有关信息。

（3）面谈兼有择员和招募的功效，利用面谈机会，用人单位可以宣传自己的形象，即便聘用不成，也可以建立起重要的公共关系。

2）面谈的程序

图 5-2 基本反映了招聘会见的程序。

3）面谈的形式

证据显示，择员面谈的内容是经常改变的，因为它是针对不同的人、不同的工作需要的。同时，其基本的形式或方法也有所不同。

（1）面谈一般有如下三种形式：

① 非结构式。面谈的内容和话题顺序都未做计划，只根据主试者与被试者的交互作用而定，带有很大的偶然性，因而在评价候选人时缺乏一致性。有些采用者把这种方法作为一种初步的、开始认识的方法。

② 半结构式。面谈中，访谈者可以系统地涉及某些背景领域，或者为尽可能多地获取有关信息而专门设计问题，至于次序、范围、提问用语等则都是机动的。这便减少了一些杂乱性和随意性，但也不失一定的灵活性。

③ 结构式。这是一种形式化、标准化的面谈。它采用一种预先设计好的面谈问题表向具体工作岗位的申请人提问。这种方式较为严密，面谈者按照标准化问题清单控制整个面谈过程，效度较高。但此法也有缺乏弹性的缺点。

（2）三种面谈形式的评定。

施瓦布和赫尼曼（1960）曾报告了对个体通过三种面谈形式进行评定

时，被评定者内在一致性的相关情况（见表5-5）。

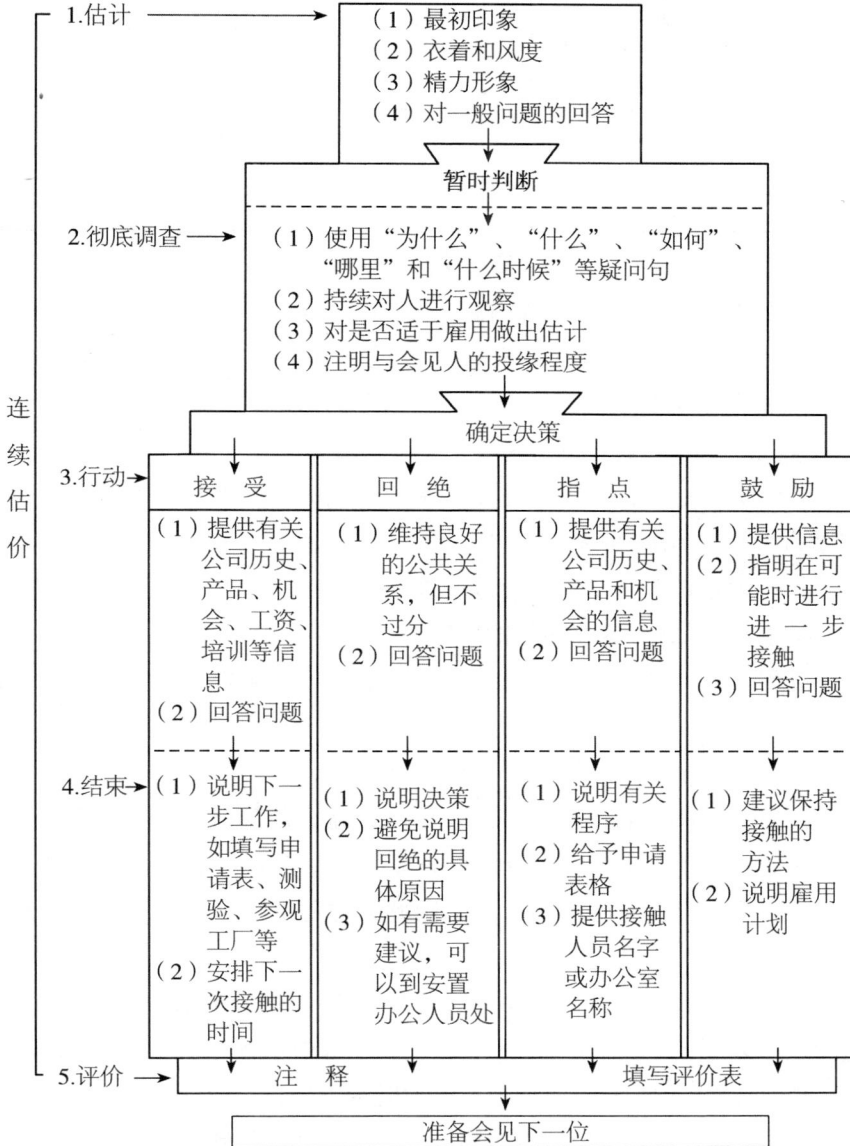

```
┌─ 1.估计 ──────────────→  （1）最初印象
│                          （2）衣着和风度
│                          （3）精力形象
│                          （4）对一般问题的回答
│                                      ↓
│                          ┌─────── 暂时判断 ───────┐
│                          - - - - - - - - - - - - -
连  2.彻底调查 ──────→  （1）使用"为什么"、"什么"、"如何"、
续                           "哪里"和"什么时候"等疑问句
估                        （2）持续对人进行观察
价                        （3）对是否适于雇用做出估计
│                          （4）注明与会见人的投缘程度
│                                      ↓
│                          ┌─────── 确定决策 ───────┐
```

3.行动→	接　受	回　绝	指　点	鼓　励
	（1）提供有关公司历史、产品、机会、工资、培训等信息 （2）回答问题	（1）维持良好的公共关系，但不过分 （2）回答问题	（1）提供有关公司历史、产品和机会的信息 （2）回答问题	（1）提供信息 （2）指明在可能时进行进一步接触 （3）回答问题
4.结束→	（1）说明下一步工作，如填写申请表、测验、参观工厂等 （2）安排下一次接触的时间	（1）说明决策 （2）避免说明回绝的具体原因 （3）如有需要建议，可以到安置办公人员处	（1）说明有关程序 （2）给予申请表格 （3）提供接触人员名字或办公室名称	（1）建议保持接触的方法 （2）说明雇用计划

5.评价→	注　释		填写评价表	

```
┌─────────────── 准备会见下一位 ───────────────┐
```

图 5-2　招聘会见程序

表5-5　　　　　　　　三种面谈形式中被评定者的内相关

面谈形式	被评定者的内在信度系数
结构式	0.79
半结构式	0.43
非结构式	0.36

费尔在面谈指导中列举了四个项目及评定与总评的注意事项。每个项目之下又加子目，指导面谈者掌握问话要点。如：

① 经历。这包括责任、爱好、成就、好恶、未能做好的事、工作条件、薪资、择业或跳槽原因、工作满意的因素、希望的工作、工作绩效等。

② 学历。这包括所学专业、等级、学业成就、参与的课外活动、大学以外的培训、毕业成绩等。

③ 早期家庭背景。这包括父母的职业、父母性情、兄弟姐妹人数、早期家庭经济情况、家庭生活的影响等。

④ 现在社会适应。这包括现在的兴趣爱好、婚姻情况、配偶的兴趣与性格、经济状况、健康状况等。

（3）以下两种面谈形式也很常用：

① 复式及团体面谈。此种方式效度更高，是数位主试者分别或同时会见每个求职者，这样，可以集中几个人的见解，最后得出较客观的决策。但由于过于浪费时间与人力，因此，这种形式多用于选拔高层管理人员。

② 压力式面谈。这种方法是在二战中发明的。使用时，多半是给予求职者失败的压力，主试者极富攻击性，在面谈中突然由平淡轻松的态度改为敌视态度，攻击对方，使他们产生防御心理，由此观察他们的应变能力。然后主试者再设法使气氛回到原来的平静和友好状态，以恢复对方的自信，再观察对方的应对能力。使用这种方法，经过解释后，一般会消除求职者的恶感，但也会使某些人愤然离去。

4）面谈规则

美国就业局对"就业面谈"有如下一些规定：

（1）问题要富有诱导性，不宜提出答案只有简单的"是"或"否"的问题。

（2）被试者答完第一题后，主试者要稍等待几秒钟，以备其偶有补充。

（3）多试几种话题，使被试者容易回答，并引发其回答的兴趣。

（4）可重复某些句子。

（5）同一个时间只问一个问题。

（6）问题要清楚，不暗示何者为好、何者不好。表现得兴趣盎然，不表现出批评或不耐烦的态度。

（7）在建立起友好气氛之前，不宜问太多私事。

（8）话题扯远时，不宜突然地转回本题。

（9）所用的语言和词汇要适合被试者的教育程度。

根据实践经验，主试者还应注意：

（1）抑制自己想说话的愿望，注意多听，适时地引导或表明自己的态度。

（2）不可多做记录，以免使对方产生顾虑。应在面谈后即时回忆并加以评定。

（3）避免使用可能引起不必要的对抗或猜疑的词汇。

（4）要有敏锐的捕捉信息的能力和判断力。

（5）善用语言、感觉（特别是视、听）、行为表情及现代机械辅助手段（如录音录像、单向玻璃）等技术增强面谈效果。

5）主试者可能出现的心理偏差

作为面谈中三大变量（求职者、面谈环境和主试者）之一的主试者，在选拔人员中起着主导性的作用，所以，其主观态度会影响面谈效果。面谈中主试者的心理误区有以下几种：

（1）理想候选人模型。有研究表明，许多主试者都有"理想"候选人的模型，并把它当作对实际候选人进行评估的"标准"。这些模型有两个部分，一部分是大多数求职者所共有的理想候选人的共同模型，另一部分是"特殊的"模型，不同求职者有所不同。

（2）居高临下，施惠于人。在当前的就业条件下，组织往往有一种"百鸟朝凤"的优越感，这也使得主试者有时会表现出傲慢的"官架子"，会造成对求职者的低估、不敏感，而且不利于创造轻松友好的面谈气氛和给求职者从容表达自己的机会。

（3）寻求与己相似者。社会心理学的研究已证明，个体间个性特征，如年龄、社会背景、教育水平、籍贯、资历、社会态度及价值观等方面的相似性，是增进人际吸引的一个因素。有些主试者可能偏向于寻求和自己相似的申请者，而不顾工作的具体要求。

（4）先入为主。在择员面谈中，面谈双方往往是初次接触，所以第一印象在其中有不可忽视的作用，即先入为主。第一印象是随后接触和交往的依据。由于第一印象有表面性、片面性和扭曲化、归因等特征，所以，面谈者应尽量避免这种先入为主的观念的干扰。

（5）晕轮效应。以一个特性或特点来概括整个人的这一现象，不论是正面的还是反面的，都称为"晕轮效应"。这是一种具有个人偏见的心理因素，在这种因素作用下，主试者根据自己的好恶对他人做出判断，这样，他便有可能因不喜欢某种特点的人而取消他们的被录用资格，而不管这种人对工作而言合格与否；主试者可能会雇用其他人，只因为这些人显示出的某些特点是他所喜欢的。

（6）主试者收集消极信息的"定式"。斯普林伯特（B. M. Springbett）曾说，主试者总是带着一种搜索消极信息的谨慎"定式"对候选人做出估价。这个结论的含义是，主试者的判断受有关候选人的消极信息的影响比积极信息更大，社会心理学的研究也显示，比起积极信息，个体更注重消极否定的信息。与此相联系，改变早先的消极印象比改变早先的有利印象要困难。所以，主试者在对他人做出评估时，要充分估计消极否定信息的作用，坚持实事求是，不能任意夸大。

（7）对比效应。面谈中的对比效应有两种情况：其一，对先前求职者的印象对主试者判断后面求职人可能产生的影响；其二，同一申请人提供的有关他自己的信息，因时间顺序而造成的前后对比。例如，有研究将尾随高适合性申请者与尾随低适合性申请者相比，前者常被评分较低。另外，也有研究显示，尽管总体上呈现的信息是相同的，但评判者倾向于对先提出不利信息的求职者在录用决策和薪水建议方面做出较低的评定。

【小阅读】　　　　　面试时，别犯这样的错

您非常希望得到这份工作，并且终于盼来了面试的机会。您跃跃欲试，但在此刻，您要更加清醒地意识到自己不可掉以轻心。审视一下自己，看看是不是还有没准备好的地方。友情提醒您，下列五种行为会大幅削减成功的机会：

面试前毫无准备——有备无患才是得偿所愿的制胜法宝。

穿着不得体——俗话说"人靠衣服马靠鞍"，得体的穿着能为第一印象加分。

自视甚高或妄自菲薄——客观地审视、评价自己是推销自己的前提。

夸夸其谈，说得太多——把面试看作一次双向交流的机会，把一部分沟通的时间留给面试官，要注意倾听对方的问题和观点。

流露出迫切想得到这份工作的心情——即使心潮澎湃，表面上也要显得波澜不惊，稳住自己才能稳住机会！

资料来源　根据应届生求职网的相关资料整理。

5.4.2　申请表

填写申请表几乎是招聘时最基本的步骤，而且往往是申请人履行的第一个步骤（有些是在初次面谈后填写的）。申请表不光提供有用的、具有预测价值的信息，还会对随后的面谈提问起引导作用。

申请表上的内容往往包括常规履历和能反映个人具体工作中比较重要的资料的特殊项目。

常规履历包括姓名、联系地址、性别、文化程度、健康状况、婚姻状况、民族以及个人的经历及受奖罚情况等，有的还问及体质（如身高、体重等）、爱好、特长等。

除了这些常规的内容，公司还要通过申请表了解候选人的另外一些情况，这可能关系到今后的工作效率。例如，某公司进行的一项研究表明，有成就的高级管理人员都是大学毕业生，在学校里他们都曾取得过一定成绩或超过平均分数，并参加过某些课外活动。显然，若申请表上反映了申请人在这些方面的情况，公司便可据此决定下一步怎样做，从而做到省时省力省经费。

所以，申请表上的每个项目都应与衡量以后的工作成就相关联，应该对筛选和预测有用，所涉及的信息不一定要全，但其内容应适合一个组织的特殊需要。

另外，各项资料与以后的成就间的关系一经确定，就可以在申请表上给每一个项目记下具体权数。经过仔细研究并分阶段地复查补充，加权申请表就可以像心理测验那样客观地评分或定级了，从而可以避免选择过程中的个人偏见。

5.4.3 推荐表

这是从申请人熟悉的人那里获得材料以评定或核对申请人自己所汇报的情况的方法，其主要考察申请人所提供信息的真实性和全面性。因推荐人对申请人的了解不够，或由于人们可能"隐恶扬善""避重言轻"，其意见的效度可能会大打折扣。一项研究表明，原先的主管或熟识者的推荐最有效，人事专员、同事次之，亲戚最宽大（其介绍不是很有效）。

在国外，针对核对推荐书，发展了职业介绍问题调查表（ERQ）、制定了选择问题调查表，让证明人完成。另外，还通过电话或实地调查等方法了解求职者。在这项工作上未来的雇主愿花多少力气，要看工作本身的重要性及其级别。

如能保证推荐和介绍的有效性，无疑会方便和简化选拔工作。另外，由于择业中自由竞争机制的引入，使用自荐表也成为越来越引起注意的形式。

5.4.4 评价中心：用模拟法选择

评价中心技术是主要用于高级管理人员选拔测评的综合性测评技术，是现代人员选拔测评方法综合发展的高水平体现。美国电话电报公司就是最早广泛地运用评价中心技术来评定未来经理的大型企业。

评价中心测评的一般做法是，将受评人置于一系列模拟的工作环境中，采用多种测评技术，观察和评价受评人的心理和行为，了解受评者是否胜任拟委任的工作，预测受评人的各项能力及其欠缺之处。其测评技术包括测验性的和非测验性的，具体的有：诊断性面谈、投射测验、模拟工作取样、纸笔测验、小组问题解决和无领导小组讨论。有些内容我们在前面已分别做过介绍，这里再简单介绍两种典型活动。

1）文件筐作业

这项活动要求受评者阅读和处理一系列备忘录、订单和信函等。事先要求受评者设想他正替代某个管理人员行使职权，评议人观察候选人，看他的工作是否有系统性，是否建立了优先次序，是授权给下级还是自己纠缠在琐事中，从而确定受评者能否很好地了解一个新的工作环境并在较短的时间内做出正确的管理决策。

2）无领导小组讨论

这项活动中申请人会组成一个小组在一起讨论一个业务上的具体问题。这里有一个美国电话电报公司的例子：五六个候选人组成一个小组，被告知他们要作为公司的经理，在规定时间内提高公司的利润；他们掌握有关公司和市场的资料；他们中没人被指定为领导人；公司对他们如何达到目标不做任何规定。有时，规定一个候选人担任领导，他或她担负领导责任的能力是可以予以评定的；对于其他组内成员则根据其在完成领导人指派的工作上的合作精神来评价。评议人可以观察每一个参加者和其他人是如何相互合作的，每个人表现出怎样的领导能力与说服人的才能。

研究证明，采用评价中心技术所选拔出来的那些管理人员或者在本组织内提升到高一级的工作岗位上去的人，要比采用传统方法选拔的那些人员能力强。美国国际商业机器公司、农业部、福特汽车公司等都相继采用这一方式来选择经理和高级管理人员。我国对评价中心技术的应用也在逐步推广。

5.4.5 一些奇特的选拔方法

除了前面介绍的数种常规性的方法外，在人员选拔中，有些组织还根据具体需要和实际经验，采取一些奇妙而独特的方法。

1）以声度人

早在我国古代的《大戴礼记·文王官人》中就有"视声"一说。作者认为，"心气华诞者，其声流散"，意思是心地不诚实的人，说话支支吾吾、吞吞吐吐；"心气顺信者，其声顺节"，就是说心地诚恳的人讲话声音和顺而有节奏，有条不紊；"心气鄙戾者，其声醒（斯）丑"，即鄙诈乖戾的人说话阴阳怪气，有时又声嘶力竭；而"心气宽柔者，其声温和"，即具有宽厚仁爱之心的人说话温润和缓。

现代人员选拔中也有"说话声音考试"，即让受试者朗读一篇文章，或站在人群拥挤的车站前进行演说，或只随便打个电话。通过这种考试，重点考察应试者讲话声音的大小，讲起话来是否有所顾虑；同时，考察他（她）是原封不动地转达书中或别人谈话的内容，还是将这些内容转换为自己的话表达出来。

以声度人的根据在于，就一般规律来看，能发挥领导才能的人说话的声音都比较大，对任何事情都信心百倍，敢于不卑不亢地表达自己的意思。因此，说话声音洪亮的人一般都具有较高的工作能力。

2）以吃度人

有一个例子是主试者招待应聘者吃水饺。在吃完后的面试中，主试者问应聘者吃了几个饺子，有的应聘者根本没数过，有的则数了自己所吃的水饺数，还有个别人连旁边的人吃了多少也注意到了。从这样一个看似无意的活动中，可以了解应聘者的观察力和细心程度。对于某些工作来说，观察力和细心是较为重要的素质。

还有一个例子是招待应聘者吃一餐干巴巴难以下咽的饭菜，主试者嘱咐他们慢慢吃，吃好后到隔壁会议室。这实际上是一场"用餐速度考试"，快速吃完饭的人成为竞争中的幸运者。有趣的是，该考试中应聘者的名次，竟与其进入公司后的业绩成正比。而吃饭速度快也表明个人身体健康，确实，通过这一考试进来的职工，生病请假的概率比较低。

3）"早起的鸟儿有虫吃"

日本日产公司通过较长时间的实际考察和数据收集，对员工上班早到和迟到得出结论：上班姗姗来迟、睡意蒙眬、匆匆忙忙，这样的人工作成绩都较差；而早到的人则有充分的时间，留有余地，在思想上也有充足的准备，把事情做好的概率大。所以，该公司采取了以比规定时间来得更早为录用标准。

4）打扫厕所考试

这要求应试者不用抹布和刷子等工具而只用手去洗净便池上的污垢。结果，有些人只把厕所表面洗干净了，看不到的地方却依然如故；而有些人则把便池里里外外冲洗干净。主试者认为，后一种人为人诚实、办事认真。而且，只要坚持做这项工作，就会自然而然养成良好的卫生习惯，不仅厕所会保持清洁，车间和办公室中随便乱放、乱扔东西的现象也会消失。进一步来看，把这种做法引申到质量管理工作之中，对商品就不是只追求外观和包装的美，同时也会在其内部结构和细微部分上下功夫，这有利于维护产品信誉。

5）游戏化测评

游戏化测评是指将游戏化元素融入科学、标准化的心理行为测评，形成完整的游戏化情境，在受测者完成游戏的自然过程中挖掘受测者综合素质的一种新型人才测评技术。游戏化测评是互联网、人工智能等新一代信息技术发展的产物，更加适应互联网时代年轻人的心理特点。游戏化测评的形式主要包括模拟经营游戏、项目竞赛游戏、题库型游戏和动作游戏。其中题库型游戏应用较为广泛，主要是通过一系列经过严格设计的小游戏来考察应聘者的风险偏好、数字记忆等思维特点。

例如，在气球充气游戏中，应聘者需要通过点击屏幕上的"充气"按钮给气球充气，并在气球爆炸前停止。停止后应聘者可以根据气球的大小拿到一定数额的代币，气球越大代币越多；然而一旦气球爆炸则代币归零。每个气球都有一个爆炸点，应聘者需要评估在何时停止充气既不引爆气球又可以拿走尽可能多的代币。气球充气游戏考察的是应聘者的风险评估能力。

【小阅读】　　　　游戏化测评的主要形式与测评要素

游戏化测评作为一个全新的测评方法已经受到了研究者和技术应用领域的关注。这一测评方法的形式多样，每一种形式可以测评不同的要素，但无论何种形式，其共同的测评要素均包括信息、理解、问题解决、快速反应、计划、压力管理以及人际交往方面的能力。游戏化测评的具体测评形式、要素等见表5-6的示例。

表5-6　　　　　　　　游戏化测评形式和要素

游戏化测评形式	主要测评要素	共同测评要素
模拟经营游戏 business simulation game	责任心、情绪智力、同理心、批判性思维、风险偏好、竞争意识；团队协作能力、组织能力、领导能力、决策能力、适应能力；专业技能、实际操作能力、洞察力、销售能力、乐观性、乐群性、外向性、亲和力、服务意识；学习敏锐度、坚持性、公平性和利他性	信息收集与分析能力 理解能力 问题解决能力 快速反应能力 计划能力 压力承受能力 社交能力
项目竞赛游戏 project competition game	专业技能、实际操作能力；创新能力、想象力、团队协作能力	
题库型游戏 action game	数字推理能力、创新思维、开放意识；专注度、风险偏好；情绪智力、利他性、责任心、事业进取心、记忆跨度、人格特质、复杂任务解决能力	
动作游戏 action game	专注度、认知能力；竞争意识、控制能力、细致周密程度；任务导向、适应性	

资料来源　李志，谢思捷，赵小迪. 游戏化测评技术在人才选拔中的应用［J］. 改革，2019（4）:149-159.

主要概念

职业心理选拔　心理测验方法　选拔中的非测试技术

思考题

1.举一案例，说明职业心理选拔的程序。

2.指出数项特殊能力测验的方法。

職業
生涯 第6章

重点内容

• 了解职业生涯发展的理论与模式
• 明确职业生涯管理的内容与实施过程

　　一个人一旦通过选择或选拔进入职业组织或特定的岗位，他的职业生涯就开始了。一个人一生可能在一个固定的岗位上从事一个职业，也可能经历若干个岗位、若干个职业甚至若干个不同的行业。不管属于哪种情况，个体希望在职业中获得成功这一点是共同的。职业中的成功是一个漫长的过程，在这个漫长的过程中，个人、职业组织、社会环境都在变化，个人进入职业组织之初的"匹配程度或职业适合性"需要随着时间的推移不断与职业组织的成长相适应，需要不断地磨合。因此，从职业组织的角度看，应该把员工的职业生涯发展计划纳入管理工作的视野。职业生涯问题是终身发展心理学为现代人力资源管理实践献上的一份厚礼，进行员工的职业生涯管理是现代以人为中心管理的重要组成部分之一。

6.1　职业生涯概述

6.1.1　什么是职业生涯

　　生涯这个概念指人的一生。在人的一生中，人的生物特性、心理特性、社会特性都要经历无数大大小小的变化，这些变化的背后牵涉许多因素，因此，要给职业生涯下一个准确的定义并不是一件容易的事情。

我们对职业生涯（career）的定义是：职业生涯是指与工作相关的整个人生历程。

在这一定义中，"与工作相关的经历"是广义的，如第2章中所提到的，我们可以将其细分为内职业生涯（internal career）和外职业生涯（external career）。内职业生涯是从事一项职业时所具备或获得的知识、观念、心理素质、经验、能力、身体素质、内心感受等因素的组合及其变化过程；而外职业生涯是指从事一项职业时的工作时间、地点、所属组织、工作内容、职称与职务、工资待遇等，以及这些因素的组合及其变化的过程。图6-1概括了某种假设的职业生涯所包含的一些重要因素。其中需要注意的是，仅凭这些因素来考察客观事件，并不能提供一种对个人职业生涯的全面、丰富的理解。同样地，完全依靠主观感受和价值观，也不能对某一职业生涯的复杂性做出公正的评价。因此，主观成分和客观成分都是必不可少的。正如我们将在后面的章节中提到的，个人如果改变其客观环境（如跳槽），或是调整自己对形势的主观看法（如改变期望），那就是在进行职业生涯管理。与此同理，要从事或开发某种职业生涯，往往需要对客观实践进行一番系统的变革（这是指当个人未来晋升的机会变得十分有限时），并且在主观上也需要改变自己对事件的反应（如价值观或目标也要改变）。

我们对职业生涯的这种定义并不要求个人的工作角色必须具有专业性，或者固守某一种职业（即稳定的），也不要求得到不断的晋升。事实上，无论何人，只要参加了与工作相关的活动，就是在继续其职业生涯。这种广义的定义完全适用于前面所讨论的工作环境的变化。例如，本定义没有把在公司等级制阶梯中的晋升作为职业生涯的本质特点，这与当今扁平化组织结构中有限的晋升机会非常适应。同样，在组织不断裁员、大量使用临时工、零工经济蓬勃发展以及各种工作都在不断变动的今天，那种让人固守在一个组织中的所谓稳定性——或者，甚至只有一条职业生涯通道——都是不切实际的。

客观经历 　　　　　　　　　　　主观经历

高中时理科成绩
优秀（14~17岁） ────────→ 对理科产生了浓厚的兴趣

从工科院校毕业后成为
一名机械工程师（22岁） ────→ 乐于面对解决技术问题的挑战

经几次提升至管理岗位
（22~28岁） ─────────→ 开始厌倦：需要更多刺激，想自己
　　　　　　　　　　　　　　　支配时间
回到大学攻读工程学
博士学位（28岁） ────────→ 喜欢学术研究，表现出色

获得博士学位后在一家
制药公司研究开发部
任职（32岁） ──────────→ 热爱工作，企盼令人激动的未来

因经济波动而被
解雇（35岁） ──────────→ 希望得到更多安全感和职业发展，
　　　　　　　　　　　　　　　开始对在大学教书感兴趣
当上了助教（35岁） ←──────

科研项目获得
政府资助（36岁） ←─────── 转向理论研究

转到另一所大学 ←───────── 多方寻求对自己的支持
任职（39岁）

试用期满，被晋升为
副教授（41岁） ←───────── 感到这是一项正确的调动

出版第一本书（44岁） ←───── 产生了著书立说的愿望

晋升为教授（45岁）
　　　↓　　　　　　　　　　　 对纯理论又感到厌倦，想把理论
成为活跃的咨询　　　　　　　　 付诸实践
顾问（48岁） ←───────────
　　　↓
成为系主任（52岁） ─────── 发现管理工作占去了自己在
　　　↓　　　　　　　　　　　 "最喜爱"事情上的时间
重新专职从事教学（60岁） ←──
　　　↓
出版第二本书（64岁）
　　　↓
从大学退休（70岁）

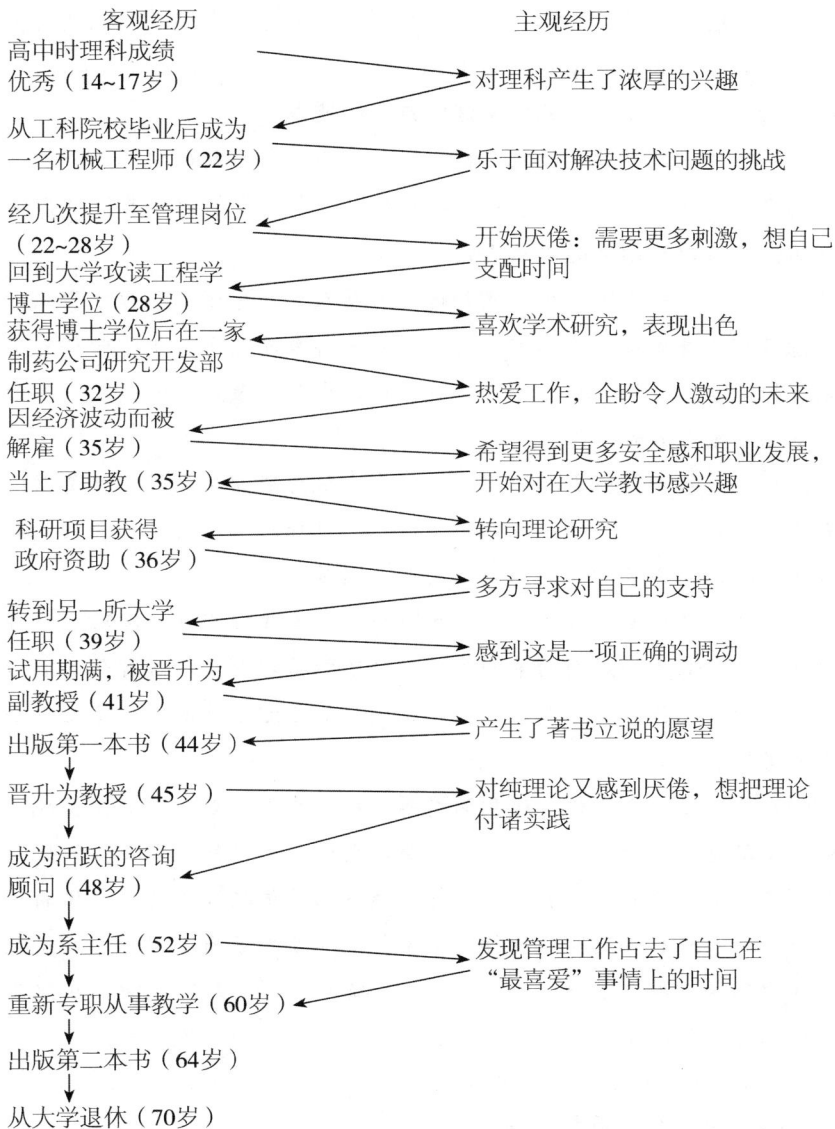

图 6-1　某种假设的职业生涯的客观因素和主观因素

职业生涯，指一个人终身职业经历的模式。职业经历包括职位、工作
经验和任务，受员工价值、需要和情感的影响。员工的职业生涯受到人生
发展阶段、生理年龄的制约，受到职业组织发展水平、行业发展与社会文

化、科技发展的影响。对于管理人员来说，了解人生发展阶段以及每个阶段员工的需要、兴趣的差异十分重要。

【小阅读】 **职业生涯中常犯的错误**

（1）得过且过，缺乏危机意识。很多人满足于眼前的安稳工作，总觉得"想那么多干吗"，应该趁年轻享受大好时光。他们缺乏长远目光和长期计划，认为以后的问题以后再说。

（2）年轻没有失败，试过才知道。有些人认为年轻就要勇于尝试，很多事情只有亲身体验过才知道，失败了从头再来就是了。勇于尝试并不是毫无目标地盲目试错。缺乏职业生涯规划的尝试，最后只能是以青春为代价，从原点重新开始。

（3）把性格测评当成职业规划。很多人认为职业生涯规划就是做做职业测评，了解一下自己的职业倾向。他们并不理解测评结果的含义，更不知道如何利用它们来指导自己未来的职业发展。

（4）选定了职业生涯目标就等于做好了职业生涯规划。职业生涯目标的确立只是职业生涯规划的第一步。如果不能将职业生涯目标落实成为具有可操作性的实施方案，职业生涯目标也只能是空中楼阁，无法指导个体的职业发展。

（5）计划赶不上变化，遇到问题再做职业生涯规划。职业生涯规划不是走投无路时的救命稻草，也不是解决问题的灵丹妙药。职业生涯规划帮助人们选定未来的职业发展方向，并以该方向为依托逐步建立个体的核心竞争力，从而顺利实现职业目标。如果等到职业发展出了问题才开始做规划，即便不是"病入膏肓"，先前的投入损失也已经无法挽回，在职业发展进程上更是落后于自己的竞争对手。

资料来源　根据相关网络资料整理。

6.1.2 职业生涯问题的意义

随着社会经济文化的发展与人民生活水平的提高，人们的职业价值观正在发生变化，开始越来越注意高层次需要的满足，如归属感、尊重感、自我成就感等方面。组织的变革也引导着员工价值观的转变，使员工对组织的心理需求也发生变化。

员工价值观的变化意味着他们不再仅仅对晋升、工资、地位和权力等传统的事业成功标志感兴趣，也对职业是否与自己的价值观相符感兴趣。也就是说，他们更希望得到心理上的成功。心理上的成功与社会承认、家庭美满及工作成果等个人目标的达成有关。

同时，组织结构的扁平化意味着职业成功不再以晋升为标准，因为在扁平化的组织结构中，垂直升迁的层级很有限，于是职业组织就得帮助员工认识到轮岗、侧向调动等其他发展方式也是成功的标志。职业组织结构的扁平化同时也增加了雇员处于停滞状态的可能性。为避免停滞，职业组织不得不采取措施使员工接受挑战性更高、责任性更强的任务。为了在复杂多变、充满挑战的市场环境中竞争，一些职业组织削减了对某些原有项目的投入，其结果是员工必须保证他们的技能跟得上项目的变化，不然就会失业。

技术的飞速发展与员工被赋予更大责任的趋势，使工作变得更有价值同时也更具挑战性，员工在岗位上提高和发展的需要就显得越来越迫切，员工的职业生涯计划就显得越来越重要。

【小阅读】　　　　　　　**"马努杰现象"**

现代职场流传着一个马努杰的故事：亚美尼亚的马努杰是一名平凡的推销员，但是，他却保持着一个不平凡的纪录，即曾经在47年的职业生涯中，为207个公司工作过。他的这个纪录已经成为职业生涯规划的一个经典案例——"马努杰死亡回旋梯"，即平均一年换5次工作，或者说平均2个月就被辞退或跳槽一次。或许，我们会觉得非常不可思议，但在如今的职场中，"马努杰现象"并不少见，一些人经常会盲目、频繁地跳槽，但始终没有找到自己的职业目标，为此他们感到痛苦与迷茫。其实这些"马努杰们"在职业生涯中存在的种种问题，都可以通过职业规划、职业指导得以解决。

6.1.3　职业生涯规划的作用

目标是把需要转化为动机的诱因，目标的内在化必然导致动机的内在化、持久化。职业生涯规划的过程就是员工个人成长目标与组织发展目标相互作用、相互整合的过程，是一个目标激励的过程。因此，职业组织有必要帮助员工规划好职业生涯，以加强他们的职业生涯动机。

职业生涯动机包括三个方面的内容：职业弹性、职业洞察力与职业认同。

职业弹性指员工应对职业生涯中各种问题的能力。

职业洞察力指员工对自己的兴趣、技能、优点和缺点，以及这些方面与他们的职业生涯目标之间的关系的认知水平。

职业认同指员工调整自己的价值使之与职业相符的程度。

职业组织的创新和适应能力只能建立在员工职业生涯动机水平的基础上。具有较高职业弹性的员工能够排除工作中的障碍，适应预料之外的事件（如工作流程的变化、顾客需求的变化等），他们会自觉地运用已有的技术创造出新的方法去克服阻碍和适应出乎意料的变化。职业洞察力强的员工会制定长远的职业生涯目标，并积极参与达成目标的各种职业活动，他们倾向于采取有效的方法保证自己的技术永不过时。职业认同高的员工对职业组织高度投入，他们会自觉地去完成职业组织的任务和满足顾客需求的工作，同时，他们也为职业组织感到骄傲，积极地为职业组织工作。

6.2 职业生涯发展理论

职业生涯发展有不同的阶段，但具体阶段的划分往往因学者的观点不同而有差异。这里主要介绍在组织行为学界广为传播的几种观点。

1）三阶段职业发展论

霍尔（D.T. Hall）提出了三阶段职业生涯发展理论，他不仅考虑个人职业生涯发展各阶段所从事的主要工作，而且描述了个人在这些发展阶段的主要社会–情绪需求，将组织的需求与个人的需求同时进行考虑（见表6-1）。这有利于管理者从两个方面来思考问题，更好地开发人力资源。

表6-1　　　　　　　　霍尔的职业生涯发展阶段与需求

阶段	任务需求	社会-情绪需求
早期职业生涯	培养行动技能 培养某一专业技能 培养创造、创新能力	支持 自主 处理竞争感受
中期职业生涯	培养训练和教育他人的能力 更新训练和技术的整合 培养对工作和组织的宽广视野 转换需要新技能的工作	表达中年生活感受 重新思考自我 减少自我放纵或恶性竞争 支持并设法解决中期职业生涯的压力
后期职业生涯	从实际掌权者逐渐转变为提供智慧、指导和咨询、顾问的角色 开始参与组织外的活动（部分时间），重新建立自我并准备退休	通过支持和咨询，帮助整合个人经验、智慧，提供给别人参考 接受个人独一无二的生命旅程，逐渐离开组织

2）四阶段职业发展论

达尔顿（G.W. Dalton）、汤普森（P.H. Thompson）等按人在不同的职业发展阶段所从事的主要工作和职业发展任务，将职业生涯发展分为四个阶段①，如表6-2所示。

表6-2　　　　　　达尔顿和汤普森的职业生涯发展阶段

项目	第一阶段	第二阶段	第三阶段	第四阶段
主要活动	协助、学习	独立贡献	训练、协调	确立组织的方向
遵循指示	接受指导、照顾	学习照顾自己	学习照顾别人	照顾、指导别人
主要的关系类型	学徒	同事	师傅（资深者）	赞助人（顾问）
主要的心理调适	依赖性	独立性	为他人承担责任	行使权力

在第一阶段，个人作为一个或多个师傅的帮手，在专业人员的指导下学习和工作；在第二阶段，个人逐渐积累经验和能力，能单独工作；在第三阶段，个人除了独立工作外，还充当他人的师傅，指导他人工作；到了

---

① DALTON G W，THOMPSON P H，PRICE R L.The four stages of professional careers—a new look at performance by professionals［J］. Organizational Dynamics，1977，6（1）：19-42.

第四阶段，个人能为组织提供未来应遵循和发展的方向，并行使各种权力，发挥影响力。经过调查，并非所有专业人士都经历过四个阶段，大部分人都未超过前两个阶段。

3）多阶段职业发展论

雪恩将人的发展周期分成三个大的方面，即生物周期、职业周期和家庭周期，这三个方面总是在一起起作用，并相互影响。如果三者的关系处理得好，个人的发展就比较顺利；否则，就会遇到障碍。由于雪恩的理论系统、详细、深入，具有很大的实际指导意义，因此，在组织行为学界十分受重视[①]。这里主要介绍他的职业生涯发展周期的阶段和任务（见表6-3）。

表6-3　　　　　　　　　　职业生涯发展周期的阶段和任务

阶段	面临的广义任务	特定任务
1.成长、幻想、探索（0~21岁）角色：学生、候选人、申请人	•为进行实际职业选择打好基础•将早年的职业幻想变为可操作的现实•对基于社会经济水平和其他家庭境况造成的现实压力进行评估•接受适当的教育或培训•开发工作领域所需要的基本习惯和技能	•发现和发展自己的需要和兴趣•发现和发展自己的能力和才干•学习职业方面的知识，寻找现实的角色模式•从测试和咨询中最大限度地获取信息•查找有关职业和工作角色的可靠的信息源•发现和发展自己的价值观、动机和抱负•做出合理的教育决策•在学校品学兼优，以保持尽可能开放的职业选择•在体育活动、业余爱好和学校的各项活动中寻找机会进行自我测试，以发展一种现实的自我意向•寻找尝试性工作和兼职工作的机会，检查早期职业决策

① SCHΞIN E H. Career anchors［M］. 3rd ed. New York：Wiley，2006.

续表

阶段	面临的广义任务	特定任务
进入一个组织或一种职业		
2.进入工作领域（16～25岁） 角色：应聘者、新学员	•进入劳动力市场，谋取可能成为一种职业基础的第一项工作 •达成一项切实可行的心理契约，保证个人与雇主的真实需要都能得到满足 •成为一个组织或一种职业的成员	•学会如何寻找一项工作，如何申请，如何进行一项工作面谈 •学习如何评估一项工作或一个组织的信息 •通过甄选和面试 •做出现实的和有效的第一份工作选择
3.基础培训（16～25岁） 角色：实习生、新手	•应对工作和成员资格的现实冲击 •尽快成为一名合适的成员 •适应日常的操作程序 •被接纳为正式成员	•克服缺乏经验带来的不安全感，发展一种信任感 •译解组织文化，尽快"了解内情" •学会与第一个上司或培训者相处 •学会与其他受训者相处 •接受始业仪式和其他与作为一名新手有关的仪式，从中学到点东西（多为别人打下手和接受"单调乏味"的任务） •负责地接受和承认正式符号：制服、徽章、身份证、停车证、公司手册
4.早期职业的正式成员资格（17～30岁） 角色：新的正式成员	•承担责任，成功地履行与第一次正式工作分工有关的义务 •发展和展示自己的特殊技能和专长，为提升或进入其他领域的横向职业成长打基础 •在自己的独立需要与组织约束之间和一定时期附属、依赖的要求之间寻求平衡 •决定是否在这个组织或职业中做下去，或者在自己的需要与组织约束和机会之间寻求一种更好的配合	•有效地工作，学会如何处事，改善处事方式 •承担部分责任 •接受附属状态，学会如何与上司和同事相处 •在优先的作业区内发展进取心和主动性 •寻求良师和保护人 •根据自己的才干和价值观，以及组织中的机会和约束，重估当初决定追求的工种 •准备长期承诺和一定时期的最大贡献或者流向新的职业和组织 •应对第一项工作中的成功感或失败感

续表

阶段	面临的广义任务	特定任务
5.正式成员资格，职业中期（25岁以后）角色：正式成员、任职者、终身成员、主管、经理（个人可能停留在这个阶段）	•选定一个专业，成为一名多面手和/或进入管理部门，学习如何成为一名专家 •保持技术竞争力，在自己选择的专业（或管理）领域内继续学习 •在组织中确立一种明确的认同感，成为人所共知的人 •承担较高水平的责任，包括对他人和对自己的工作 •成为职业能手 •根据抱负、所寻求的进步类型、用以衡量进步的指标等，开发个人的长期职业计划	•取得一定程度的独立 •发展自己的实绩标准，相信自己的决策 •慎重评估自己的动机、才干和价值观，依此决定要达到的专业化程度 •慎重评估组织和职业机会，依此制定下一步的有效决策 •解除自己与良师的关系，准备成为他人的良师 •在家庭、自我和工作事务间进行一种适当调节 •如果实绩平平、任职被否定或失去挑战力，应付失败情绪
6.职业中期危机（35~45岁）	•针对自己不得不决定是求安稳、换工作，还是迎接新的更大挑战的想法，重估自己的发展状况 •中年过渡期的特点：实现梦想和希望与面对现实的要求，评估职业抱负 •决定：工作和个人职业在自己的一生中究竟有多大的重要性 •考虑自己成为他人良师的需要	•开始意识到个人的职业锚——个人的才干、动机和价值观 •现实地评估自己的职业锚对个人前途的影响 •就接受现状或者争取可能的前途做出具体选择 •围绕所做出的具体选择，与家人达成新的共识 •建立与他人的良师关系
7.A非领导者角色的职业后期（40岁至退休）角色：骨干成员、有贡献的个人或管理部门的成员、有效贡献者或朽木（许多人停留在这个阶段）	•成为一名良师，学会发挥影响，指导、指挥别人，对他人承担责任 •扩大兴趣和以经验为基础的技能 •如果决定追求一种技术职业或职能职业的话，要深化技能 •如果决定追求全面管理角色的话，要担负更大范围的责任 •如果打算求安稳，在职业和工作之外寻求成长的话，要接受影响力和挑战能力的下降	•保持技术上的竞争力，或者学会用以经验为基础的智慧代替直接的技术能力 •发展所需要的人际和群体技能 •发展必需的监督和管理技能 •学会在一种政治环境中制定有效决策 •应对"崭露头角"的年轻人的竞争和进取 •应对中年危机和家庭的"空巢"问题 •为成为高级领导角色做准备

续表

阶段	面临的广义任务	特定任务
8.B 领导角色的职业后期（可能年轻时获得，但仍会被看作在职业后期） 角色：总经理、官员、高级合伙人、企业家、资深幕僚	• 为组织的长期福利发挥自己的才干和技能 • 学会整合别人的努力和扩大影响，而不是进行日常决策或事必躬亲 • 挑选和发展骨干成员 • 开阔视野，从长计议，现实地评估组织在社会中的作用 • 如果身为有贡献的个人或企业家，学会如何推销观点	• 从主要关心自我，转向更多地为组织福利承担责任 • 负责地操纵组织机密和资源 • 学会操纵组织内部和组织环境边界两方面的高水平的政治局面 • 学会在持续增长的职业承诺与家庭，特别是与配偶的需要之间谋求平衡 • 学会行使高水平的责任和权力，而不是软弱无力或意气用事
离开组织或职业		
9.退休	• 适应生活方式、角色和生活标准的急剧变化 • 运用自己积累的经验和智慧，以各种资深角色对他人进行传、帮、带	• 在失去全日制工作或组织角色后，保持一种认同感和自我价值观 • 在某些活动中依然倾心倾力 • 运用自己的智慧和经验 • 回首过去的一年，感到有所实现和满足

与前面两种理论相比，雪恩的基本思想没有什么大的超越，但他对职业生涯发展后期的表述更具体、更深入，故常被作为职业生涯发展阶段理论的主要观点。

6.3 职业生涯发展模式

分析员工的职业生涯发展，从不同的视角出发，会形成四种模式：生活周期模式、基于组织的发展模式、发展方向模式及综合模式。由于发展方向模式的一些观点在综合模式中有比较明确的分析，所以就不专门对它进行介绍了，在此只介绍生活周期模式、基于组织的发展模式和综合模式。

6.3.1 生活周期模式

生活周期模式以员工人生过程中不同阶段所面临的发展任务为线索来描述职业生涯的发展。多数对成人发展领域进行的研究结果表明，人生发展的一些主要任务基本上都与年龄有关。在我们的传统文化中，人们习惯将年满30岁、40岁、50岁或60岁看作人生历程的里程碑。

一个人成年以后的第一个阶段是从青年中期（22～23岁）开始到30岁前后。在这个时期，个人既要成家，又要立业。对于大多数人来说，30岁是人生第一个开始重新审视自己、重新确立生活理想的过渡时期。现实的世界，婚姻、子女、家庭经济负担等方面的责任，代替了20岁时的种种人生梦想，因此个人需要重新审视现状，做出新的、更加现实的选择。伴随着新的选择的做出，个人也进入了而立之年——一个持续性承诺的时期。

40岁左右，多数人会面临中年过渡或中年危机，此时，个人需要对人生做出永久性承诺。这种危机一般来自两个方面：一是个人梦想和成就之间的不一致引起的类似青春期自我同一性矛盾的冲突；二是感觉体力在下降，感悟到人生已经过去一半，因此，抓紧时间做出新的选择，或者接受和寻求当前工作、家庭与自我的新的意义，或者改变当前的状况。

50～60岁，个人面临"空巢"期带来的心理不适，子女长大成人、自立门户，夫妻之间忽然发现只有相依为命才能战胜空巢感，因此，需要建立新的亲密模式。如果这些问题得到圆满解决，自我接纳感和生活满足感就会提高，接下来就会出现一个相对稳定和满足的时期，人变得圆熟、宽厚，比以前更加珍视老关系；同时，也出现各种老去的征兆，可能产生一些烦恼。

60岁到去世这段时期也包含着许多心理上的过渡期，最明显的是退休所带来的种种变化，如生活方式的变化、生活水平的变化等。如果个人在财务上做好了充分准备，这种过渡期就可以顺利通过。这一时期，保健的问题会变得十分突出，还会面临亲友或配偶去世的心理创伤。这个阶段，个人对他人的需要会变得强烈。

6.3.2 基于组织的发展模式

基于组织的发展模式是以组织任务为线索，描述人生不同发展阶段应该通过学习满足组织的不同需求的各个方面。

雪恩的"基于时间的职业发展模型"反映了这个模式的基本思想，如图6-2所示。

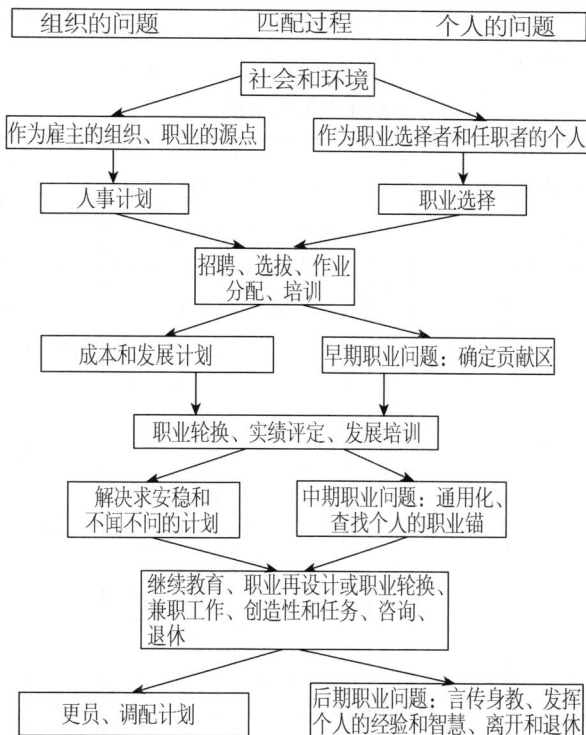

图6-2 基于时间的职业发展模型

在这个模型中，个人的职业发展任务亦步亦趋地跟随着职业组织的发展目标，从组织的角度来看，这是一个很好的模型，但是，从个人的角度来看，主动性可能会被削弱。

6.3.3 综合模式

综合模式是生活周期模式、基于组织的发展模式、发展方向模式的结合，它既从个体发展的角度，又从组织发展需要的角度，还从职业导向的角度考察职业生涯的发展。

在综合模式中，职业生涯发展分为四个依次出现、相互联系的阶段：探索阶段、建立阶段、保持阶段和脱离阶段，每一个阶段都有自己的发展任务、活动及关系作为标志。例如，一项研究发现，销售人员在探索职业生涯的阶段，比起其在其他阶段更多地表现出调换岗位和争取提升的倾向。另一项研究发现，员工认同职业的程度在早期比在晚期更倾向于受职业特征（工作的多样性、职责等）的影响，如表6-4所示。

表6-4　　　　　　　　　　　　　　职业生涯发展阶段

发展 标志	探索阶段	建立阶段	保持阶段	脱离阶段
发展 任务	使自己的兴趣、技能适应职业的要求，不断学习	进步、成长、安全，发展生活风格	稳步取得成功，更新技能	计划退休生活、改变职业与业余生活之间的平衡
主导 活动	接受指导	独立，成为有贡献的人	培训、奉献，政策制定	离开岗位
与其他 员工的 关系	学徒	同事	良师益友	协助者
年龄	30岁以下	30～45岁	45～60岁	60岁以上
工作 年限	2年以内	2～10年	10年以上	10年以上

在这里，员工的年龄和工作年限仅作为参考，在人生的道路上，往往会有职业生涯发展阶段的再循环。例如，一个人从已经熟悉的职业领域转入另一个完全不熟悉的新的职业领域，哪怕处在比较高的年龄阶段，也要重新从探索阶段开始，进入新的职业生涯发展阶段。

下面，我们对不同的职业生涯发展阶段做进一步的分析：

1）探索阶段

在这个阶段，个体致力于探明他们所感兴趣的职业的形态。他们通过自身的了解，或从朋友和家庭成员处获得工作、职业与职位的信息，一旦他们明确了工作或职业的性质，他们就会开始寻求职业所必需的教育与训练过程。职业探索一般从十五六岁就开始了，一直延续到进入职业领域。一般情况下，新参加工作的员工需要他人的帮助和指导才能胜任工作和职务。在许多行业中，新员工被称作学徒。从职业组织的角度上讲，定向训练和社会化活动能够帮助新员工顺利地适应新工作和新的人际关系，以使他们尽快为组织目标做出贡献，是十分重要的管理措施。

2）建立阶段

在这个阶段，个体在职业组织中找到了自己的位置，能够独立贡献，担负起更大的职责、获得更大的经济成果并建立起自己希望的生活风格。处于这个阶段的员工津津乐道于被视为职业组织成功的贡献者，他们通过与同事、管理人员的交往、互动以及来自劳资奖励系统的直接反馈，了解职业组织是怎样看待他们的贡献的。对于处在这个阶段的员工，职业组织有必要制定一些相关政策帮助他们平衡职业内和职业外的各种角色关系；同时，为了职业组织和自己的更好发展，员工也有必要积极加入到职业生涯规划活动中去。

3）保持阶段

在保持阶段，个体关注的中心是保持技术领先，并希望在别人的眼中继续保持一个职业组织贡献者的形象。处于这个阶段的个体已经有了多年的工作经验、丰富的专业知识以及对职业组织希望企业如何运转的深刻理解。他们可以成为有价值的训练者和新员工的良师益友；常常被职业组织请去修正或制定发展目标或政策；对工作流程、产生的问题及职业组织面临的重大决策常常能提出有益的看法。从职业组织的角度来看，重要的是如何使处于这个阶段的员工走出"高原期"，摆脱停滞状态；同时，也有必要确认他们的技术是否正在过时。

4）脱离阶段

在脱离阶段，个体准备为平衡职业内活动和职业外活动之间的关系做出一定的改变。脱离在一般情况下指老年员工退休，然后把自己的精力集中于非职业活动上，如运动、旅游或义务劳动等。然而，越来越多的老年员工并没有做出在退休后完全脱离职业活动的选择，他们仍然留在职业组织中工作，只是每天的工作时间缩短。在任何一个年龄阶段，员工都可以离开一个职业组织，脱离原来的职业，变换一个新的职业。另外，由于职业组织裁员或合并，一些员工也可能被迫离开职业组织。员工离开一个职业组织后，就会进入职业生涯的再循环，又从探索阶段开始。这时，他们需要新的职业信息来重新考虑职业兴趣和自己的技术适应性。从职业组织的角度来看，脱离阶段的主要职业生涯管理活动应该是做好退休计划或进行再就业安排。

从上述分析可以看出，一方面，职业组织应该在员工职业生涯发展的不同阶段采取不同的策略支持员工的职业发展，因为员工的发展就是职业组织的发展；另一方面，处于不同发展阶段的员工也需要了解自己的发展任务、发展目标，在职业组织的支持下不断学习、不断调整，以适应职业组织的发展需要，同时使自己得到充分的发展。

职业生涯规划系统可以帮助员工、管理者和职业组织明确发展的需要、目标和方法，促成职业的成功。

6.4 职业生涯管理

职业生涯管理也称职业管理，它最初出现于美国。20世纪60年代初，一些美国企业在人事管理的基础上建立起人才管理部门。70年代，欧美国家越来越多的雇主意识到员工需要获得职业满意感，他们希望建立一套机制，使员工可以在组织内部实现他们的个人目标，职业生涯管理（career management）便应运而生。现在，它已成为人力资源管理的一项重要内容。

职业生涯管理包括组织和个人活动两个方面，是二者的结合。个人的职业生涯管理是以实现个人发展的成就最大化为目的的，通过对个人兴趣、能力和发展目标的有效管理实现个人的发展愿望。组织职业生涯管理是以提高公司人力资源质量、发挥人力资源管理效率为目的的，通过个人发展愿望与组织发展需求的结合实现组织的发展。职业生涯管理是一个系统，通过该系统的有效运转达到组织人力资源需求与个人生涯需求之间的平衡，创造一个高效率的工作环境和引人、育人、留人的企业氛围。企业职业生涯管理的最终目的是通过帮助员工实现自身的职业发展目标求得组织的持续发展，实现组织目标。

6.4.1 个人职业生涯管理的内容和过程

个人职业生涯管理主要包括两方面：

一是个人职业生涯的规划。这个规划的过程可以分为三个基本步骤，即自我认识、职业探索、职业匹配。其中包括了常规的职业选择过程，但比职业选择过程有着更广的范畴。例如，职业选择过程主要是对具体职业信息的搜寻和选择决策，强调个人在某个时段的选择；职业生涯规划则着眼于长远的发展，包括个人对某个行业的信息搜寻和尝试性行为。

二是行为策略。在组织中，老板和上司影响着每个雇员的职业生涯，他们就像掌管个人职业成功钥匙的"看门人"。有些时候，这些"看门人"会做出非理性的决策，从而影响个人的职业生涯，所以，个体会有针对性地采取行动去影响"看门人"的决策，以满足个人需要和达到个人目标。

个人职业生涯管理是一个动态过程，有学者提出，个人职业生涯管理的行为策略包括定位行为、影响行为和边界管理。

定位行为是个体确保自己有能力、技术、经验来获得满意的职业结果的行为。

影响行为指影响"看门人"的决策的行为，包括自我推销、讨好行为、向上影响。

边界管理是平衡工作领域和非工作领域的管理行为，由于工作领域和非工作领域对人的要求会有所不同，个体在不同领域的不同角色容易引发冲突，因此，个体通过边界管理行为来解决这样的冲突。

【小阅读】   **零工模式下的生涯发展路径**

从事零工工作的劳动者很多，按照技能水平可分为"高技能零工"（如从事编程工作）和"低技能零工"（如从事外卖配送工作）；按照对零工工作的参与度可分为"高参与度零工"（如没有全职工作，所有精力和时间都投入零工工作）和"低参与度零工"（如兼职或者偶尔参与零工工作）。将"技能"和"参与度"两个维度进行组合，零工可以分成四种类型："低技能–低参与度"型、"低技能–高参与度"型、"高技能–低参与度"型以及"高技能–高参与度"型。

从个体的角度，四类中最理想的状态是"高技能–高参与度"型零工。高参与度代表他们与平台有紧密的联系；高技能代表他们拥有核心资源；同时拥有高参与度和高技能，代表他们的工作更好地体现了零工工作的弹性。那么，应当如何做好生涯规划才能达到这种状态呢？总的来看，零工的可持续发展可以通过两种内部途径来实现（见表6-5）：提升技能和增加参与度。技能的提升，有利于零工形成核心竞争力，在竞争中另辟蹊径，分得一杯羹。参与度的增加，有利于零工经验的增加和人脉的积累，从而获得相对可观的零工收入。不同的人可以根据自身情况选择技能提升或参与度增加两条不同的路径。

表6-5　零工模式下的生涯发展路径：技能提升路径与参与度提升路径

生涯发展路径	适用类型	优缺点	生涯发展方案	案例
技能提升路径	低技能–低参与度 ↓ 高技能–低参与度 低技能–高参与度 ↓ 高技能–高参与度	优点： * 技能是决定个人核心竞争力和报酬的最重要因素。 缺点： * 时间较长； * 难度较高	不急于提高参与度，先从事一些兼职，利用兼职的机会发展个人技能、储备人脉，让自己掌握一门能够体现个人核心竞争力的技能。 对于低技能–低参与度劳动者，可以通过参加培训学习、积累实践经验、拓展个人兴趣方向来提升个人技能。 对于低技能–高参与度劳动者，尽量利用零工工作的弹性时间发展个人技能	A是一家广告公司的全职员工，但在工作过程中她发现自己的兴趣在于室内设计而不是广告，于是她找了一份室内设计的周末兼职工作，从行业的基础知识学起，并得到了专业的同事的帮助。几个月后，她已经具备了室内设计的专业技能，最终有客户聘用了她

续表

生涯发展路径	适用类型	优缺点	生涯发展方案	案例
参与度增加路径	低技能-低参与度 ↓ 低技能-高参与度 高技能-低参与度 ↓ 高技能-高参与度	优点: * 可以使工作更为自由,个人对工作的掌控变强; * 可以积累经验、人脉,对个人技能提升有一定帮助; * 相对轻松。 缺点: * 收入不稳定; * 几乎没有福利和社会保障	利用互联网和新兴科技,依靠零工经济中介平台获取信息,搜索自己感兴趣的零工工作。辞去全职的工作需要格外谨慎。首先,对财产状况进行评估,确保辞去全职工作一段时间内的生活质量不受影响;其次,对专业能力进行评估,确保自己具备足够的竞争力;再次,对零工市场进行评估,确保零工工作的市场足够大;最后,利用周末和休假的时间模拟从事全职零工工作后的状态,确认自己喜欢这样的工作状态	B 是一名拥有高技能的员工,但他辞去了原来稳定的全职工作,而选择到一家按项目技能要求雇用不同类型零工的平台,从事零工工作。首先,在平台上,任务具有挑战性,比原本枯燥无聊的全职工作有意思,符合其个人的兴趣和追求。其次,可以自由支配自己的时间,每份任务花费的时间不多,可以有很多时间过自己的闲暇生活,更加灵活自由。最后,每完成一项任务,就能得到一笔丰厚的报酬,这些报酬足够支撑其正常的生活

资料来源　孔茗,李好男,梁正强,等. 零工模式:个体在智慧时代的可持续发展之道 [J]. 清华管理评论,2020(4):62-70.

6.4.2　组织职业生涯管理的内容和过程

组织的职业生涯管理主要包括以下方面:

一是建立信息系统。该系统内既包括企业或组织员工的所有相关信息,也包括组织的发展战略、职位空缺、各岗位任职资格标准、晋升标准等方面的信息。这个信息系统是对员工进行职业生涯管理的出发点。组织公布了企业的发展战略,就提供了发展舞台的信息;组织及时、广泛地公开职位空缺信息,就会激发员工向上的愿望;组织提供各岗位任职资格标准信息,使员工能对照自己向往的岗位,有计划、有目的地逐步达标,参与这些岗位的竞争；组织提供纵向的晋升标准，员工就有了努力的方向。

二是开展职业生涯管理活动。职业生涯管理是由组织有目的、有计划实施的激励工作，实施者的知识、经验和能力需要培养；职业生涯管理要有专门的渠道、场地、资料、人员；此外，职业生涯管理活动时间、经费如何保证等也是实施职业生涯管理的重要方面。

三是职业生涯管理效果的评价。职业生涯管理是一项很好的人力资源开发活动，但其所取得的效果往往会因为操作程序、操作内容、实施主体的不同而不同。因此，对职业生涯管理落实的情况需要及时总结、评估，在总结、评估时发现问题，寻找对策，逐步使职业生涯管理进入规范化轨道。

系统的组织职业生涯管理是一个循环往复的过程（如图 6-3 所示）。首先，根据组织的发展以及绩效考评的结果，由上司或自己设立职业发展目标。其次，综合绩效考评、心理测试等结果，判断职业发展目标的合理性。如果不合理，要重新确定职业生涯发展目标；如果合理，则进一步了解员工发展状况与职业生涯目标的差距，并制定相应的职业生涯发展措施。实施一段时间后，再检验职业生涯目标的落实情况，并分析判断职业生涯目标的合理性或职业生涯规划的合理性。如果合理，则进一步按原计划努力；否则，就应调整职业生涯目标，重新规划和实施。

职业生涯发展目标，是指引人行动的方向，只要人们在自己的工作、生活中时时刻刻记住这个目标，行动就不会迷失方向，就能够始终沿着正确的道路前进，并逐渐实现各种阶段性的小目标，最终达到理想的彼岸。但是，也应该看到，职业生涯道路并不是平坦的，可能会因为社会环境、组织环境、个人家庭环境、个人身体状况等各种因素而影响其进程，因此，在确定了最初的职业生涯目标后，还需要根据实际情况的变化，慎重地予以调整，并重视规划和采取措施，实现新的职业目标。

6.4.3 职业生涯的具体实施

组织职业生涯管理的具体实施可以分为四个阶段，即动员期、准备期、实施期、评估期。其中，准备期任务最重、工作量最大。

```
┌─────────────────────────────┐
│ 根据组织的发展现状及战略的要求, │◄──────────┐
│ 协助员工确立职业生涯目标        │           │
└─────────────────────────────┘           │
             │                             │
             ▼                             │
┌─────────────────────┐                    │
│ 判断职业生涯目标的合理性 │────────► 否       │
└─────────────────────┘                    │
             │ 是                          │
             ▼                             │
┌─────────────────────┐                    │
│ 寻找与职业生涯目标的差距 │                    │
└─────────────────────┘                    │
             │                             │
             ▼                             │
┌─────────────────────┐◄──────────┐        │
│ 制订实现职业生涯目标的计划 │          │        │
└─────────────────────┘          │        │
             │                   │        │
             ▼                   │        │
┌─────────────────────┐          │        │
│ 检验职业生涯目标的实现状况 │───► 否 ───┘        │
└─────────────────────┘                   │
             │ 是                         │
             ▼                            │
┌──────────────────────────┐             │
│ 判断原来的职业生涯目标的合理性 │──► 否 ──────┘
└──────────────────────────┘
             │ 是
             ▼
┌─────────────────────┐
│ 继续原职业生涯目标      │
└─────────────────────┘
```

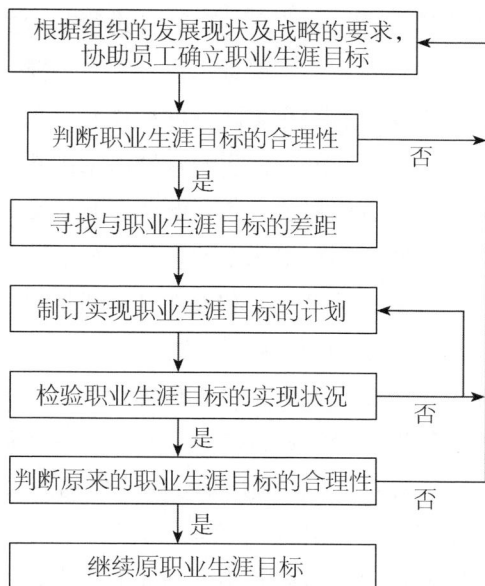

图 6-3　组织职业生涯管理过程示意图

职业生涯管理是一项规范、长期的人力资源管理活动，是一种比较人性化的、体现员工与组织双赢的管理措施。职业生涯管理过程不仅是一个观念转变的过程，更是一个制度、政策的变革过程。我们在开展职业生涯管理活动时，有些人力资源管理的配套措施是从无到有的，如建立组织的职位分析系统，建立科学的绩效考评系统，建立公开、透明的人员选拔和晋升制度等。有些时候还存在已有的制度与新的发展趋势的严重对立，如过去实施的是重资历的晋升制度，现在要以能力和绩效为标准；过去对与个人发展相关的支出有所限制，现在却要增加培训和发展的费用等。准备期的计划活动一定要结合所在单位的实际，切不可步子迈得太大，脱离本单位的实际，这会使这项有用的人力资源管理措施流产。相对而言，如果前面的准备工作很充分，对一些关键的改革重点和难点有比较全面的应对方法，实施和评估相对就比较容易；如果准备不充分，许多问题事先没有想清楚，没有做全面的规划，在实施职业生涯管理活动时就会捉襟见肘，陷入困境。

在职业生涯管理的动员期，主要是通过组织的信息网络发布组织开展职业生涯管理活动的信息，并对开展这项活动进行前期的准备。信息发布通常采取由主要领导者召开会议、制订工作计划、广播、简报、组织业务学习等方式，组织将明确开展职业生涯管理活动对组织的意义、价值，以及对员工个人的意义，明确开展职业生涯管理活动的各项具体内容，各种活动的目的和意义所在，组织将提供怎样的资源和机会等。

在职业生涯管理的准备期，组织主要筹划开展职业生涯管理活动的软件（实施者、内容、方法、技术等）和硬件（物质条件、经费预算、设施配置、资料建设等）。这项工作的主要实施者是人力资源部的人员及各部门管理人员，因此，首先要对这些相关人员进行培训，如组织可以对人力资源部负责职业生涯管理的员工进行培训，然后由这些员工对具体实施这项工作的管理者进行培训，让他们明确这项工作的意义、价值、主要内容，特别是如何科学地开展职业生涯管理。还可以专门花时间进行培训，让管理者知道在不同的情况下、面对不同需要的个人，如何进行职业生涯辅导。比如，如何将绩效评估与职业生涯管理结合起来，绩效评估与职业生涯管理有什么不一致的地方，如何获得组织的职位空缺信息，在有多种选择的情况下如何帮助员工做出合理的决策，在职业生涯发展与家庭产生冲突时如何协调等。

人力资源部在这个阶段的主要工作是制订一个相对全面、详细的计划。具体地说，有这样一些工作需要完成：

（1）如何从人力资源政策上保障职业生涯管理工作与以往相关政策的一致性。例如，怎样将过去的绩效考核与职业生涯管理、培训联系起来；如何重新设置对管理者的绩效考核内容；如何根据职业生涯管理的要求，使人员调配工作与之配合。

（2）主要准备开展一些什么活动。一般来说，做任何事情都应该有一个预备性的方案，如进行小范围的调研，了解员工在职业生涯管理方面有些什么特殊的需求，如何针对员工需求设计活动，以使员工更容易接受，效果也更理想。相关的工作主要包括这样一些内容：员工是否能客观地评估自己的职业兴趣和职业潜能；员工是否了解与组织的职业岗位相关的信息；员工是否能根据自己的职业规划方向自我选择几个相关的职业岗位等。举办职业生涯研讨会也是常见的活动方法。如果决定采用这种形式，那么参加者是什么人，邀请谁做主持人，什么时间进行（是在业余时间还是在工作时间），一年进行几次，针对退休员工的退休职业生涯规划活动的召集人是谁，对象有哪些，主题是什么，什么时间进行等，这些也都需要进行规划。

（3）添置职业辅导的相关资料。比如职业辞典、组织内部所涉及的岗位的任职资格材料、组织的发展战略计划、就业趋势分析资料、职业兴趣测验、职业能力倾向测验、特殊能力测验、职业价值观测验、职业选择的信息系统等都属于基本的资料。

（4）准备开展职业辅导的场地和购置相关设备。包括如何设计职业辅导场地，是适合个别会谈还是适合群体活动的场地，需要哪些基本的布置，需要什么类型的桌椅，需要安装哪些影音器材等，最好征求相关专家的意见，然后再具体落实，以避免由于设计不合理所造成的浪费。

在组织开展职业生涯管理活动前，就应该明确活动的目的，再根据这些目的，设计一些评价指标，如各种活动是否如期进行，取得的效果如何，有什么特殊障碍，如何克服这些障碍等，只要使每一项活动都得到落实，并及时根据组织的实际情况提出合理解决问题的办法，终究会有成效。

在组织职业生涯管理的实施过程中，会出现一些意想不到的问题。比如，有的员工提出了许多超越组织发展实际的要求，希望能接受在职的学历培训；有人对现在的用人制度不满，希望能尽快改变晋升、提拔制度；有些员工对管理者的评价主观性太强表示不满等。可能有些是制度上的问题，有些是正在变革中的问题。如果是组织能够解决的，可以先提出来，逐步落实；如果是组织难以满足的要求，应对员工说明；如果是即将实施的，也可以告诉员工，让员工放心。

6.4.4 职业生涯管理与人力资源管理的关系

在组织行为学中，职业生涯管理旨在描述人的职业行为规律，为管理提供基础，是一种特殊的激励形式。而在人力资源管理中，职业生涯管理是人力资源管理的一个重要组成部分。但与工作分析、招聘、培训、绩效考核、薪酬等不同，职业生涯管理又不仅仅是人力资源管理的某一环节，它有自己内在的逻辑，涉及人力资源管理的许多方面。图6-4就描述了职业生涯管理与人力资源管理的联系。

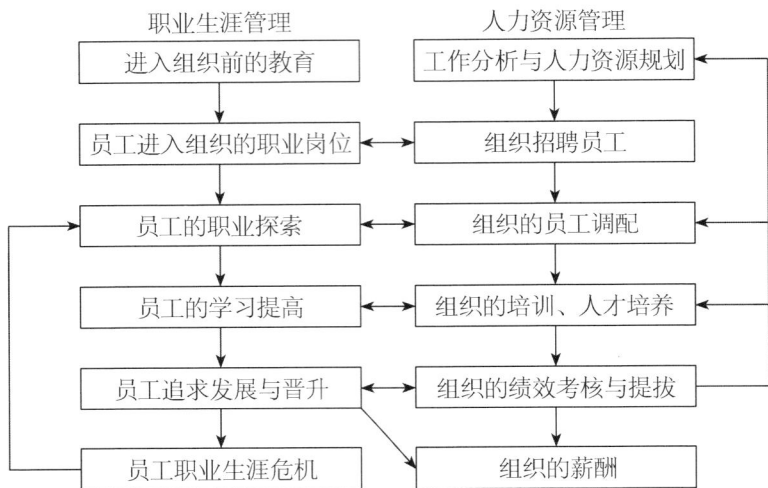

图 6-4 职业生涯管理与人力资源管理的联系

职业生涯管理与人力资源管理有联系和交叉，但职业生涯管理并非完全隶属于人力资源管理。二者的区别主要体现在以下几个方面：

首先，人力资源管理主要是由组织进行的管理；而职业生涯管理既可能是组织的行为，也可能是员工自发的行为。

其次，人力资源管理主要是从组织的角度考虑问题，更关心全体员工的利益；而职业生涯管理凸显个人的职业诉求。

再次，人力资源管理涉及员工进入组织、在组织中发展以及退出的管理；而职业生涯管理还包括员工进入组织前的教育和培训，以及员工更换组织后的职业生涯发展管理。

最后，人力资源管理以组织发展和变化为中心，考虑员工如何适应组织发展，突出的是组织的竞争力；而职业生涯管理则注重员工个人职业生涯的发展和变化，考虑员工如何进入理想的组织、如何适应组织，使自我价值充分体现，突出的是员工个人的竞争力。

尽管职业生涯管理与人力资源管理有较多的区别，但二者也有共同之处：

首先，组织是个人生存和发展的基础，组织的良好生存和发展状况为个人提供了发展的机会和可能。

其次，员工是组织的构成要素，员工个人的竞争力状况是组织竞争力状况的重要指标。

最后，组织要获得竞争力，需要员工的积极努力，员工为了生存和发展，也需要组织的支持与帮助，二者有共生关系。

职业生涯管理与人力资源管理之间的这些联系可以从以下的内容中得到具体说明。

6.4.5　职业生涯管理的发展

个人与组织进行职业生涯管理有一个内在的逻辑。雪恩对这种关系进行了比较系统的阐述。图6-5和图6-6比较清晰地描述了这个过程。

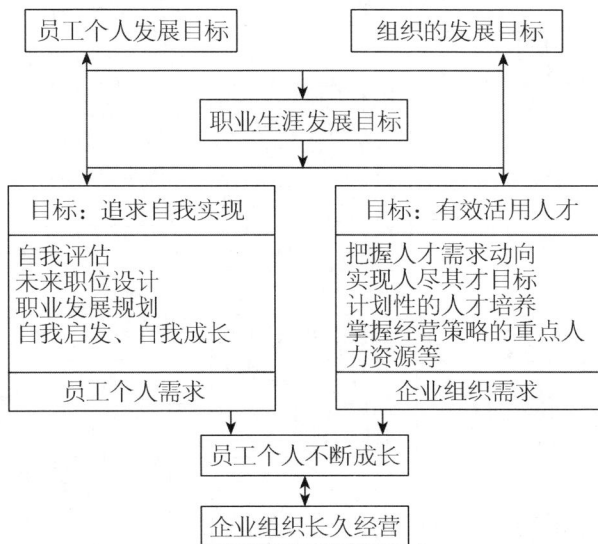

图6-5　职业生涯管理发展示意图

从图6-5可知，组织在经营过程中，既有组织本身利益的追求，也有社会价值追求，即为生活在社会中的人们提供就业、实现自己职业理想和抱负的机会。组织与个人正是在这种相互需要、相互合作中实现各自的价值，满足各自的需求，在促进个人不断成长的同时，成全组织的长久经营。

组织与个人的这种相互需要，可以更清晰地通过图6-6体现出来。该图从组织人力资源管理的全过程来分析组织与员工职业发展的匹配过程。

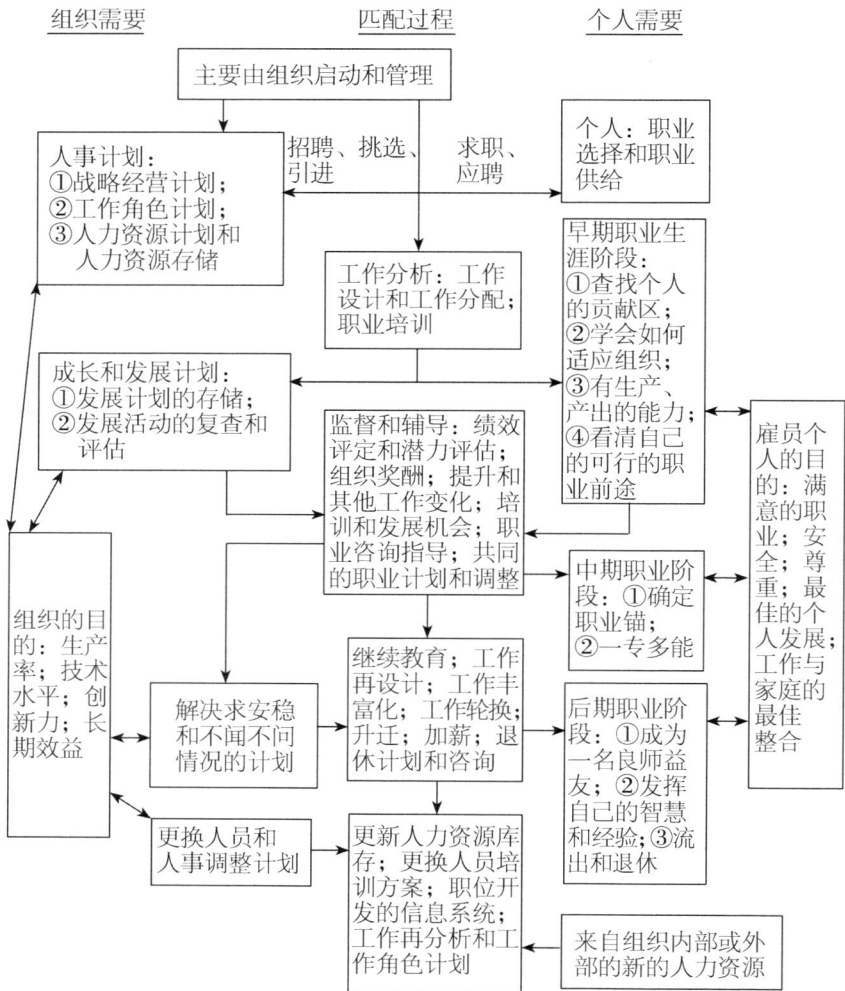

图6-6 组织职业计划与员工职业生涯匹配模型

组织与个人的活动总是在一定的社会经济环境下进行的，受经营环境的影响，组织和员工都会产生应对行为，只有识时务的组织，才能在竞争中立于不败之地。组织本身发展有一定的内在逻辑，有许多工作需要人来做，这就需要从组织内部或外部吸引、招聘到合适的人员；而员工为了生存和发展的需要，也要寻求进入一定的职业领域。这样，个人和组织找到了第一个结合点。组织和员工的这种结合关系不是一成不变的，组织要通过考察和了解，看进入组织的员工哪些是适合的，哪些是适应不良的，哪些是要淘汰的。如果是优秀的，则可能要提升到更重要的岗位，承担更多的责任；适应不良的可以通过培训予以弥补，或安排其他的工作，以进一步了解情况；而对于要淘汰的人还需要安置，帮助其寻找再就业机会。个人需要面对的则是选择合适的岗位，接受一定的岗位培训和组织文化培训，逐步探寻自己终身努力奋斗的领域。这是组织与个人的第二次结合。当员工在组织中度过了大部分的时光，即将结束自己的职业生涯时，组织还应逐步安排这些员工退出组织的重要岗位，并进入退休者行列。这里，组织要做的工作分为两个方面：一是做好退休前的过渡和准备工作；二是提前物色或招聘新的员工，补充空缺的岗位。而个人则要站好最后一班岗，奉献自己的经验和智慧，并准备退休后的生活内容。大多数员工都会平稳地结束自己的职业生涯。

6.4.6　组织职业生涯管理的责任划分

组织职业生涯管理的实施主体是组织人力资源部和员工的直接领导者，由他们具体地和员工商谈，确定每个员工的职业生涯规划，并由组织的人力资源部和各级管理者对员工在职业生涯发展中所遇到的问题和所需要的条件给予合理的解决。此外，员工的直接上司还要经常和员工沟通，让员工知道自己的职业生涯发展状况及应对策略，让员工的职业生涯主动、合理、科学地发展。

有时，同事之间也相互帮助，特别是通过员工职业生涯研讨会的形式，将那些在确定职业生涯目标、制订职业生涯发展计划上有困难的员工召集起来，重新设计各自适合的职业生涯目标，以及制订实现这些目标的计划。

职业生涯规划活动的主要责任者有三个，即员工、管理者和组织，其各自的责任分别是：

1）员工的责任

（1）自己评价自己的能力、兴趣和价值观。

（2）分析职业生涯选择的合理性。

（3）确立发展目标和需要。

（4）和上级交换发展愿望。

（5）和上级一起达成行动计划。

（6）落实达成的行动计划。

2）管理者的责任

（1）作为催化剂，使员工对发展过程本身产生认识。

（2）评价员工的目标和发展需要的现实性。

（3）对员工进行辅导，并形成一个一致的计划。

（4）跟踪员工的计划，并根据形势适时对计划进行更新。

3）组织的责任

（1）提供职业生涯规划所需要的样板、资源、辅导、信息。

（2）为员工、管理者以及参加具体实施职业生涯管理的管理者提供必要的培训。

（3）提供技能培训以及在职锻炼和发展的机会。

以具体的职业生涯管理活动为例。员工的责任在于：提供准确的个人信息，如技能、工作经验、兴趣和职业生涯愿望。管理者的责任在于：①确认员工提供信息的效度；②提供管理者职权范围内的职位空缺的信息；③了解员工的信息，确定适合空缺职位的候选人，并进行筛选；④确定职业生涯发展机会，如培训、工作轮换等，并进行合适的安排。组织的责任在于：①提供适合管理决策所需的信息；②提供组织和更新的所有信息；③确保有效地使用信息，如设计较方便的方法，用来收集、分析、解释、使用信息；④跟踪和评价过程的有效性。

表6-6提供了在人力资源管理过程中进行职业生涯管理活动时，在人员选拔、绩效考评、职业生涯发展和评估时，各责任主体的任务。

表6-6　　　　职业生涯发展中员工、主管和人力资源部门的角色

项目	目的	员工的角色	主管的角色	人力资源部门的角色
人员选拔	考虑到工作需求及个人的特点，实现合理的匹配	•诚实地提供自我的资料 •争取晋升	•界定某一工作所需的技能、知识和其他特殊资格条件 •面试和甄选候选人，并做最佳配合	•协调招聘活动 •指导工作分析和提供工作一般信息 •对主管和员工提出忠告 •确定甄选晋升标准
绩效目标设定和评估	指导和教导员工，达到可能最好的绩效，提高工作满意度	•规划个人目标，并与组织目标结合 •评估方案 •请求和接受反馈 •完成发展性计划	•从整体的角度，批准各项目标 •提供持续的反馈和指导 •以正式或非正式的方式评估方案	•监督和评价各种量表，并使其一致和公平 •训练主管人员，教导和评估员工
个人的职业生涯发展	提供开放和真诚的环境，了解员工的职业兴趣与目标	•担负自我职业生涯发展的责任 •寻找和获得有关自我和职业生涯发展取向的真实信息 •界定和确定职业兴趣 •完成发展性计划	•指导开放和真诚的讨论 •提供真实的反馈资料 •提供信息 •鼓励和支持发展	•发展工作信息和其他的职业生涯资源 •训练主管人员如何指导讨论 •运用资源和信息，为各部门配置人员
职业生涯发展评估	每年评估每位员工的潜力和准备为其安排另一项工作，使其与公司的发展需求相配合，并且能确保组织的效能和持续成长	•告诉主管自己的兴趣，讨论发展的需要 •进行自我认识与自我评估	•根据目前的绩效、潜力和职业生涯兴趣评价员工 •和其他主管交流职业信息 •确认机会和问题 •推销和执行计划	•协调、帮助和维持职业生涯管理活动 •有职位空缺或新增职位时，通告主管人员 •通告其他部门可用的人才

主要概念

职业生涯　职业生涯管理　职业生涯发展综合模式

思考题

1. 论述多阶段职业发展观的内涵及其意义。

2. 正确理解组织职业生涯管理的责任划分。

职业
指导　**第7章**

重点内容

- 了解职业指导的功能、目标与任务
- 明确学校职业指导的任务与方法

7.1　职业指导概述

7.1.1　职业指导的产生与发展

职业指导在英、美等国家又叫"就业指导"，或"生计指导"（career guidance）；在苏联称为"职业定向教育"；在日本则称为"出路指导"。职业指导作为一项重要的社会活动，是顺应社会经济的发展、职业的分化，以及解决失业问题等的需要而最早产生于欧美国家的。1902年，德国出现了专门的职业指导活动；1903年，帕森斯在美国宣传职业指导。但职业指导被人们有计划、有组织地实施和研究，一般是以1908年为标志。这一年，法国巴黎设立了职业指导学校，德国出现了少年职业介绍机构，特别是帕森斯在波士顿设立了职业局，从而将职业指导发展为具有组织形态的专业性工作，并提出了"职业指导"这一概念。随后，职业指导在苏联、日本、加拿大等国发展起来，并受到社会各界的重视。纵观国外职业指导工作的发展历史，大致可以划分为三个发展阶段：

1）创始期（1908年至一战期间）

职业指导的正式创立一般以帕森斯1908年在波士顿创立职业局为起

点，因而帕森斯被认为是职业指导的创始者。他主张在公立学校开设职业课程，配置专门的职业咨询工作者。这样，职业指导活动便逐渐渗透到学校内部。美国政府差不多在同时也注意到了这个问题。1909年，国家指定就业介绍所负责安置青年就业；同一年又规定地方教育机构要承担职业指导的责任。这一阶段的职业指导工作呈现出以下特点：

（1）职业指导工作建立在经验的基础上。由于当时心理学尚未建立完整的体系，与职业指导理论密切相关的社会学、人类学也正处于发展阶段，在这种缺乏理论基础与有效测验工具的情况下，帕森斯根据多年的工作经验首先提出了职业指导的三大要素，从而对后来的职业指导工作产生了深刻而广泛的影响，在以后数十年内逐渐发展成为更具效益的指导措施。

（2）职业指导的工作内容比较单一，主要围绕着"人-职匹配"进行。根据帕森斯所提出的职业指导三要素，职业指导工作的范围主要限于以下三个方面[①]：

一是了解个人，帮助青年了解自身的生理特点、能力、需要、兴趣等个性特征。

二是了解职业，帮助青年获得有关社会各种职业的规范、要求、条件及有关职业状况的信息资料。

三是"人-职匹配"，指导青年结合自身素质与职业要求适当判断，进行职业选择。

（3）职业教育与职业指导相结合。在缺乏理论基础的情况下，职业指导工作初期的重心主要在于职业资料的收集与传递，再配合职业教育与训练的实施，提供青年就业的准备与指导。因此，职业指导与职业技术教育结合为一体，职业指导人员大多为职业教育工作者。然而，当时的职业资料大多是个人收集的资料，其效度缺乏客观的验证，职业指导人员也因缺乏心理学方面的基础，而仅以建议的方式对当事人传递职业信息。这种情形至20世纪30年代心理学与心理测量发展起来以后，才逐渐得到改

---

① PARSONS F. Choosing a vocation [M]. Boston：Houghton Mifflin，1909.

善，而职业指导也在各种理论与测量工具充实之后，逐渐与职业技术教育分离。

2）发展期（一战后至二战期间）

一战后，职业指导迅速由美国普及至欧洲、北美其他国家以及日本等，尤其在学校，职业指导工作普遍开展，并日趋科学化、制度化，具体表现在以下两个方面：

（1）心理测验的发展及其在职业指导中的广泛运用。随着心理科学的发展、各种心理测验的兴起，20世纪20年代，心理测量工具陆续编制出版，从事职业指导的人员开始使用心理测验的方法去获得求职者的能力倾向、职业兴趣及个性特征等资料。其实，早在20世纪初就已有个别智力量表被编制与使用。一战以后，美国编制出了用于甄选从军人员的智力测验量表，接着各种用于职业指导的心理测验量表陆续编制出版，如1927年 Edward K.Strong 编制的 "Strong 职业兴趣量表"；1931年美国采用的 "明尼苏达文书测验"、"明尼苏达空间关系测验" 以及 "明尼苏达纸形板测验" 等。美国联邦政府劳工部就业服务处还进一步发展出综合性的通用性格倾向测验。上述数种测验在二战前后被普遍使用。除此之外，统计学的发展及测验技术的改进，使得更多测验量表陆续被开发与应用，以更加客观标准的方式探究个人技术以及从业人员的各种素质。

（2）职业资料的系统整理与出版。美国联邦政府就业服务处负责平衡人力供需，执行就业指导，其工作除编制有关的心理测验量表、收集各地区人力供求状况等资料外，同时根据调查所得的各种职业所需的条件、待遇、福利、升迁、发展等资料，编辑《职业分类辞典》，进行各项有关职业指导的研究工作，并定期出版《职业展望手册》《职业展望季刊》等刊物，提供给指导人员，作为具体参考资料。近年来，有关职业资料的分析与整理更为完整充足，资料呈现方式也由书面形式转向多元化，配合视听器材与电脑产生了更大的功效，继而结合测验资料与职业资料，可即时提供反映求职者具体择业方向的电脑辅助系统。

3）成熟期（二战后至今）

二战前的职业指导工作，主要以心理测验和职业资料服务为主。二战后，科技的迅速发展推动了职业指导工作的全面发展。许多心理学家、社会学家、职业指导专家不满意传统的以就业为中心的职业指导工作，他们以发展心理学、自我心理学，乃至社会学、经济学的方法来探讨职业选择与适应行为的问题，倾向于从整体的观点研究个人身心发展的过程以及影响职业选择与适应的心理及社会因素。近些年来，职业指导专家们致力于个人整体生计发展的研究，不仅包括就业问题，而且包括就业后各种职业与生活方式等问题。

理论上的突破导致职业指导实践的发展：一是指导范围的扩大，从传统的狭隘的就业指导扩展到个体生活的全面指导，包括职业价值观、生活形态与目标以及个性全面发展的探讨，把职业指导上升到生计发展教育的高度；二是指导工作向纵深发展，广泛运用心理治疗理论与方法开展职业咨询服务，从而赋予职业指导以新的含义。

应该特别强调的是，二战后，关注人的内在动机和生命意义的自我心理学及健康运动的兴起，在职业指导界也产生了很大的影响。有关自我发展、自我心理学的大量研究成果对传统的"人-职匹配"观产生了很大的冲击。

1953年，舒伯根据自我心理学的基本观点，对职业指导做了一个全新的定义：职业指导协助个人发展并接受完整而适当的自我形象，同时也发展并接受完整而适当的职业角色形象（vocational self-concept），从而在现实世界中加以检验并内化为实际的职业行为，以满足个人的需要，同时也造福社会[①]。

舒伯的定义以个人的职业发展为着眼点，将自我与职业、个人与社会联系在一起，强调人与职业、人与社会之间的相互作用和协调发展，既充分考虑个人在职业中发展才能的机会，又充分考虑社会发展的需要，在不断调整中，达到职业角色的完善，也达到人生的完善。这个定义要求职业指导不仅要把局部、静态的"人-职匹配"作为指导工作的目标，还应该将树立自我形象与职业角色形象作为职业指导的更高目标。

---

① SUPER D E. A life-span, life space approach to career development [M] //BROWN L, BROOKS L. Career choice and development. 2nd ed. San Francisco：Jossey-Bass，1990.

7.1.2　职业指导的概念与功能

职业指导作为一项专门的社会活动，其在人们社会生活中的作用经历了一个由浅入深、由单一功能到多功能的发展过程。其功能的加强、范围的扩大，反映了社会对职业指导需要的变化发展。

1）职业指导概念的演进

自1908年帕森斯提出"职业指导"这一概念，至今已有100多年的历史，但当时的社会由于职业的形态比较稳定，工作机会与选择范围比较狭窄，个人对职业的观念大多倾向于谋生的手段。职业生活主要以工作为核心，因此，职业指导工作主要是"人-职匹配"。所谓"职业指导"，其意义在于协助个人进行职业选择。1937年美国职业指导学会给职业指导所下的定义是："职业指导是协助个人选择职业、准备就业、安置就业，并在职业上获得成功的过程。"这里，职业指导的主要内容包括四项工作：

（1）职业选择。职业指导旨在帮助个人寻找适当的职业，因此首先要通过各种测验工具的使用、资料的传递介绍，以及个别及团体指导等方式帮助求职者了解自我和工作世界，进而选择其所要从事的职业。

（2）职业准备。个人选定职业方向后，即进入准备就业阶段，包括实际就业之前必须接受的教育或职业培训，以及在工作岗位上接受在职培训。

（3）职业安置。这项工作是职业选择与准备工作的延续，目的在于将个人所做的选择与准备落实到适当的工作中。因此，指导人员必须协助个人收集有关就业机会的资料，并做好求职准备，以顺利获得安置。

（4）追踪指导。这项工作主要在于了解个人就业后的工作及适应状况，进一步协助其在职业上求得发展，同时也可借此收集有关资料作为改进职业指导工作的参考。

上述传统职业指导工作源于人力资源运用的观点，无论就社会安定还是经济发展而言，都希望"人人有事做、事事有人做"，因此，必须由政府机构来负责规划并执行人才政策。职业指导工作只是依据人才市场的需要对人力资源做适当调配，希望学生由学校毕业后得以顺利进入劳动力市场，不至于发生人力资源供需不平衡的现象。这种传统的职业指导较局限于工作本身的选择，且偏重人与职的匹配，而忽视与工作有关的个人情感方面的因素。

随着时代的发展，个人的整体生活有了重大的改变，狭义的"人-职匹配"的职业指导思想已难以适应现代社会的要求，而心理学上有关自我发展、自我心理学的研究对传统的职业指导理论和方法也产生了冲击。根据以上舒伯对职业指导的定义可以看出，作为一个阶段性的、系统的、长期的过程，今天的职业指导已经成为帮助个人准备职业、选择职业、获得职业和转换职业的一项有效工具，它贯穿于个体职业生涯的各个阶段。

2）职业指导的功能

从帕森斯的职业指导实践开始，职业指导本身已经成为一个行业。随着产业的过步，行业、新职业不断增加，职业指导行业化程度越来越高、影响越来越广。改革开放以来，我国从政府到民间，从企业到学校，从农村到城市，凡是与人力资源调配、管理、开发及教育、社会福利有关的部门、组织，几乎都有专职或兼职的职业指导工作人员。作为一种正式的、对个人和社会都具有重大影响的社会事业，职业指导工作发挥着三方面功能：

（1）教育功能

职业指导的教育功能主要表现为：它通过正确、有效的职业信息的传递，帮助人们发展健全的职业意识和职业角色形象，增强人们的职业决策能力，促进个人的职业成熟。职业成熟是个体社会化过程中一个举足轻重的方面，也是个体全面发展的一个重要指标。职业指导使个体增进对自身和职业世界的了解，能更现实、更有效地实施职业决策，并自觉地确立与社会发展、职业发展相一致的目标，产生与现代产业进步相适应的职业素质，在工作中获得成功，得到职业满意感。

【小阅读】　　　　20世纪初的小学职业指导课程

19世纪末20世纪初，西方职业指导运动兴起并如火如荼地开展。受到这一运动以及当时国内特殊政治、经济、文化环境的影响，我国也产生了职业指导的需求。1912年，在一些爱国教育家和进步知识分子的倡导下，有组织的职业指导活动开始出现。

职业指导通过校内和校外两个途径广泛开展，校内职业指导贯穿中小学和高等学校。小学的职业指导重在职业陶冶，目的是促使教育生活化和学校社会化。指导活动的重点在于，一方面在儿童各学科的学习活动中，观察儿童的职业倾向；另一方面突出已有课程的职业性，在教学过程中添加职业化的素材，结合社会生活和儿童的特点挖掘课程的职业指导价值。近代著名的职业教育家、中华职业教育社原校长潘文安先生编写的《小学职业指导实施法》中列举了一些结合各学科进行职业指导的例子：

国语科：增加契约、广告、文书、信札等职业应用文，职业界成功名人轶事或描写社会生活的文字，并注意书法语言的技术训练。

算术科：课本最好采用社会化的算术教科书，比较切合实际生活，除注重珠算外，可在课外增设簿记学等。

常识科：社会职业的现状，各地的出产品，国内外贸易以及职业卫生等，尽量采集作为教材，并于课外增加园艺、养蚕、养蜂等，以作为基本的农事训练。必要时可作关于职业的系统讲演，并带领儿童到附近工厂、商店参观，做实际的研究。

艺术科：图画则注意物品图样、广告等绘画，手工则注重制造各种简单用具及玩具等，除实习外，授以原料的来源及用途，以及该原料的价格等普通知识。再于课外增加木工、藤工、摄影等，由学生自由选定1种或2种。

音乐科：各种职业的声歌，如农夫的田歌、工人的吭唷，将这种资料加以修正并配以音谱，都是绝好的教材。

体育科：多做各种职业动作的仿效操。

小学职业指导课程的实施根据实际情况有集中活动和分散渗透两种安排，主要采取演讲、谈话、阅读、参观、测试等方式灵活实施。集中的职业指导活动主要是职业指导周和参观活动。此外，课程设置和实施都会根据年龄阶段有不同的侧重。针对低年级的儿童，主要采用设计教学法将内容进行整合，使学生在无形中得到熏陶；对中年级学生的指导活动注重研究，使学生通过体验和参观、讨论等获得职业知识；对高年级学生的指导活动则注重实习，在职业常识的基础上更强调研究和职业技能的准备。

资料来源 黄晓玲．民国时期中小学职业指导课程的实施［J］．职业技术教育，2017（9）：72~77．

（2）经济功能

职业指导通过把最恰当的人配置到最恰当的岗位上，实现最佳的"人-职匹配"，一方面，这可以减少人与职不匹配造成的适应期太长、培训量太大甚至不适应以致重新安置所带来的资金、人力、物力、时间等方面的损失；另一方面，职业指导可以为企事业单位有效开发人力资源、挖掘人才、合理使用人才创造条件。实现最佳"人-职匹配"是职业指导的基本目标，把合适的人匹配到合适的岗位上，就能充分发挥劳动者的潜能和积极性，为组织和社会创造更多的财富；同时，职业指导可以减少盲目择业、盲目职业流动所带来的社会不安定以及个人、社会的经济损失，还可以避免"人-职错位"带来的消极怠工、情绪低落的情况。

（3）社会功能

职业生活涉及国计民生的方方面面，就业问题是全世界各国政府和人民共同关心的头等大事。不管是在和平时期还是在战争时期，社会就业问题都是社会管理的重要任务之一。我国是一个人口大国，2023年年末人口总数超过14亿，人民的安居乐业直接关系到国家的稳定和发展。职业指导机构的设立使人们在需要求职的时候能够及时得到帮助，其起到了一个社会安全阀的作用，可以减轻人们由于缺乏有效职业信息和无助带来的紧张、焦虑和不安情绪。个体从职业指导机构和职业指导人员那里得到及时的社会支持，就有可能选择一种适合自己的职业，从而更好地发挥自己的个性与才能，同时也有助于行业的发展，最终有利于整个社会的稳定和发展。

7.1.3 职业指导的目标

职业指导有两个层次：第一个层次是谋职职业指导，这个目标是传统职业指导的目标，主要是帮助求职者进行"人-职匹配"，找到合适的工作；第二个层次是终身职业发展指导，这个目标是现代职业指导的目标，主要是促进人的职业社会化，实现人、职业、社会的良好整合，使人在职业中发挥自己的潜能并获得长久的职业成功和职业满意感。

终身职业发展指导是整个人生的系统工程，从时间跨度上来看，它涉及一个人从童年到成年再到老年的各个时期；从空间推移来看，它涉及从家庭到学校再到职业社会的各种社会环境。根据金斯伯格和舒伯的职业发展理论，人生不同时期职业心理发展的任务各不相同，因此，具体的职业指导目标也不尽相同，但各阶段之间具有一定的连续性。

终身职业发展指导有着十分重要的社会价值，它把人的一生的职业发展纳入一个完整的系统进行考虑，可以避免早期职业意识培养与现实职业发展的脱节，进而可以避免由于这种脱节带来的职业适应不良和职业实践失败。

下面是人生发展各阶段的具体职业目标：

1）儿童期（成长阶段）

在这一时期，儿童处于职业幻想阶段，想象他们未来将成为什么样的人。这些想象对他们的职业理想、态度和能力的发展有着十分重要的意义。他们的职业幻想会引导他们去观察自己向往的职业角色，并在游戏中模仿这些角色。尽管这些模仿具有凭兴趣、非现实的特点，但他们主动选择的某些职业角色榜样确实影响他们的行为定向。引导孩子选择好职业角色榜样，培养劳动意识和劳动安全意识，把重点放在良好行为习惯和生活技能的培养上，应该是这一阶段的主要职业指导目标。

良好习惯的培养主要体现在两个方面：一是良好的生活习惯，二是良好的起居习惯。家长和教师要着重培养儿童讲卫生、守纪律、守时间、爱劳动、爱集体等良好习惯。职业指导人员可以编制一些辅导材料、游戏活动，帮助家长和教师根据儿童的身心发展特点开展这些方面的活动。

儿童生活技能的培养主要是发展孩子管理自己生活的能力，包括安排自己的作息时间、管理自己的学习活动、保管和使用自己的学习和生活用品，参与适当的家务劳动以及适合儿童的校内外劳动等。职业指导人员可以帮助家长和教师根据儿童的心理年龄特点制订科学合理的训练计划。

2）青少年期（探索阶段）

初中阶段的学生正面临青春期身心剧烈变化的时期。成长感的出现、知识的增加、能力的发展、社会交往的扩大、价值观的形成，使他们的人生经验急剧扩张。在职业心理发展方面，他们不仅更深远，同时也更现实地考虑自己的职业兴趣，而且能运用自己正在快速发展的批判思维比较客观地审视自己的能力，同时也开始领悟职业角色的社会意义。在这个阶段，职业指导的目标是培养职业兴趣、澄清职业观念、肯定自我、探索人生方向并努力锻炼和提高自己，为未来的职业理想做好准备。

这一时期职业指导的重点是：

（1）了解个人的兴趣、性格倾向，并以此为基础选择暂时性的职业发展目标。

（2）了解工作世界的一般情况，通过参加义务劳动、课外活动、观摩等方式获得比较直接的工作、劳动经验，获得对职业活动的现实感受。

（3）树立正确的劳动观和职业态度。

（4）初步培养个人决策、计划、交往与解决问题的能力。

3）青年期（自我认识与选择阶段）

这个阶段的个体，正处于高中和大学的求学期，正是寻求自我调整、迈向独立、决定人生方向的时期。他们的抽象思维和逻辑思维能力已经有了长足的发展，能够把自己的主观愿望、主观条件与社会现实协调起来，将目标集中于具体的现实的职业选择上，不管是升学还是就业，都要面临所学专业或职业的选择问题。这个时期的职业指导重点宜放在协助青年达成自我认识与决策的具体目标，帮助他们应对选拔中各种冲突所带来的应激方面。

此时职业指导的具体目标是：

（1）从现实的自我中发展积极、肯定的自我观，选择正确有效的人生方向，迈向独立自主的生活境界。

（2）发展健全的人际关系，学习扮演适当的性别角色。

（3）制订暂时性的学业或职业计划，逐步执行并检验自己选择的适合性。

4）成年期（职业成熟阶段）

这个时期可以分为两个阶段，前期为尝试期，后期为稳定期。在尝试期，个人对多种职业可能性进行尝试，积极追求职业内的变化或新的职业，并不断对自己的职业经验进行总结，以确立一种最佳的选择，从而顺利进入职业稳定期，把自己的最佳选择作为终身职业。然而，由于社会文化的变迁与科技进步的速度加快，处于职业稳定期的个体身上容易发生"职业高原期"现象。

针对这一时期的基本状况，职业指导的重点宜放在协助个人增进职业适应与实现职业成就目标上面，具体包括：

（1）协助个人总结过去的职业发展情况，进行客观的自我评估，进一步制订或完善长远的发展计划。

（2）协助个人顺利、成功地担当社会角色及家庭行为角色。

（3）了解中年时期可能出现的种种身心变化及其对工作与家庭生活的影响，提供良好建议。

（4）协助个人了解并排除职业生活中的不利因素，继续学习，不断取得职业成功，实现自我价值，造福社会。

5）老年期（脱离阶段）

这一阶段，个人进入退休年龄，职业生涯接近尾声。由于社会生活水平提高，医疗卫生事业发达，个人平均寿命大大提高，以至于脱离职业岗位之后，个体的身体状况还相当不错。从退休到人生终点的大段人生路程还需要认真地进行设计，因此，此时要合理地调整以往的工作与生活习惯，通过重新学习和重新适应建立起新的生活方式。

这一阶段职业指导的目标主要应集中在以下两点：

（1）帮助能够胜任某些工作的退休员工谋求临时性或短期性的工作。

（2）帮助逐渐丧失工作或劳动能力的退休员工制订老年生活计划，有规律地参加有益身心健康的体育或其他娱乐活动，提高老年人料理自己生活的能力。

7.1.4 职业指导的任务和内容

1）职业指导的任务

职业指导，从根本上来讲，是一种信息服务，是有关职业发展的社会教育和学校教育的有机组成部分。职业指导性质的多层面性，使它的任务也具有多层面性，我们可以从个人、社会以及个人-社会相互作用这三个层面上来分析职业指导的任务。

（1）个人层面

个人层面的职业指导的任务是通过信息服务、教育和引导，帮助人们了解自己和职业世界，养成正确的劳动观和职业价值观，帮助求职者找到合适的工作岗位并适应职业生活。

（2）社会层面

社会层面的职业指导的任务是通过提供信息、调研技术、项目与策略设计技术等多方面服务，帮助教育部门或培训部门搞好专业设置；帮助用人单位合理有效地选拔人才，提高职工队伍素质；促进教育体制改革、劳动人事制度改革，科学合理地开发人力资源。

（3）个人-社会相互作用层面

个人-社会相互作用层面的职业指导的任务是通过职业指导使"人-职匹配"和促进人生各阶段职业发展两个层次目标的实现，促成人与职业组织、职业社会之间的良性互动，达到人与职业、社会的整合，使人、职业、社会一起发展。

2）职业指导的内容

职业指导的目标与任务决定了职业指导的内容。职业指导的基本内容包括四个方面：职业测验与职业鉴定、职业信息服务、职业咨询、就业推荐。

（1）职业测验与职业鉴定

职业测验指运用适宜、有效的测量工具（各种心理测验、体能测验等）对寻求指导的个体的职业素质进行评估的过程；职业鉴定则指对测量数据进行综合分析，并做出职业适应性判断的过程。欧美国家的职业指导人员习惯用英文字母 KSAP（知识、技能、能力、个性）或 KSAO（知识、技能、能力、其他）来表示需要测验和鉴定的职业素质。我国的职业指导人员则习惯于将职业素质分为职业身体素质、职业能力倾向、职业个性特征以及教育与工作经历四个方面。

职业身体素质一般包括8个方面：①力气；②攀登与平衡；③弯腰、跪立、下蹲、爬行；④伸张手臂，用手操作，用指操作或皮肤感知；⑤口头表达（无生理障碍）；⑥听力；⑦视力；⑧控制协调。

职业能力倾向是职业对劳动者工作能力的要求，或胜任特定职业而必须具备的能力，包括：①智力；②语言表达能力；③数学计算能力；④空间能力；⑤形体感；⑥文书事务能力；⑦动作协调能力；⑧手指灵活性；⑨手工灵巧性；⑩眼、手、足配合能力；⑪颜色辨别能力。

职业个性特征指劳动者个人的职业兴趣与职业人格特征。职业兴趣指劳动者为某种类型的工作或活动所深深吸引而专心致志的倾向；职业人格指劳动者比较稳定的性格品质。职业个性特征可以用有关的心理测量表来进行测评。

【小阅读】　　　　　　　评价中心的常用情景模拟技术

无领导小组讨论

这是一种采用情景模拟的方式对应聘者进行集体评估的方法。它是让一定数目的求职者（一般5~7人）坐在一张摆在房间中央的会议桌旁，进行一个小时左右的与工作有关问题的讨论。过程中不指定谁是领导，也不指定各自的座位，让求职者自行组织安排。这是一种把他人和团队因素都考虑在内的测评技术。

管理游戏

这是以完成某项模拟实际工作任务为基础的标准化活动，通过此活动可以观察个体的合作能力和团队精神、适应能力及领导能力、理财能力、思维敏捷性以及紧张情境下工作效率等实际管理能力。跟无领导小组相比，管理游戏多了模拟现实情境的各种道具，同时求职者的活动范围更大、更自由，方式也更为灵活有趣。

角色扮演

这是一种情景模拟活动，用以评估个体的人际关系处理能力。通常，我们会设置一系列尖锐的人际矛盾与人际冲突，要求求职者以某种角色进入情境，就像排戏一样，我们只为剧本开了一个头，接下来剧情如何发展，就要靠角色扮演者来续写。这能反映出个体的判断和决策能力、应变能力、表现力以及人际关系处理的技巧和能力等。

资料来源　胡月星. 评价中心与结构化面试［M］. 银川：宁夏人民出版社，2007.

教育与工作经历分两个方面。教育指个体所受教育（普通教育、职业教育、专业培训）的性质、程度。个人的教育背景资料可以直接由求职者自己或所在单位、学校提供，它表明个人所具有的劳动知识和技能的性质和水平。工作经历包括过去工作岗位的类别、工作表现、工作时间等方面的内容，这些资料可以由求职者所在单位提供。

上述个人职业素质的资料都是进行职业指导的基本依据，职业指导机构应及时登记入档，妥善保管，严格保密，以备日后之用。

（2）职业信息服务

掌握丰富的职业信息是个人职业决策的重要条件。为了帮助人们了解丰富多彩的职业世界，职业指导的重要工作之一就是为广大社会成员，尤其是在校学生和即将走向工作岗位的人们提供有效的职业信息服务。职业信息服务的内容十分广泛，主要包括传播职业知识、反映市场供求、宣传就业政策等。

①传播职业知识。职业知识包括职业的名称、种类、社会经济意义、环境条件、报酬、晋升机会、职业前景、职业资格要求（体力能力及个性的要求、教育程度要求、道德水平要求等）等。只有掌握了相关的职业知识，择业者才有可能做出适当的职业选择。表7-1介绍了加拿大政府对"人事官员"这一职业的各项规定，以此来说明该职业所应具备的知识范围及特点。

表7-1   **人事官员职业知识表**

职业名称：劳资关系专家   就业监理   人事官员   职业分析家   财务资助官员
劳动力顾问   就业接待员

工作范围：

◆从业人员的职责范围——协助人事管理工作；劳动力与学生就业问题及其咨询工作，以及奖学金、补助金贷款计划；针对分类、定薪、履历材料、劳动力研究与规划等目标，将工作与职业的信息加以分析与综合，会见雇员和求职者并与之交谈，以便确定其是否适于雇用、晋升或培训。

◆从业人员的工作内容——在集体谈判中代表管理部门或劳方，参与雇员的福利、安全及补偿计划；事先进行工作分析，以便提供有关职业的信息；确定求职者是否适于雇用、职业训练、恢复就业等计划以及相关人员安排。

性格倾向与能力：

◆学习能力——用以理解人事管理原理并将其运用于就业咨询、职业与薪水分析、劳资关系与学生资助计划等方面。

◆语言表达能力——用以与各种教育程度、培训水平及职业背景的人有效地交换意见，并通过口头或书面方式流畅明晰地陈述意见。

◆数学计算能力——用以拟定财务与物料的预算与报告。

◆办公（文书事务）能力——用以审查报告、集体协议、合同、人事档案以及其他书面材料。

培训与录用要求：

◆获得主修心理学、社会学或企业管理的学士学位。

◆有最少2年的在职经验。

◆完成大学、社区学院或雇佣机构所开设的人事管理、劳资关系和职业分析等专门课程。

晋升与职业变动：

◆具有丰富经验与管理能力的人，可晋升为劳资关系经理或人事经理；具有领导才能与监督能力的人可升任经理；具有社会科学、企业管理学士学位的人可以转入心理学、社会学或企业管理的职位；具有适当资历与证书的人，可以转做教学、职业指导或咨询工作。

从业参考条件（人事及有关官员要求对下述工作具有显著的兴趣和与之相应的性格）：

◆兴趣——与他人进行业务接触的活动；

      ——与他人交往并交流思想的工作；

      ——谋求享有威望和受人器重的工作。

◆性格——在交际工作中与人打交道而不限于发出或接受指示；

      ——根据感觉或判断的标准评价信息，会见雇员和监理，以解决雇员表现、缺勤、不满情绪等人事问题；

      ——对人们在思想或对事物的看法方面的意见、态度或判断施以影响；

      ——指导、控制和规划全面活动或他人的活动；

      ——职责多种多样，往往变化频繁。

其他参考条件：

◆具有机智、慎重、团结他人、建立关系的能力

②反映市场供求。劳动者与职业岗位的结合，最终取决于就业市场的供求关系。劳动者供求关系经常处于变化之中，在不同的社会发展阶段、不同的地区、不同的时间，职业岗位的空缺与求职者人数等情况都是有变化的。求职者迫切需要得到关于就业市场的供求信息，作为职业定向的现实依据。在我国现阶段的就业市场中，总的情况是劳动力的供给大于需求，在某些地区和行业积压着大量剩余劳动力，但在另一些地区和行业却找不到合适的人员来补充岗位的空缺，导致这种情况发生的一个重要原因就是求职方与供职方缺乏有效的信息沟通。所以，充分地、不失时机地反映就业市场供求状况，是职业信息服务的一项重要内容。另外，反映就业市场供求也包括职业预测，即反映未来就业市场的供求关系，它有助于在校学生及教育部门制订教育与培训计划，调整专业结构。我国目前教育改革的一项重要内容就是教育结构和专业结构的调整，以适应市场经济对人才的需要，这需要以全面而准确的市场预测资料为依据。

③宣传就业政策。就业政策是影响就业市场供求关系和个人职业选择的重要因素，因而也是职业信息服务的一个重要方面。在我国，就业政策及劳动人事制度随着社会政治经济形势的变化而变化。在计划经济条件下，无论个人就业还是单位用人，都是由国家计划分配的，如"顶替招工"就是一项重要的就业政策。1986年7月发布的《国营企业招用工人暂行规定》取消了顶替招工的形式，对大专院校毕业生，也由以前的统一计划分配逐步改为国家计划指导下的"双向选择"分配形式。市场经济的不断发展，要求有与之相适应的劳动力市场，这使我国的劳动人事制度、就业政策发生了根本性的改变，为配合人事改革的需要，职业指导工作大力宣传新的就业政策，帮助人们正确理解并适应市场经济条件下的就业政策和就业方式，以实现"自由择业"。

（3）职业咨询

人们在职业选择以及就业后的工作中，往往会面临各种各样的职业生活问题与矛盾，如不知道自己适合报考哪类专业、选择哪种职业，不知道如何找到一份理想的职业或面临多种选择的矛盾，以及上岗后的职业适应不良、人际关系紧张等。这些问题或是因为缺乏正确的自我认识，或是源自缺乏对职业世界的了解，或是由于错误的职业观念，或是个人性格存在问题所致，不一而足。即使求职者对自身的职业素质有一定的了解，同时也掌握了大量的职业信息，但在实际决策时仍然可能会遇到各种困难，而职业咨询就是因帮助人们解决职业生活中所遇到的各种困难和问题而成为职业指导工作的重要内容。

职业咨询的目的不是代替当事人做出职业决策或解决问题，而是运用心理咨询技术及其他技巧和方法，协助当事人查明所遇问题的性质，通过促进当事人自我认识的发展，从而引导当事人自己寻找解决问题的方法和途径，以克服职业发展过程中的障碍和问题。所以，职业咨询的过程实质上就是促进当事人自我认识发展的过程、促进当事人自我决策能力培养的过程，以及促进当事人问题解决能力发展的过程。职业咨询的主要目标包括以下几个方面：

① 自我概念的发展。个人所表现的职业行为是个人职业自我概念的产物。个人的职业自我概念的形成和发展取决于个人对自身、对职业的认识和态度，以及由此形成的职业价值观，而职业自我概念则是个人职业态度、价值观发展的最终产物。因此，职业咨询的首要任务就是促进个人发展正确的职业自我概念。然而，个人职业自我概念的发展需要经历一个长期而复杂的过程，职业咨询旨在协助个人在其职业意识发展过程中，对自我有深入而全面的了解，不仅应该了解若干表面内容，还应了解包括个人期望、兴趣、价值观等在内的深层的心理内容。

② 观念的澄清。在个人所面临的职业问题中，许多皆由错误的观念所致。例如，许多青年在择业时不愿选择服务性质的职业以及体力劳动强度较大的职业，产生这种择业行为的原因之一，就是对这类职业抱有错误的观念。面对这类问题，咨询师应当帮助当事人纠正错误的观念，引导当事人寻求与自己职业素质相适应的职业，从而使个人的择业行为既符合个人的特点，又符合社会的需要。

③ 决策技能的培养。职业发展是一连串决策的过程，因此必须协助当事人学习决策技能，同时协助个人在面临各种决策情境时，能澄清问题，收集并运用资料，以提高职业决策的能力。

④ 适应变迁的能力。职业环境处于不断变化之中，职业咨询必须协助个人制订应变的计划、考虑弹性的目标以及达到目标的多种途径。在个人与环境的关系中，人对环境的适应性与变通性构成人类生存和发展能力的重要条件。人与职业的关系不是一对一的机械组配，同一个体可以适应两种以上的不同职业，同样，同一职业也可以由不同类型的个人担任。另外，个人一生中通常面临着职业的多次改变，同时新的职业不断产生，即使是传统职业，随着时代的发展也会对职员有新的要求，因此个人必须培养适应和应变的能力，而职业咨询理应在这方面担任重要角色。

【小阅读】　　　　职业咨询中的职业组合卡技术

职业咨询离不开对来访者资料的收集和对可能问题的评估和诊断。标准化的自陈式心理测验量表由于其操作简单、耗时短、能给出量化的分析结果等优点被咨询师们广泛使用，成为较为常用的信息收集方式之一。然而在这种信息收集方式中，来访者往往较为被动，难以将测评结果有效地转化为整合的自我认知。早在20世纪60年代，李奥·泰勒（Leona Tyler）就最先以组合卡片的形式来考察一个人的职业选择和其做决定的方式。这种质性的评估方式成为最初的职业组合卡的原型。之后，多利弗（Dolliver）对组合卡进行了修改，将其发展成为"泰勒职业组合卡"（Tyler vocational card sort）。70年代中期，杜威（Dewey）对"泰勒职业组合卡"做了进一步的修改，将霍兰德的人格类型理论应用到了组合卡上，奠定了职业组合卡的大致形式。

一套完整的职业组合卡大致包括三大卡类：职业卡、标示卡和说明卡。职业卡是组合卡的主要部分，正面标有职业名称和卡片编号；背面为该职业的相关信息，如职业兴趣类型、职业分类代码、相关的职业说明等。标示卡用于分类不同的职业卡，例如"喜欢""不喜欢""不知道""适合""不适合"等。说明卡包括6张职业兴趣类型说明卡和1张职业兴趣类型结构图，用以解释受测者的职业兴趣类型。职业组合卡的实施要求受测者先浏览所有职业卡，然后将卡片分配到不同的标示卡下面，如"喜欢"、"不喜欢"和"不知道"。之后，将每一张标示卡下的职业卡进行排序，确定优先级。最后，在咨询师的引导下探讨卡片中各个项目所包含的个人意义，确定职业兴趣类型，并整合这个过程中学习到的相关知识。

应用组合卡的核心意义不完全在于受测者将卡片进行了清晰的分类，从而找到了喜欢的职业，更重要的是帮助他们找到了分类的原因，看清那些难以分类的卡片背后所体现出的内心冲突。受测者将卡片进行分类的过程也是将其内在混乱的价值观、兴趣及其他信息逐渐清晰化、条理化的过程。咨询师可以引导受测者讨论那些"犹豫不决的卡片"背后隐藏的深层原因，帮助他们呈现自己以前未曾发现或重视的部分，加深自我了解。在传统的职业测评中，来访者对于测评过程的参与程度有限，只能被动地回答问题然后等待咨询师给出结论。他们既不了解这些结论是如何得到的，也很难将得到的信息进行有效的整合。组合卡的使用增加了测评过程中来访者的参与性和互动性。咨询师即时的解释与反馈，有助于来访者更深入地理解测评结果，并将得到的信息应用到之后的职业活动中去。

资料来源　朱华珍，陈红. 职业咨询中职业组合卡技术的应用与发展［J］. 社会心理科学，2010（8）:125-128.

（4）就业推荐

当前，我国就业主要以自谋职业为主，无论是高校毕业生，还是城镇待业人员和农村务工人员，基本都是通过自谋职业就业。职业指导机构主要是作为中介，为职业组织和求职者举办供需见面会。

高校毕业生的就业推荐大多由学校开具"就业推荐表"，作为对学生在学校期间各方面表现的总结和肯定，盖有学校公章的就业推荐表具有真实性、权威性，对企业初步了解学生有一定的作用。但是当下对不少学生而言，就业推荐表的实际作用可能并不大。

进入信息时代后，计算机网络的应用越来越广泛。通过计算机网络发布就业信息具有快捷、覆盖面广、全天候和跨时空交互沟通等许多优点，如我国很多职业指导网站免费为用户提供就业与实习、职业素质测评、职业规划、企业招聘与展会等方面的信息，对求职者自身定位、寻找工作来说，不失为有效的帮助。而智联招聘、中华英才网、前程无忧，以及地方门户招聘网站和高校的就业指导中心作为求职者与企业联系的平台，都提供了大量的就业推荐信息。

7.2 职业指导的实施

从职业指导的目标、内容来看，它是一个具有丰富内涵的社会系统工程。要使职业指导充分发挥其社会功能和经济功能，一方面，职业指导必须具备一定的社会文化、法律、组织管理、信息技术背景，以及从业人员的专业背景；另一方面，又必须具备建立在心理学理论和技术基础上的、科学有效的技术背景。

7.2.1 作为工作系统的职业指导

作为工作系统，职业指导是在社会文化认同下、社会制度与政策调控下、法律规范下、大众传媒支持下，有组织、有计划的职业信息服务活动。影响作为工作系统的职业指导充分发挥其社会功能的因素有五个方面——社会支持、组织环境、人员胜任条件、基本工作条件、职业指导规划。

1）社会支持

作为一项社会信息服务事业、一个新的行业，社会支持是职业指导工作成功的根本保证。社会支持包括社会意识、政策法规、行业组织制度、大众传媒等许多方面。

（1）社会意识

职业社会的发展带来职业机会的大量增加，这使求职就业者在进行决策的时候越来越强烈地感受到信息的压力，这种压力推动着人们寻求职业信息帮助，形成一种直接推动职业指导工作开展的社会意识和社会需求。近年来，各种各样的职业指导机构、职业中介机构如雨后春笋般涌现，正是这种强烈的社会意识和社会需求的集中反映。如何更好地满足社会对职业信息的需求，使职业指导机构与行业健康发展、取信于民，加强职业规范、职业道德、职业形象建设是十分重要的。

（2）政策法规

宪法是规范公民一切社会活动的根本大法，职业指导工作中的一切活动都应该在宪法的规范下进行。国家有关劳动的法规是帮助当事人处理求职、劳务、雇佣关系时的行为依据。在我国,职业指导、职业中介是20世纪80年代末才蓬勃兴起的社会信息服务业,行业规范性及相关法规建设现已日益规范。遵守宪法和现有的一切有关法律法规,严守基本的职业道德规范,维护职业信息服务的严肃性,是保证职业指导工作健康发展的重要前提。

(3)行业组织制度

严密的行业组织制度是保证职业指导工作成功的必要条件之一。以制度来保证人员的精干高效、组织结构的简洁灵活、信息的流畅通达、员工之间的精诚合作,提高职业信息的收集、加工水平以及指导过程的科学性、有效性,是行业发展的必由之路。职业指导作为信息服务行业,树立一个内部严谨高效、外部和蔼可亲的形象是十分重要的。

(4)大众传媒

职业指导机构既通过大众传媒获取职业信息,又通过大众传媒发布职业信息,因此,加强与大众传媒的联系,获得大众传媒的支持就显得十分重要。社会经济文化高速发展,使大众传媒发展很快,广播电视的普及,报纸杂志数量的快速增加,图书发行量的迅猛增长等,形成了一个全方位的大众信息环境;同时,计算机技术飞速发展,又给我们带来了网络这一威力强大的新型大众媒体。

在众多传媒带来信息"爆炸"的形势下,如何筛选信息成了职业指导机构运用媒体信息的一个重要方面。

2)组织环境

职业指导的组织环境也是职业指导工作成败的关键因素之一,从组织上理清职业指导工作的隶属关系、严格内部组织管理、处理好周边关系是非常重要的。

3)人员胜任条件

人员素质是保证工作顺利开展的首要条件。职业指导人员首先要具备良好的职业道德,敬业乐群,喜欢与人打交道并具备较强的社交能力与人际影响力,有较强的保密意识。在专业方面,应受过良好的社会科学教育与训练,知识面广;要有一定的科研能力,最好具备管理心理学或心理学专业本科以上学历。

4）基本工作条件

职业指导是一种特殊的信息服务，因此，职业信息是支撑这个行业的主要资源。为了提高职业指导的专业化水平，职业指导机构需要具备内容丰富的职业信息库，为了使信息库的信息更加充分有效，收集信息、分析合理的新型研究方法、设计流程以及测评诊断工具是必备的手段。

（1）职业信息库

职业信息库中的信息应该包括两大方面内容：职业信息与求职信息。

①职业信息的形式多种多样，主要来自下列渠道：

第一，政府机构、学校及培训机构——国家和各级政府发布的经济与社会发展规划、年度统计报告，劳动人事部门发布的各种法令、政策与招聘计划，教育管理部门发布的工作计划、工作报告以及其他专题报告，各类学校及培训机构发布的各种学校介绍、专业介绍以及招生、毕业分配的的出版物。

第二，大众媒介——各种专门性的就业信息报刊、网络招聘资料，各种报刊、广播电视所发布的人才招聘广告，有关人才职业方面的调查报告、访问记录及介绍性文章。

第三，劳动服务部门与职业服务机构提供的信息——各级劳动服务部门有关职业介绍和职业培训方面的信息；各种劳动力市场，包括职业介绍所、劳务市场、人才交流中心、对外劳动服务公司等社会职业中介机构所发布的职业信息；职业咨询机构所提供的信息。

第四，用人单位——各级、各类用人单位的职位需求情况、人员补充计划。

②求职信息包括求职者的姓名、性别、年龄、学历、专业、兴趣特长、学习或工作经历、求职意向等，有关信息应该尽量详细。

（2）收集职业信息的方法与技术

① 间接收集。所要收集的资料已由他人收集、整理、编制完成，收集者以购买、索取的方式获得。

② 直接收集。通过运用调查法、追踪研究法、访谈法、观察法等研

究方法直接接触并获得原始信息。

（3）职业信息的分类整理技术

①职业信息的分类。根据资料本身的特点，立足使用方便的原则，对职业信息的分类可以采用多种方法。

第一，行业分类法，即根据行业分类的标准，将同一行业的职业信息集中在一起。许多职业信息都是由特定行业组织或协会收集的，因此，只要了解行业分类的性质及标准，按这种方式编排比较方便。

第二，职业分类法，即根据职业分类标准，将职业信息按大类、中类、小类、细类的等级逐步区分，将同一职业的资料集中在一起，由于职业分类本身已具有一套比较完整的体系，在熟悉职业分类标准的前提下，使用这种分类方法更加灵活、方便。

第三，学科分类法，即将职业信息按所属学科或专业性质进行分类。这种方法最适合教育与培训信息的分类，学生或求职者可以通过这些信息了解特定专业的课程设置与特定职业之间的关系。但是，由于将所有职业用有限的学科和专业来进行分类实施起来有很多困难，无法准确反映职业的特点，因此，必须与其他分类方法配合使用。

第四，地理分类法，即以职业信息所反映的地理位置为标准进行分类。对于打算到某一特定地区去工作的人来说，这种方法提供了查阅的便利，根据该方法把同一地区有关就业的政策、就业途径以及教育培训等职业信息集中在一起，不但便于求职者查询，也便于进行地区之间的比较。

第五，笔顺或拼音字母分类法，即依据资料名称第一字的笔画顺序或拼音字母顺序来组织资料，只要熟悉文字的笔画顺序或字母顺序，无论是分类还是查阅，都非常方便。但是，由于此方法不能把同类资料集中在一起，因此只对查阅具体资料用处较大。

②建立资料目录或索引。对资料进行分类整理后，为了查找与利用的方便，需要建立资料目录。一套完整的资料目录（或索引）应该提供多种检索途径——名称的、主体的、学科专业的以及地理位置的等。一般来说，为了查找方便，同一内容应同时建立几种目录（或索引），包括名称目录、主目录、分类目录、地理分类目录等，把这些信息制成目录卡片，

每一张卡片只记录一项资料的目录信息。记录的主要项目有：资料的名称；资料的来源（包括作者、出版者、出版地点与时间）；资料的形式（印刷品或非印刷品、正式出版物或非正式出版物、书刊或报章等）；内容提要；分类号；索取号。

③职业信息的保管。职业信息的保管一定要遵循安全、方便的原则，要纸质材料与电子文档相结合，做到：

第一，应有安全的场所保管资料。

第二，每一单元的资料应放置在固定的位置，以利于查找。

第三，同一类资料应尽量放置在一起。

第四，相近的资料应尽可能放在邻近的位置。

第五，建立与之配套的资料目录或索引，同时提供参照索引。

第六，放置的场所应有剩余空间，以补充或添加新材料。

④对职业信息进行深加工。这是指运用分析、综合、比较、统计等方法对信息进行深入研究，对职业变化做出预测。

⑤职业信息的运用。职业指导的过程，实际上就是运用收集到的职业信息进行服务的过程。

第一，职业信息的运用目的。在职业指导中运用职业信息，要求达到三方面的目的：一是认知目的，要求指导人员通过提供适当的职业信息资料来帮助求职者了解职业世界、了解自己、了解职业与个人的关系，从而有助于澄清求职问题的性质，为解决求职问题铺平道路。二是调适目的，在问题基本澄清的基础上，职业指导者就可以进一步协助当事人针对问题寻求适当的对策，帮助当事人平衡自我与环境之间的矛盾或冲突，并据此做出适度的调整。三是预测目的，职业指导中的信息服务可以就当事人目前的状况提供未来发展的预测资料，这有助于求职者制订可行的人生职业发展计划。

第二，职业信息的运用途径。职业信息主要用于职业指导。

5）职业指导规划

为实现职业指导的目标，在实施职业指导之前，必须对指导的过程进行全面的规划以便使整个工作有序进行。为保证职业指导项目规划成功，依据一定的理论、遵循一定的原则和程序是十分必要的。

（1）职业指导规划的原则

职业指导规划应遵循的原则包括：需要原则、整体原则、发展原则及沟通原则。

① 需要原则。职业指导的规划必须依据当事人的需要及职业岗位对人才的需要。只有在充分了解双方需要的前提下兼顾双方的需要，职业指导工作才能对症下药，才能从整体上协调职业供求之间的矛盾。

② 整体原则。在针对当事人的问题设计指导规划时，应把问题纳入广泛的背景中进行全面研究考察，以提供具有组织性、连续性的活动与经验。所谓组织性，就是要从人的整体结构出发，多角度、全方位地对其素质及经验背景进行综合评价；所谓连续性，就是从动态的、发展的观点出发，将职业问题贯穿个体职业发展的全过程，以衔接不同年龄、不同人生发展阶段的经验。

③ 发展原则。职业指导要以促进人的职业发展为基本出发点和归宿。因此，在职业指导规划过程中，既要考虑当前的实际情况，又要着眼于人的长期发展，促进个体逐步完善职业自我概念，一步步走向职业成熟。

④ 沟通原则。职业指导规划必须建立在广泛的信息沟通的基础上，即与当事人之间的有效沟通、与工作世界之间的信息畅通，利用各种信息源广泛掌握资料，制订切合实际的指导计划，避免主观臆断。

（2）职业指导规划的基本程序

职业指导规划的基本程序一般包括筹划、设计、执行与评价四个阶段。

① 筹划阶段。筹划阶段需要做好三件事：

其一，职业指导项目的构思。项目构思的信息一般有三个来源：当事人提出的问题，教师、家长的建议或职业指导人员自己的灵感，以及学校教育的计划。在构思项目时，要以当事人的需要为依据，多项目地进行评价，以确定是否将其构思发展成为正式的项目计划。

其二，对需要和所拥有的其他资料进行评估，以确定谁需要这项指导服务、项目实施所需的资源是否有价值和是否充分、人员与其他资源是否充足等。

其三，拟订初步计划，对本职业指导项目的目标、对象及方法进行界定和描述。

②设计阶段。设计阶段需要做好四件事：

其一，拟定具体目标，具体目标一定要包括操作、具体化行为或行为改变。

其二，确定指导（或训练）内容。

其三，确定指导方式，如测验、咨询、职业指导课、参观访问、信息服务、专题报告会等。

其四，试验与修正，通过小规模、小范围的试验结果，对项目的可行性、可推广性进行评估，必要时进行修正，进而拟订正式计划。

③执行阶段。执行阶段要做好两件事：一是合理安排人员，分配任务；二是根据反馈，调整实施过程。

④评价阶段。在评价阶段，依据项目计划中确定的目标、要求对结果进行分析，评价实施结果与计划目标的符合程度，为进一步设计积累经验。

7.2.2　作为技术系统的职业指导

作为技术系统，职业指导通过有效的人际信息沟通实现助人的目的。职业指导的技术系统包括：基本关系、基本手段、基本形式、基本策略。

1）基本关系

职业指导是一种人际沟通，要保证其有效性，确定指导与求助者之间的基本关系就显得十分重要。沟通中的人际关系决定着信息发送者和信息接收者的基本态度，直接影响沟通的质量。职业指导中的基本人际关系是一种类似传统教师与学生之间的关系，即一种教学关系。在这种关系中，指导者的权威性和影响力是指导工作成败的关键。

2）基本手段

职业指导作为一种人际沟通，其基本手段是言语与非言语行为。

言语包括口头言语和书面言语，指导者的口头和书面言语能力都应具备较高的水平，逻辑性、层次性、简洁性、理解性等方面都应该很强。

非言语包括语气、面部表情、姿态、手势、空间安排等方面。在非言语沟通中显露一种温和、确定、适度、放松的气氛，有利于增强言语沟通的效果，有利于职业指导的成功进行。

3）基本形式

职业指导实施的基本形式有个别指导与团体指导两种。

（1）个别指导

职业指导，特别是其中的就业指导，所涉及的问题具有很强的个人性，因此，个别指导就成了职业指导中的重要的形式之一。个别指导主要是指导人员与当事人面对面地交谈，内容一般涉及职业信息的提供、分析、心理测量、问题讨论、尝试决策等方面。职业指导人员也可以运用各种心理咨询技术，引导当事人自我认识、自我探索，并辅以角色扮演、行为矫正等心理训练技术。在个别指导中，运用电脑辅助指导系统也具有很高的技术价值。指导人员可以指导当事人通过操作电脑辅助系统获得有关的职业信息，以及进行计算机职业决策模拟。

（2）团体指导

在具有相同类型职业问题的当事人人数较多，而且空间比较集中的情况下（如学校中的职业指导），就可以采用团体指导的方法。团体指导又可以分为两种方式：

① 团体教学方式。这是指利用讲授法、座谈会等方式传递当事人所需要的信息。

② 团体咨询方式。在小型团体（一般以15人以下为宜）中，在指导者的设计、组织调控下，借助团体的动力作用来激发成员之间的信任感、内聚力和支持感，达到调整成员动机、情绪、价值观等方面的作用。设计、指导、调控得力的团体咨询在大多数情况下比个别咨询效果更好。

4）基本策略

职业指导实施过程中，可以针对不同问题采取四种不同的指导策略：信息咨询式职业指导、诊断性职业指导、治疗式（矫正性）职业指导与发展式职业指导。

（1）信息咨询式职业指导

这是通过职业信息的提供来增进当事人对职业世界的了解。在提供各种职业信息时，指导工作者应结合当事人的具体情况进行说明与分析，以使当事人有效地将职业要求与自己的特点进行对比、评价，从而收到良好效果。

（2）诊断性职业指导

这一般包括医学方面的指导与心理方面的指导两个方面。医学方面的指导主要针对当事人的身体条件与职业对身体条件的要求进行对比，进行适合性评价和选择有效性诊断，向当事人提出选择建议，帮助他们制订恰当的个人职业发展计划；心理方面的指导主要是对当事人职业心理准备状况（一定的知识、能力、兴趣、理想、价值观、职业发展水平等）进行测量、调查、诊断，并运用心理咨询的方法，帮助当事人确定适合自己心理特点和能力倾向的职业领域。

（3）治疗式职业指导

治疗式职业指导又叫矫正性职业指导，主要是协助职业选择困难或选择错误的当事人即刻解决其所面临的职业选择或职业适应问题。职业选择的困难或错误一般有这样几种情况：选择与个性心理或生理素质不符、选择与个人能力或所学专业不符以及非主观因素（如招聘广告的失实、误导等）。

矫正须根据当事人错误选择的基本原因对其提供适时、适宜的帮助。当事人在职业选择中所面临的一般错误和困难大致有如下几种情况：

① 从认知方面来说，他们可能不了解职业选择的规则，将学科与职业混为一谈，以对待人的态度对待职业，随大流地选择或不善于决定取得职业的途径。

② 从知识上来说，他们可能不了解职业世界，关于具体职业的劳动性质与劳动条件的观念已过时。

③ 从自我意识上来说，他们可能不了解自己，不了解自己的能力或不善于将自己的能力与职业要求加以协调。

治疗式职业指导主要以个别谈话法为主，也可以采用团体的方式将职业兴趣相同或选择问题类型相同的当事人组成小组进行交流、辅导。

（4）发展式职业指导

这是从职业发展的观点出发，帮助当事人发展正确的职业自我概念，提高自我决策的能力。有效地实施发展式职业指导，充分掌握当事人过去的职业资料、建立个人职业发展档案是十分必要的，通过这些个人历史资料，指导者可以洞悉当事人的当前发展状况和可能的发展趋势；通过不断追踪调查和测验来充实这些资料，还有利于对指导的实际效果进行总结、评价。建立个人职业发展档案可以从生理测量或医学诊断、心理测量，以及对社会关系和环境开展观察、谈话、调查等三方面入手来收集和积累当事人的个人资料，并进行整理、分析和归类，形成当事人个人职业发展档案。为全面反映当事人的情况，个人职业发展档案应包括表7-2中所列的内容。

表7-2　　　　　　　　　**个人职业发展档案资料项目表**

项目	内容
1.一般情况	姓名、性别、出生年月、民族、学历（或学校、班级）、专业方向、职务等
2.家庭情况	家庭成员姓名、性别、出生年月、文化程度、经济状况、工作单位、通信地址等
3.生理状况	身高、体重、视力、听力、嗅觉、辨色力、脉搏、血压、体态、体力、健康状况
4.学习情况	各学段各门学科的成绩、学习兴趣、学习态度等
5.能力倾向	注意力、观察力、记忆力、想象力、思维力、解决问题的能力及创造力
6.特殊能力	语言、交际、数学计算、绘画、机械操作、空间判断、运动协调、精细动作、预见、设计、组织、应变、决策等方面的能力
7.思想品德	爱国主义、集体主义、献身精神、尊老爱幼、团结友爱、责任感、义务感、同情心、谦虚谨慎、严于律己、自觉性、坚毅、勤奋刻苦等，以及工作评语和奖罚记录
8.职业意向	个人职业意向与职业期望的形成、变化情况

续表

项目	内容
9.职业兴趣	兴趣的倾向性、范围及稳定性
10.职业活动	各种实践活动中的表现
11.评价建议	不同时期职业指导者的评价及建议
12.追踪记录	就业（或升学）情况及其跟踪调查记录

上述四种职业指导策略各有千秋、相辅相成。一般来说，信息咨询式指导、诊断性指导、治疗式指导策略较适用于个别指导；而发展式指导更适用于团体指导，是学校职业指导的最有效策略。

7.3　职业指导技术

7.3.1　职业指导技术中的一般步骤

美国心理辅导学派的核心人物威廉姆森和达利（J.G. Darley）认为，指导应包含六个基本步骤——分析、综合、诊断、预断、处理、追踪。这六个步骤在职业指导中也是适用的。

（1）分析。尽可能多地收集当事人的有关资料，获得对当事人的基本了解。收集当事人资料的途径一般有：①查看工作（学业）成绩和行为表现的累积记录；②面谈；③了解当事人的生活史；④了解当事人的重要生活事件；⑤做心理测验；⑥做问卷调查等。

（2）综合。将分析过程中收集到的资料加以整理、安排，分出轻重、主次，对当事人的情况和问题形成一个总体的看法。

（3）诊断。通过分析、综合与推论，做出对问题性质和原因的系统的判断。从可能的横向、纵向关系中了解问题的发展情况，判断可能会出现的新的困难、危险或转机。

（4）预断。设想各种可能的解决方案，预测每种方案可能产生的影响，以及问题的未来发展，以优选方案。

（5）处理。这包括辅导、咨询、处理。指导人员运用其对当事人的充分理解，通过针对问题的技巧性会谈，帮助其实现知、情、意及态度等方面的变化，使当事人形成良好的心理适应和再适应。威廉姆森认为，"辅导"一词至少有五个方面的含义：①它是一种人际关系；②它是某种形式的再教育与再学习；③它是辅导人员个人给予的帮助；④它是良好人际关系与技术的结合；⑤它是一种倾诉或宣泄。

（6）追踪。指导人员在当事人的问题得到解决以后要进一步加强与他们的联系，或帮助当事人克服问题的反复，或协助其解决新的问题，并评估指导的效果，以总结工作、积累经验。

上述六个步骤在心理辅导的社会实践中并不是一成不变的，威廉姆森曾说，辅导人员在实际工作中可以弹性地使用这些技术，而不一定依照一般所排列的顺序。

7.3.2 指导学派的职业指导技术

指导学派认为，没有哪种技术能够适合所有当事人和所有场合，因此，在职业指导的实践中，运用技术应做到变通、灵活。指导学派的职业指导技术可以归纳为五个方面：

1）建立友好关系的技术

从当事人一进入职业指导工作室，表达适宜的礼貌，诸如称呼、握手开始，打开话题、进行谈话，直至谈话结束、互相道别，指导人员始终都应保持对当事人的尊重，始终注意当事人的兴趣，使其感到轻松，不要轻易触及敏感的个人隐私；倘若当事人主动道出，指导人员应适时地做出保守秘密的承诺。

在具体技巧的使用上，辅导人员应有充分的弹性，注意不同技巧的个别针对性。

2）促进自我了解的技术

职业指导人员应对包括心理测验资料在内的所有现存资料进行理性的分析与综合，在指导中用明白易懂的话语传达给当事人，尽可能使他对自己产生新的、更为透彻的了解，并帮助其发扬优点、克服缺点。

要帮助当事人理性地认识自己，职业指导人员应具备广博的知识、深厚的专业基础。在指导过程中始终保持良好的态度，谈吐轻重缓急适度，措辞朴素恳切，语义简明。在指导中，切忌使用专业性术语，更忌讳陈词滥调、油腔滑调或不恰当的幽默与玩笑。

3）劝导策划技术

在当事人明确了问题、了解了自己的情况后，职业指导人员就要具体帮助他选择目标、价值、方法，并协助他制订可行的计划，对当事人进行劝导、帮助、策划。

在劝导中，职业指导人员阐述自己观点的时候应使用肯定的语气。社会心理学中态度改变的策略，如"登门槛技术""大中取小技术""认知调谐术"等都是十分有用的。职业指导人员所阐述的观点应有充分的理由和依据，以免出现"接种效应"。

常见的劝导方法有很多，归纳起来主要有以下三种：

（1）直接劝导

职业指导人员以直接的方式坦率地告诉当事人应当选择什么、不应选择什么。这种方式效果不十分稳定，有时会使当事人产生抗力，导致指导失败。

（2）说服劝导

职业指导人员向当事人提供多种选择，帮助他在分析、比较中择优而从之。这种方法有利于激发当事人的主动性。

（3）解说劝导

职业指导人员层次分明地说明问题的方方面面，陈述各种可能的解决方案，以及可能发生的情况，同时，也认真分析当事人的优势和劣势，在充分展示有关资料的基础上，劝导当事人进行最优选择。后期指导学派认为，解说劝导这种劝导技术最好，它有利于发挥当事人的主动性和挖掘当事人的潜能。

4）计划推进技术

职业指导人员凭借自己的良好训练和经验，应在当事人选择和决定的基础上，帮助当事人制订更为具体的行动计划并协助、督促其完成，预防其反复修改。

任务分析法、生活行动分析法、综合激将法、代币法等，都是推进计划实现、增强当事人自我控制感和胜任感的有效技术。

在当事人实施计划的过程中及时反馈，让其有机会获得成功体验是至关重要的。在当事人完成一定任务、自信心有所提高的情况下，逐步提高要求，将及时反馈和延时反馈结合起来，使其逐步适应较高的要求。这样做，有利于帮助当事人克服患得患失的个性倾向。

5）任务转介技术

职业指导人员一个非常重要的职业特点就是专业定向性很强。有的问题如果超出自己的专业范围，就应该及时、恰当地转介给其他专业人员，如生理检查或疾病诊断需要转介给医生等。尽量减少由于超出自己现有专业训练而招致失败的情况发生，这是保证职业指导人员专业声誉和自信心的必要条件。

常见的任务转介技术主要是移交和会诊。前者为职业指导人员将超出自己专业范围的案例介绍、移交给具备处理这类问题能力的专业人员或机构；后者则是通过会诊，丰富自己的经验，形成协同工作小组，以通力合作解决问题。

【小阅读】　　　聪明的犹太人——外部强化破坏内在动机

一个犹太人开了家杂货店。有一天，一群孩子跑到他的商店门口，对着他的商店橱窗扔小石子。虽然他们的行为没有什么破坏性，但是这个犹太人却不胜其扰。有一天，他想到了一个办法。他对这群孩子说，你们每天对着我的商店橱窗扔石头，我就奖励你们10颗糖。孩子们很高兴，第二天果然很卖力地扔石子。一个星期过去了，犹太人履行着自己的诺言，如数给了孩子们糖果。之后，犹太人告诉他们，因为生意不好，不能每天给他们10颗糖，只能减到一天给5颗糖，孩子们想想5颗糖也挺多了，就高兴地答应了。又过了一个星期，犹太人告诉孩子们，只能付得起每天1颗糖了，希望他们还能来扔石子。结果孩子们回答："就1颗糖！休想让我们再来扔石子！"就这样，犹太人聪明地解决了自己的问题，这就是一个典型的外部强化破坏内在动机的例子。

7.4　学校职业指导

根据职业选择的发展理论，职业选择不是个人面临就业时的某个单独事件，而是贯穿个体生命的全过程。早在童年时期，儿童就具有了职业意识的萌芽。为此，职业指导应作为发展个体健全的职业自我观念而贯穿教育的全过程。西方国家学校职业指导的兴起和全面开展就基于这一理论。

7.4.1　学校职业指导的任务

学校教育的根本目的，从个人的角度来讲，是促进个人的全面发展，包括德、智、体、美、劳诸方面；从社会的角度讲，是为社会培养合格的劳动者。合格的劳动者这一概念意味着个人不仅具有良好的思想品质、专业知识与技能，以及良好的身体素质，而且要具备基本的"职业角色技能"，从发展论的观点来讲，就是"职业自我概念"。因而，个人的全面发展同时也包括角色技能的发展，这恰恰是我国以往教育中的薄弱环节。20世纪80年代，学校教育把"智育"提高到前所未有的地位，普通教育的方向变成了追求升学率，从而使大量学历较低的毕业生由于缺乏必要的职业知识和训练，在从学校步入社会、进入工作世界时不知所措；就是那些顺利进入高等学校的学生，在专业选择上往往也是一筹莫展。在2018年的全国教育大会上，"劳育"的概念被重新提出，"劳"成为与"德、智、体、美"并举的个人素质发展的重要方面。此处的"劳育"，不但包括劳动意识、劳动观念的培养，劳动知识、劳动技能的传授，还包括生涯规划、求职创业等方面的指导。当前，我国正向市场经济深入迈进，劳动力市场的开放使得职业选择技能成为个人能力的一个重要组成部分。人的全面发展包含职业自我概念的发展。学生在身体的发育、知识与技能的增长、思想品质的发展过程中，不断增进对职业世界的了解和对自我的了解，在此基础上形成正确的职业价值观念，从而为实际进入工作世界做准备。

个体职业发展涉及广泛的社会化过程，这些过程既把青少年转化为工作的成人，又改变着个人的工作角色与其他角色（如家庭角色、市民角色、闲暇角色等）的结合方式。从教育分工的角度来讲，专业课程（如职业培训）的教学是为了培养学生未来工作中将用到的知识和技能，从学习基本原理到如何操纵机器。但同时也应该看到，教会学生专门的技术以及使他们了解工作本身，都是必不可少的。

基于上述认识，学校职业教育的基本任务在于：帮助学生认识自我、了解职业世界、发展健全的职业自我观念（包括职业角色技能和生活角色技能）。

1）帮助学生了解自我

了解自我是认识个人与社会间的关系的一个重要方面。从职业指导的角度来讲，了解自我就是了解自己的身体与心理特点。身体方面包括性别、身体素质、身体协调能力等；心理方面则包括一般能力（如智力）、特殊能力、兴趣、态度、理想与价值观等，这些是了解自我的最重要的方面。了解自我是职业自我观念形成的基础，也是职业选择的重要依据。帮助学生了解自我则意味着职业指导者或教师要充分运用各种有效的工具（如心理测验）对学生的心理与身体特点进行评估，并与学生共同进行分析。

2）帮助学生了解职业世界

个人对职业的态度乃至职业抉择主要是建立在对职业的认识基础之上的。对职业世界的了解包括宏观和微观两个方面：

宏观方面指的是职业与就业的基本情况，包括国家的就业制度与政策、劳动力市场供求的一般状况、当代社会的各种劳动形式、国民经济的发展情况、职业的种类及其分类特点，以及现代职业的发展趋势等。此外，还应帮助学生了解培养各种专门人才的教育与培训机构的一般情况（包括学校性质、专业设置、课程情况、入学条件等）。

微观方面指的是帮助学生了解各种具体职业的性质、资格要求（包括年龄要求、性别限制、专业及教育程度、身体条件及其他特殊能力等）、报酬、发展前景，以及该职业对社会的贡献及重要性。

对于职业指导工作来讲，在向学生介绍各种职业及其特征等方面的职业知识时，应注意其教育性，也就是必须阐明劳动与各类职业在人类生活、社会发展乃至个人价值实现过程中的重要作用，阐明正确择业的重要性，从而使学生在获得职业知识的同时，能受到正确的职业价值观念的教育。另外，在介绍职业知识时，不仅应描述各种职业美好的方面，还要如实地反映职业活动繁重、艰辛的一面，以及在现代条件下一般生产性职业的劳动条件等，并且对职业发展的前景及其对劳动者职业素质的要求等进行预测展望。还要注意的是，介绍职业知识应力求全面，不仅要从技术、工艺生产的角度，社会经济的角度，而且要从个人发展的角度来说明各种职业对个人的重要性。全面的、客观的且富有教育意义的职业知识传授，有助于学生获得关于职业的正确观念，掌握准确的职业信息。

3）帮助学生发展健全的职业自我概念

职业自我概念的发展来源于个人对自我的认识以及对工作世界的认识，是在此基础上形成的个人的职业态度、劳动态度，以及职业责任感、职业理想、职业道德观和职业价值观。个体一旦发展了健全的职业自我概念，就会根据个人自身的身体和心理特点、个人的能力及职业价值观来选择相应的职业，以实现自己的职业理想。健全的职业自我概念的形成，是个人职业成熟的标志，也是职业成功与生活满意的必要条件之一。因此，职业指导工作不应仅仅停留在介绍职业知识的水平上，还应把发展学生健全的职业自我概念作为职业指导的目标。

7.4.2 学校职业指导的基本形式

学校职业指导的基本形式有两种：一是开设专门的职业指导课程；二是将职业指导渗透到各门专业课程的教学之中。这两种形式互为补充。

职业指导课程是通过正规教学的形式，由专职教师或职业指导专家担任教学工作，全面系统地向学生传授职业知识，帮助学生探索自我、了解职业世界，合理地设计自己接受教育的计划和选定未来的职业。其教学方式多种多样，除课堂教学之外，还可采取以下方式：

（1）利用补充读物实施职业指导。教师可以指导学生阅读补充读物或其他课外读物，使学生了解各种职业的特点，这些读物应注意反映各种职业的内容以及职业成功的条件，如某些成功人物的传记，以描写某些职业生活为题材的故事、小说等。

（2）利用声像资料实施职业指导。声像资料，如电影、录像、幻灯片等，具有形象、直观、生动等特点，学生可以通过观看电影、录像来了解某种具体职业的实际情况，或者了解某种具体的技术操作过程，这种直观的教学方式较之知识陈述形式更能增进学生对职业世界的了解。

（3）参观与访问。学生亲临工作现场，到工厂或商店、社会服务部门，通过这种方式，能够增进他们对职业的感性认识。

【小阅读】　　　　　　　　**美国的职业指导**

美国实行毕业生自主择业制度，政府并不直接干预和限制，而是由劳工部、学校、中介机构和用人单位协同进行。

劳工部主要负责制定宏观政策并做好就业调查等基础性工作，是毕业生就业的"总管"。劳工部设有劳动统计局，其主要职责是收集不同时期美国就业市场的职业需求状况、不同职业对知识技能的要求等数据，重点预测经济发展对未来就业需求的影响。统计结果通过网络和出版物向全社会公布，作为政府决策和个人择业的参考依据。《岗位需求手册》就很受学生欢迎，几乎人手一册。

学校职业指导的工作重点是推行四年职业规划项目：学生入学第一年进行职业教育，帮助学生接触并了解就业状况；第二年帮助学生了解发现自己的性格、兴趣和专长，进而帮助学生选择专业；第三年帮助学生了解雇主资料和市场需求，参加社会实践和招聘会，让学生直接感受就业市场；第四年辅导学生写求职信，传授求职要领和面试技巧等。这种就业指导贯穿学生的整个大学生涯，对学生就业观的形成、培养求职技巧和增强择业能力很有帮助。

（4）劳动实习。这是一种最为直接的职业教育形式，学生一方面可以亲身体验工作领域，另一方面可以从劳动实习中检验自己的各种素质，以作为进一步自我调整与改进的依据。我国的职业技术学校、大中专院校一般采用这种形式。

职业指导的另一种形式是将职业指导渗透于各门专业课程的教学中。任课教师结合专业课程教学不仅传授具体的专业知识和技能，而且阐明这些知识与技能在职业领域中的应用，以及应用中所应遵循的各种规则。这样，学生不仅学到了专门的知识和技能，而且知道这些知识与技能的运用价值，以及如何在职业领域中运用这些知识。所谓"教书育人"，也包括教导学生如何成为一名合格的职业工作者。

7.4.3 学校职业指导的方法

根据学校职业指导的任务及学校职业指导的具体特点，对学生的职业指导可采取诊断性指导、信息咨询指导和校正性指导三种基本方法。

1）诊断性指导

学校职业指导的关键就是要全面地了解学生，并使学生正确地了解自己。所谓了解学生就是要重视收集和积累每个学生的个人资料，包括入学前的累积记录、在学校期间的各种考试、考察、面谈、班级活动记录及其他方面的表现等资料，以便把握每个学生的能力及适应性，为他们恰当地选择和决定将来的生活道路提供参考。一般主要从三个方面入手来收集和积累学生的个人资料：

（1）通过生理测量，了解和收集学生身体（生理）方面的资料，主要是体格、体质和疾病等方面的资料。这方面的测量除了学校定期进行的体检、健康诊断和体力测定以外，还要调查了解每个学生的身体发育史和病历；同时还要经常测试眼睛和手的反应速度、手和脚的运动速度、手指与手腕的灵活程度等，使学生了解自己的身体素质能够适应或不适应哪些工作岗位。

（2）通过心理测量，了解学生的一般能力倾向、特殊能力、兴趣爱好、性格气质、职业适应性等方面的情况。通过收集与积累这方面的资料，帮助学生了解自己的心理素质与特定职业的适配度。

（3）通过观察、谈话、调查等途径，收集和积累学生社会方面的资料，主要指学生周围的各种社会关系，包括交友情况、学校生活情况、学习态度、社团活动情况等，同时还包括学生的家庭资料，如父母的职业及受教育程度、对子女的期望与关心程度等。

学校应对通过以上途径收集的各种学生资料加以整理和分析，为每一个学生建立反映学生个人情况的档案。档案里的材料要能全面准确地反映学生的情况。正如前文表7-2所列出内容,学生资料大致包括一般情况、家庭情况、生理状况、能力倾向、特殊能力、思想品德、职业意向、职业兴趣、职业活动、职业指导者的建议、升学或就业情况的跟踪调查记录等12项内容。

诊断性指导主要从医学指导和心理指导两个方面来进行。

医学指导主要针对职业选择与身体状况不符的学生。这种情况包括:选择了身体条件禁忌的职业的;身体异常但尚未做最后职业选择的;身体健康但选择了与个人职业适宜性不相符的职业的。对于做出了不恰当职业选择的学生,应明确指出这种选择的危害性并适时组织专门讲座或谈话,对他们进行以职业选择为主题的医学卫生教育,如"身体与职业选择""职业对身体健康的要求""医学上对各种身体异常的禁忌""身体健康与劳动效率"等。与此同时,医务工作者与职业指导者应对这类学生提出具体的建议,帮助他们制订恰当的个人职业发展计划。

心理指导主要针对在职业选择方面个人心理准备不足的学生,指导的目的在于帮助学生增进自我认识,并确定与个人特征相符合的职业领域。心理指导必须建立在对学生心理状况(包括能力、兴趣、理想、价值观、职业发展水平等)充分了解的基础上,通过心理测验技术和心理咨询方法的运用,帮助学生确定适合自己心理特点和能力范围的职业领域。

2)信息咨询指导

信息咨询指导的方法是通过职业信息的提供来帮助学生增进对职业世界的了解。学生职业定向方面的许多问题都源于缺乏对职业世界的广泛而深入的了解,因而职业信息咨询服务便成为职业指导的一种常用方法。职业指导者可以通过口头的、书面的或声像的等形式向学生全面深入地介绍社会职业状况,各种职业的性质、条件及发展机会等信息。在介绍各种职业信息时,指导工作者应结合学生的具体情况进行说明与分析,这样才能使学生将职业的相关知识与自我进行对比性评价,从而收到良好的指导效果。

3)校正性指导

校正性指导主要针对职业选择错误的学生。这类学生包括:职业选择与个性心理、生理素质不相符者,职业选择与个人能力、所学专业不相符者，以及非主观原因引起的职业选择错误的学生。校正性指导应了解造成学生选择错误的原因并帮助他们去克服。

学生在职业选择中的典型错误与困难分析如图7-1所示。

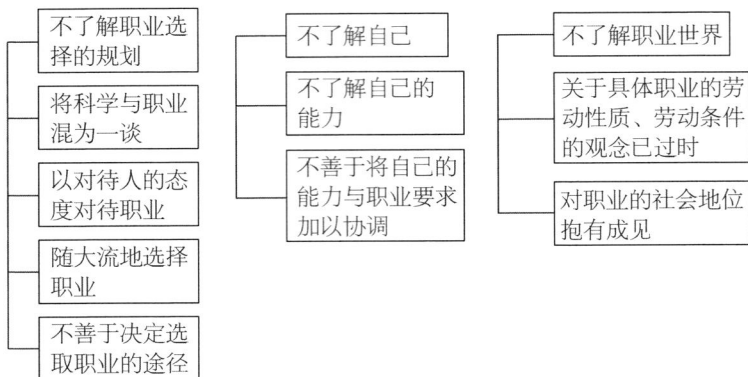

图7-1 学生在职业选择中的典型错误与困难分析

职业指导主要以谈话形式进行，尤以个别指导谈话最为普遍。此外，也可以将职业兴趣相同或职业选择中问题相似的学生编成小组，采用团体谈话方式进行指导。

主要概念

职业指导 职业指导技术 学校职业指导

思考题

1.概述职业指导的产生与发展。

2.举例说明为何要实施作为技术系统的职业指导。

职业与职业
心理咨询 第8章

重点内容

• 分析职业咨询的特点、范围与程序
• 比较个体职业心理咨询与团体职业心理咨询的共同点与区别

8.1 职业咨询的特点、范围、类型与一般程序

8.1.1 职业咨询的特点

"咨询"（counseling）这一概念最基本的含义就是"提供帮助"，其范围十分广泛。职业咨询属于咨询范围中的一种特殊服务项目，它是一种以语言为主要沟通方式，协助当事人自我了解、澄清问题、寻找问题解决的方法和技巧，并最终解决问题的一种职业指导方式。它具有以下基本特点：

（1）咨询过程多以语言方式进行沟通。咨询对象是具有与职业发展有关的心理或行为问题的人，而不是精神疾病患者，因此，不能合作及有严重语言或心理障碍者不能作为职业咨询的直接对象。

（2）咨询人员与咨询对象之间具有能动的互动关系。双方以平等的立场，共同参与咨询过程。若由咨询人员单方面唱主角，则咨询过程不过是提供意见或劝告的单向沟通，因此，应强调双方平等的参与，共同负起责任，同时双方应培养良好的咨询关系。咨询人员应以理解、尊重、真诚的态度，与当事人建立自然温暖的咨询关系。

（3）必须考虑当事人的期望和咨询的目标。职业咨询的效果最终要以

是否解决了当事人所面临的问题为重要标准，因此，咨询过程必须以促进当事人自我认识和决策能力的发展为目标。

（4）咨询过程表现为信息资料的运用和心理咨询技术的使用。咨询人员主要是通过个人与职业的信息资料的分析，配合以恰当的心理咨询技巧来帮助当事人自我发展。

8.1.2　职业咨询的范围

当事人的问题可能多种多样，在决定采取何种咨询方式之前，咨询人员必须分辨当事人问题的性质，以做出适当的处理。因此，需要对职业咨询的范围有一个基本的界定。

（1）职业问题与其他心理及社会问题的区分。并非当事人所有的问题都可以通过职业咨询来解决。职业咨询所能介入并做出处理的是那些涉及职业选择与适应方面的问题，其他问题宜交由其他咨询人员先行协助当事人解决（诸如家庭矛盾、婚姻关系、社交技巧等问题，尽管它们会以特定的方式影响个人的职业选择和适应行为）。

（2）职业问题与工作技能的区分。当事人因缺乏工作技能造成失业，或因专业知识不牢固而导致升学问题等，宜以职业教育或培训的方式处理，而职业咨询只能间接协助其收集有关个人与环境的资料，选择适当的教育或培训机会促进其职业能力的发展。

（3）职业问题的程度区分。鉴别当事人的问题是否为长期累积的结果，如当事人在各种工作环境中均有适应不良的现象，且已持续相当长时间，则可能已超越职业咨询所能处理的范围，宜交由其他心理治疗或咨询机构处理。

总之，职业咨询与其他形式的咨询有许多相似之处，咨询人员应考虑个人专业训练及其角色功能，属于职能范围之内的问题不回避，超越职能范围的也不越位承担，以充分发挥职业咨询的功能。

【小阅读】　　　员工援助计划（EAP）的服务范围

EAP提供的服务被分为以下七类：

（1）解决员工问题，改进工作环境。咨询问题涉及有关员工业绩改进、培训和帮助，提供给所有的组织领导者（经理、工会主席）。同样，也包括对员工及其家属的有关 EAP 服务的教育。

（2）对问题提供保密、及时的察觉和评估服务，以保证员工的个人问题不会对他们的业绩表现有负面影响。

（3）运用建设性的对质、激励和短期的干涉方法，EAP 使那些有影响到其业绩表现的个人问题的员工，认识到个人问题和表现之间的关系。

（4）转介员工到可提供帮助的内部或外部机构，以获得医学咨询、治疗、帮助和跟踪。

（5）为组织提供咨询，帮助它们与服务提供商建立和保持有效的工作关系，例如那些提供治疗、管理和经营的服务提供商。

（6）在组织中进行咨询，使政策的覆盖面涉及对诸如酗酒、药物滥用、精神和心理紊乱的医学或行为问题进行的医学治疗。随后，促使员工运用这方面的资源。

（7）确认 EAP 在组织或个人表现中的有效性。

资料来源　何奎莲.员工援助计划相关问题探讨［J］.商业时代，2011（27）：105-106.

8.1.3　职业咨询的类型

当事人的职业问题具有不同的性质与根源，有的源于缺乏自我了解或有关工作世界的信息，有的源于缺乏决策能力，而有的可能源于不当的职业价值观。针对不同性质的问题，应采取不同形式的咨询方式，因而出现了不同类型的职业咨询模式，主要有四种：

（1）问题解决式咨询。咨询人员通过提供有关信息并澄清问题，协助当事人处理特定的问题，这种类型的咨询属于问题解决的"即刻治疗式"咨询，可以迅速解决问题，适用于处理当事人因缺乏有关个人的或环境的信息而产生的问题。但当事人并不能从中学到处理问题的方法，因此如再次遇到此类问题，仍需咨询人员帮助。

（2）能力培养式咨询。这种职业咨询不仅在于解决当事人的具体问题，而且特别注意培养当事人的决策能力或其他适应能力，以为其未来自行解决问题创造条件。当事人经过某一咨询过程后，不仅面临的问题得以解决，而且学到了解决问题的方法，并可自行运用习得的方法以适应未来的需要。但这种咨询的重点仍以职业、行业的局部问题为主，重视影响个人发展的外在因素，较少触及个人内在的心理过程。

（3）职业发展式咨询。这种咨询模式视职业发展为一长期的连续的过程，而非局部的单一目标导向的职业选择，其咨询的重点是以一连串的决策、适应为主。咨询人员除了应注重对当事人进行各种决策技巧和适应能力的培养外，同时应增进当事人的自我了解，将职业选择与个人发展结合起来，考虑各种可能的选择机会与发展途径。

（4）自我发展式咨询。这种咨询模式充分重视个人内在品质的发展与完善，强调通过发展个人完整的职业自我概念来达到个人主动地去开创自我发展的前景的目的。职业咨询不是告诉咨询对象应该怎么做，而是在充分尊重当事人个人内在品质的前提下，培养当事人能动的自我价值观，从而主动地对自己的前途负起责任。

上述四种咨询类型并非截然分开的，咨询人员应视当事人的需要与咨询目标选择采用。对于学生而言，职业咨询的实施宜以个人的发展为主；而对于面临现实的职业选择问题的当事人来说，即刻治疗式咨询无疑是解决应急问题的有效措施。但就个人整体发展的观点而言，应把重点放在"自我发展"方面。

8.1.4 职业咨询的一般程序

职业咨询是一项复杂的工作，不管当事人的问题是什么性质，咨询过程都涉及接纳咨询、了解当事人、资料分析、问题诊断、提供咨询、总结与反馈六个基本步骤。

（1）接纳咨询。对于前来咨询的当事人，咨询人员应以热情、关切、理解、尊重的态度迎接，以建立咨询人员与当事人之间良好的咨询关系。因为最初的咨询气氛是整个咨询过程成败的关键，而良好的咨询关系则是任何形式的咨询的首要条件，其目的在于使当事人在心理上对咨询人员产生认同、接受与信任的态度。建立良好的咨询关系必须具备两方面的基本条件：一是咨询人员真正以"当事人为中心"，以真诚的态度接纳当事人，尊重当事人，允许当事人充分自由地表达自己的情绪；二是咨询人员愿意积极地响应当事人的需要且有能力满足当事人的这种需要，并为当事人所认同和信任。

（2）了解当事人。咨询人员通过主观与客观的方法，掌握当事人的个人资料，包括：①一般资料——当事人的年龄、家庭背景、教育程度、工作经历以及身体状况等；②心理特征——能力、个性、兴趣、态度及价值观等。

（3）资料分析。获得了当事人的有关资料之后，就要对这些资料进行归纳整理，通过深入的分析处理，使当事人的优势、不足、职业适应与否等状况趋于明朗。

（4）问题诊断。通过对资料的分析与讨论，查明当事人的问题症结之所在，包括问题的性质及产生的原因。

（5）提供咨询。咨询人员以判断结果为依据，预测问题的可能后果，由此采取相应的措施帮助当事人了解自己、了解职业、了解为谋求一定的职业应接受何种教育，了解择业的原则与技巧，同时使用心理咨询技术消除当事人的心理和情绪问题，培养其自我决策的能力。

（6）总结与反馈。每完成一项咨询活动之后，还要进行总结。这样，一方面有利于咨询人员整理收集信息，建立咨询档案；另一方面也为进一步的咨询打下基础，以便及时调查与纠正，为今后类似的咨询提供参考。对于咨询的效果，最好的检验方法是对当事人进行跟踪调查，从而获得及时有效的反馈。

8.2 职业问题的诊断

8.2.1 问题诊断的意义

职业咨询的目的是帮助当事人解决其所面临的各种职业问题，而要达到这一目的，首先必须明了当事人问题的性质及原因，这样才能对症下药。职业咨询人员对当事人问题的性质及原因进行鉴定与分析的过程称为"诊断"，这就意味着咨询人员要像医生一样仔细检查当事人在职业生涯方面存在的问题，以便采取相应的处理方法。在进行实际的问题诊断之前，需要掌握有关当事人的个人资料。有关个人资料收集的原则和方法，可参考本书的相关章节。

8.2.2　问题性质的鉴定

诊断的第一步是鉴定当事人所面临问题的性质。不同的当事人所面临问题的性质往往是不一样的，即使是同一个当事人，在不同的时间、地点，其职业问题也随之发生变化，旧的问题解决了，可能新的问题又产生了。因而，要确切鉴定当事人问题的性质是一项细致的工作。美国著名职业指导专家威廉姆森将当事人的问题概括为4种可能的情况：①没有选择；②不确定的选择；③不明智的选择；④性格倾向与兴趣相互矛盾。而波丁则提出了5种情况：①依赖；②信息不足；③自我矛盾；④对于选择的焦虑；⑤无问题。很明显，无论是威廉姆森还是波丁，他们所概括的情况仅涉及职业选择这一方面，而对职业生涯的其他重要方面如职业适应、职业发展等未予重视。

当事人的职业问题涉及职业生活的方方面面，但大体上都可以归结为两大类：一是就业前的职业选择问题（career decision-making），二是就业后的职业适应问题（career adjustment）。

1）职业选择方面的问题

面临职业选择问题的当事人主要是在校学生和待业人员，其可能的问题大致有以下几个方面：

第一类：无法选择。当事人没有考虑过或根本不知道自己应该选择什么职业。

第二类：矛盾的选择。当事人面临两种或两种以上的选择机会，但不知道该选择哪一种为最好。

第三类：无把握的选择。当事人能够描述自己所希望从事的职业，但对其可能性没有把握。

第四类：不明智的选择。当事人已经做出选择，但所做的选择不合理。

第五类：缺乏实施计划的选择。当事人已经做出选择，但缺乏具体的实施计划。

上述前三类情况是未做出选择的问题状态，其性质比较容易鉴定；后两类情况为已做出选择的问题状态，其性质相对来说难以鉴定。尤其是第四类问题，要确定当事人的选择是否合理就比较复杂了。首先要考察当事人所做的选择是否与社会需要相符合，如果社会能提供给个人的这种职业机会极其有限，那么这种选择就无实现的可能性。其次要考察当事人所做的选择是否与本人的职业素质以及职业要求相符。如果两者不符，就应视为一种不明智的选择。这种不相符的情况又可分为当事人的能力、性格、价值观等与该职业的要求不相符或者当事人的职业兴趣与该职业不相符等不同方面。

2）职业适应方面的问题

面临职业适应问题的当事人主要为职业适应不良的在职人员，其可能的问题大致有以下几个方面：

第一类：环境适应不良。当事人不能适应或难以适应其所在工作岗位中的物理条件（如照明、温湿度、噪声、通风条件乃至交通状况等）以及作息时间与规章制度等组织文化要求。

第二类：人际关系适应不良。当事人与所在工作单位的同事难以有效地沟通与合作，甚至关系紧张。

第三类：工作能力不足。当事人缺乏其从事的职业所要求的工作技能，难以胜任，工作很吃力。

第四类：个性适应不良。当事人本人的兴趣、性格等个性品质与其所从事的职业不相符合，难以充分发挥自己的特长。

8.2.3 问题原因的分析

在确定了当事人问题的性质后，需进一步查明问题产生的原因。问题产生的原因多种多样，同一问题可能由多种因素引起，或是多种因素长期相互作用的结果，因此，问题原因的分析应该包括两个层面的考察：一是导致某一特定问题产生的因素（原因）是什么；二是这些因素是如何导致特定问题产生的。

尽管导致问题的原因复杂多样，但我们可以概括为认知、情感、决策能力以及生理等几个主要方面。

（1）认知方面。许多职业问题尤其是职业选择方面的问题源于缺乏有效的信息沟通，甚至源于错误的信息，这种认知的缺失或错误具体表现为以下两个方面：

一是个人信息的缺失。当事人缺乏充分的自我了解，包括自己的能力、兴趣、性格、态度、职业倾向以及身体素质等方面。个人信息的缺乏是产生职业选择方面无法选择、矛盾的选择、不明智的选择以及职业适应方面个性适应不良等问题的重要原因。

二是职业信息的缺失。当事人缺乏对职业世界有关情况的充分了解，包括各种职业的性质及职业素质要求、职业的优缺点及发展机会等方面的信息。职业信息的缺失是产生职业选择方面第一、二、三、四类问题以及职业适应方面第一、三类问题的重要原因之一。

（2）情感方面。当事人缺乏适切的工作动机、职业态度、职业价值观，以及良好的职业角色形象与人际关系技能，乃至良好的意志品质等社会情感方面的素养，这是诸多职业问题产生的重要原因，如职业选择方面的第一、二、三、四类问题，以及职业适应方面的第一、二、四类问题，都与情感方面的因素有重要关系。

（3）决策能力方面。决策能力的缺失所导致的职业问题相对来说其影响力与影响范围不如前两种大，主要在个人面临实际选择时起作用，而对职业适应无多大影响，并且个人决策能力往往随着认知与情感方面的充实而得以增强或弥补。

（4）生理方面。许多职业对求职者有着生理方面或身体素质方面的特殊要求，因而会影响职业选择与职业适应。如由于某些生理方面的限制（如身高、视力、疾病等），许多即使各方面素质都非常好的人面对自己兴趣浓厚且有能力胜任的职业也只能望洋兴叹；同时，许多职业适应不良问题也由个人生理或身体方面的原因所引起。

以上列举了产生职业问题的四方面的原因，然而，当事人现实的情况要复杂得多，诊断时要做具体分析，切不可生搬硬套。通常，当事人的职业问题是由多种原因引进的，这些原因相互制约，互为因果。在分析研究当事人问题的原因时，不能就事论事、罗列事实，而要以发展的观点来考虑问题。当事人的问题是逐步形成的，在一定条件下，经过一个逐步积累的过程；不仅受个人认知、情感等因素的影响，还受制于个人所处的特定社会与教育环境，且很多因素对职业咨询来说都是不可控制的。

【小阅读】   研究案例：我常常与同事争吵，怎么办?

小王，男，30岁，在一家外企工作。由于工作中常与同事发生矛盾，他心情非常糟糕。他说："我时常提醒自己，讨论问题时要控制自己的情绪，可是一旦同事的意见与我不同，我就会提高嗓门，与他们争吵个不休。感觉他们都是有意跟我作对，我该怎么办?"

分析：与同事相处时，要懂得交流的方式。与人交流需要一些基本的原则，尊重是第一原则，尊重意味着一种平等，如果你坚信自己是对的，别人是错的，那交流就无法达成。第二原则是分享，分享意味着交流的目的不完全是确认对错，而是分享彼此的看法，这是一种人际投情，爱在一起交流的人友情比较深，不爱交流的人友情浅。所以，交流的更大目的是沟通感情。第三原则是并存，并存的概念指每个人的观念都有局限性，对立的观点不是相互否定，而是相互补充。一种观点如果没有对立的观点去调节，就会走极端。

正如矛与盾的关系，你不能只有矛，也不能只有盾，在战场上你同时拥有盾与矛才能生存。所以，如果你有矛，别人送你盾的时候，你要学会感激!

资料来源   孟慧. 职业心理学［M］. 北京：中国轻工业出版社，2009.

8.3   个体职业心理咨询

个体职业心理咨询是一种协助个人成长的服务，通过个体心理咨询，能够促进其人格的自我完善，使他们在成长中获得解决问题的正确方法、积极的态度和自我监控的能力，以利于在以后的整个人生中自主、自立地解决自己所面临的问题。

8.3.1   资料的收集整理

事先收集当事人的个人资料至少有两个好处：①提前对当事人的情况有初步了解，能够避免临时收集个人资料的仓促；②可避免当事人寻求咨询时才收集资料所引起的不安和被侵犯感。

1）个人一般资料

个人一般资料通常包括以下内容：

（1）基本情况：姓名、性别、出生年月、家庭住址、联系电话等。

（2）身体发育及体能状况：身高、体重、视力、听力、言语、病史、运动机能等。

（3）家庭资料：家庭成员年龄、文化程度、职业、家庭关系和感情、家庭气氛、家居环境、经济状况、家庭重大事件等。

（4）职业状况资料：就业时间、工龄、工作单位、工作岗位、职务、专长、出勤情况、奖惩情况、上下级关系、同事关系、行为习惯、品德等。

（5）社会关系：职业外交友情况、业余爱好及业余活动情况。

在工作组织内部进行个体职业咨询时，一般资料中的有些情况由当事人本人填写，有些情况由管理人员填写，回收后可编号保存，以利日后检索查阅。

2）心理测验资料

心理测验可以帮助咨询人员在很短的时间内获得对员工更多、更全面、比日常观察更深刻更准确的了解。在个别咨询中，心理测验可以帮助当事人较全面地了解自己，确知自己的潜能，还可以帮助信心不足的当事人提高自信。

除了在前面的有关章节中提到的标准化心理测验量表以外，为适应某些特殊需要，心理咨询人员还可以根据需要自编一些问卷，如了解其人际关系、对环境的基本适应情况的问卷。

不管使用何种心理测验，使用者必须接受严格的培训，必须严格按照程序和规则进行，防止实施中无关变量的干扰。反馈时须根据测验的理论和范围进行科学、全面的解释，防止因不当解释造成的消极作用。

心理测验的资料，必须严格控制知晓人员的范围并严格保密。心理测验的资料应有专人保管，有专门的地点和专柜存放，以利日后查询。

8.3.2　个别咨询会谈

1）咨询会谈前的准备工作

（1）资料准备。资料准备的有关问题，我们已经在前面比较详细地讨论过了。在会谈过程中能否做记录，应该征得当事人的同意。

（2）场地安排。咨询会谈是咨询工作的主要部分。咨询会谈是一种具有特殊性质的会谈，因此它在场所的安排上有一些特殊的要求。

2）咨询室的基本条件

咨询室的最基本条件是隔音、光线充足、环境安静。咨询室的墙壁可刷成白色、淡蓝色或淡绿色，挂上一两幅有关心性修养的格言或心理健康、人格发展的图解等。

室内的基本陈设应包括比较舒适的沙发或座椅、写字台、书柜，甚至足够的纸巾。有条件的职业组织还可以为咨询室配备单向玻璃观察室、录音机、电脑等现代化资料记录处理设备。

另外，如录音须事先与当事人商量，征得对方同意。

3）咨询中的空间安排

研究人类非语言行为的心理学专家发现，人与人在同一空间中位置的安排，往往传达着某些特定的人际交往和人际关系信息。在咨询会谈中，咨询人员与当事人的座位安排也存在着这样的效应。咨询会谈中座位安排一般有三种格局：对面式、平排式和角式。

对面式的好处是咨询人员在整个会谈中随时都能注意到当事人的面部表情变化，咨询人员的主动性容易得到发挥；不足之处是容易让当事人产生心理压力。

平排式表达的是一种平等的、朋友式的关系格局，但会限制咨询人员与当事人之间的目光接触，限制咨询人员对当事人面部表情变化的把握。

比较之下，角式座位安排算是最好的一种。咨询人员与当事人分坐同一直角的两条边上，既平等，又有一定距离，稍一转头，就能观察当事人面部表情变化，同时又不会因长时间直视对方而使对方产生心理压力。

4）个别咨询会谈的过程

一般咨询会谈包括以下四个相互联系和交错的环节：建立咨询关系；

诊断问题，确定目标；咨询干预；结束咨询。以下主要就工作内容和操作要点对这四个环节进行简略介绍：

（1）建立咨询关系。国内外研究资料表明，咨询实施过程一般包含四次左右会谈，每次会谈30分钟到1个小时（一般限制在1小时以内）。第一次会谈的主要任务是建立咨询关系和了解当事人的问题。良好的关系本身就具有疗愈效果。

（2）诊断问题，确定目标。了解和判定问题的性质就是诊断。诊断是确定咨询目标和干预方式的基本依据。

（3）咨询干预。个体咨询的干预形式主要是咨询人员与当事人一对一咨询，优点是会谈具有很强的个人性、私密性，一旦建立了友好信任的咨询关系，当事人的心理安全感就比较强。但是，个体咨询由于缺乏同辈人或相同背景的人的经验分享和平行影响，积极的情绪不容易引发出来，而缺乏深入的情绪体验又使一些问题不容易解决。

（4）结束咨询。经过系统的咨询干预，在当事人的问题基本上解决了的情况下，咨询人员就可以考虑结束咨询会谈。结束会谈应该是一个渐进的过程，以免由于这种特别的人际关系的突然中断而造成当事人新的心理不适。

咨询结束后另一个必须认真考虑的问题是咨询效果的巩固问题，如果没有预计到以后可能出现的新问题，从而未能提前向当事人交代需要进一步注意的问题和一些必要的自我成长技术，当事人问题的反复是完全有可能的。

【小阅读】　　　　　首次咨询中咨询师的言语反应类型

咨询师在咨询过程中所使用的言语反应模式是影响咨询关系和效果的重要因素。这些言语反应模式不仅代表了所说的言语内容，也特别蕴含了某些人际意图。通常来说，咨询师在首次咨询中的言语反应可以分为四类：设置性反应、倾听性反应、跟进性反应和影响性反应。

设置性反应是首次咨询的重要环节，主要用于向来访者解释咨询的基本过程和原则，商议、确定咨询时间，开启和结束咨询会谈等。

倾听性反应是指咨询师通过言语对来访者所表现出的真诚、关注和接纳。倾听性言语反应有助于咨访双方建立良好的关系，同时帮助来访者缓解紧张情绪，更好地陈述自己需要解决的问题。

跟进性反应指咨询师采用恰当的言语促进来访者表达，通常用于收集来访者的信息和加深对来访者问题的理解。

影响性反应指咨询师通过恰当的言语促使来访者探索和改变，推进咨询进程，包括面质、解释、建议和指导、提供信息、家庭作业和影响性总结等。影响性反应多用于对来访者实施干预的环节，目的在于解决问题，在首次咨询中使用需要谨慎。部分言语反应类型示例如表8-1所示。

表8-1　　　　　　　　　　部分言语反应类型示例

言语反应类型	具体形式	例句
倾听性反应	倾听	"嗯嗯，是的"（点头，身体前倾，神情专注）
	鼓励	"对，是这样，后来呢？"
	内容反应	"其实我刚才也听到，你说你……"（具体内容略）
	情感反应	"你觉得自己已经接受了，实际上你当时还是挺意外的，是吧？"
	阶段性总结	"嗯，是这样的，我梳理一下你的情况啊，就是你觉得你现在……"（具体内容略）
跟进性反应	具体化	"你说的这个其他人是指什么人呢？"
	澄清	"那你现在有什么样的事情还会跟他们说呢，关于这个事情？"
	聚焦	"每天，你不学习的时候做些什么呀？"
	引导	"……你到底想往哪个方向走，听一听你自己心里的声音。"
	立即性	"你知道我有一种什么感觉吗，如果我遇到这种情况我会觉得……"（具体内容略）
	自我表露	"其实你跟我的想法特别像……我记得我当时也是……"（具体内容略）

资料来源　贾晓明，师思，周玥. 首次咨询中心理咨询师的言语反应类型 [J]. 心理科学，2012（5）：1261-1266.

8.4　团队职业心理咨询

8.4.1　团体职业心理咨询中的团体构成

1）共同问题团体

这是团体咨询中使用得最多的团体形式。这种同质性团体有很多优点，其中最基本的一条优点是：成员容易因共同的经验而迅速得到认同，获得心理支持感，也容易彼此分享关怀。"我们的……"容易使团体产生凝聚力，促使自我表露、自我负责和自我成长。

2）个案中心团体

这是共同问题团体的一种变化形式。当团体中有人提出不同问题时，团体中的其他人都变成协助者，为这个人提供有价值的反馈信息，并提供个人经验以协助其解决问题。

3）潜能开发团体

这种团体特别重视人的优点，以及个人积极的、建设性的潜能。团体的目标是充分调动个人的优点和潜能，克服消极心理品质和心理阻抗，促进潜能开发和心理成长。潜能开发团体可以是同质的，也可以是异质的。

4）同辈催化团体

利用同辈人之间的"平行影响"，选拔群体中的领袖人物来充当咨询员，实行"小先生制"，便是这种团体的特点。要建设这样的团体，培训工作十分重要。"小先生"的胜任能力是同辈催化团体的保证。

8.4.2　职业心理咨询团体的领导者

1）职业心理咨询团体的领导者的特质

团体咨询过程的成败与咨询员作为团体领导者的效能有着直接的关系。马勒、达斯汀和乔治、伯恩鲍姆等人对有效咨询团体领导的角色特质做了大量研究，发现下列一些个人特点制约着团体咨询的效果：

（1）内省的能力，即"自我了解与觉察"能力

咨询员作为团体领导者，必须首先知道自己的哪些特质可以吸引团体，这些特质是如何影响别人同时又被别人所影响的；他必须了解自己的

优点、缺点、冲突、动机和需要；他必须清楚自己的意向和目标，以避免决策无能和对团体产生不必要的压力。

（2）开放性和弹性

"开放性"来自自我安全感。有了这种安全感，咨询员就能够"从谏如流"，坦然接受别人的意见而不至于感觉受到了威胁。团体咨询员对成员开放自己，坦然地对待批评，不使用"防卫机制"为自己"找台阶下"，成员就会体验到一种无条件的接受，并以此为榜样进一步袒露自己。

"弹性"是咨询员对成员的信心和敏感性的自然表露。一个人对自己越没有信心，对团体的要求就越严格。做事有弹性的人一般都能了解自己的限制范围，同时又能在范围之内做出改变和尝试。弹性往往是经验丰富的象征。须记取：经验导致自信，自信导致弹性。

（3）对特殊情境的忍受力

在团体咨询过程中，由于成员心理抗拒的存在，有时会出现偏离目标或"冷场"的情况。此时，咨询员若能相应保持沉默，不急于为解除自己的紧张去打破沉默，而是冷静地关注引起沉默的原因，等待沉默的压力引发开放和经验分享，就会镇定自若地处理好"冷场"，获得积极的咨询效果。

（4）建设性影响力

咨询员应具有积极的个性特征，能对周围的人产生建设性影响，随时准备发掘别人的优点，但绝不是"吹牛拍马"。

（5）浓厚的社会兴趣

咨询员须对"人"有好的感受，对别人感兴趣，以至于能把别人的事放在第一位，待人热情、诚恳。

（6）温暖和关照

咨询员表达温暖和关照的方式很多：热情的态度、善解人意的行为等，关键是内在的关怀之情。

（7）客观性

咨询员在工作过程中既要能进行积极的情感投入，又要能保持评价问题的理性和客观性。罗杰斯认为，这就是"同理心"，既能同其情而又不失去自己应有的立场。

（8）人格的成熟

咨询员要能接纳别人生活和成长中的冲突、痛苦和挣扎，并愿意分享别人的经验和看法，能坚强地面对团体咨询中随时可能出现的挑衅情境，同时又能承认自己的缺陷和软弱，不管在什么情况下，都不回避自己应负的专业责任，随时准备改善自己，并对自己始终充满信心。

总之，有效的咨询员或咨询团体领导者是能竭尽全力达成人生目标，并与他人建立良好关系的人。他们具有主动性，能自我成长；同时，他们也能理解别人对人生的痛苦探索。

2）职业心理咨询人员的训练

要做好职业心理咨询团体领导工作，咨询员应有相应的一些训练。除了个别咨询的一般训练要求外，团体咨询人员还需要具备如下三个条件：

其一，掌握与团体有关的理论与知识；

其二，汲取团体的经验，包括担任领导者和成员两方面的经验；

其三，不断进行理论、技术交流和自修。

团体咨询的经验对个别咨询工作有着十分积极的意义。马勒认为，一个能搞好团体咨询工作的人，在个别咨询中也有可能成功。

8.4.3 团体咨询的实施

1）目标和内容

团体咨询的基本目标之一是发展积极的、具有建设性的人际关系，以帮助团体中的成员充分表达和积极探索，通过发现和有效利用团体中的心理-社会资源来克服面临的困难，进而实现自己既有社会意义、又有个人意义的目标。

在团体咨询中发展良好的人际关系一般须经过两个步骤：①关系的建立；②在一种助长性的团体气氛中，经由团体内部积极的人际互动导向积极的行动。

个人在团体的心理支持下，获得解决问题的有效策略，付诸训练，并逐步应用到实际生活中去。

2）团体咨询的五大要素

要实现团体咨询的目标，必须对各种影响团体运作的因素加以控制和协调。做好以下五个方面的工作是咨询效果的有力保证：

（1）处理好咨询人员的领导者角色

不管是在个别咨询还是在团体咨询中，大量资料表明，有效的工作情境总是和咨询员适应角色的能力成正比。

咨询员的角色丛中，最主要的是领导者的角色。咨询团体中的领导者所领导的是具有某些特殊目标的团体，因此，角色的内容与一般的社会团体的领导者不同。

除了领导者角色外，在咨询过程中，咨询员还须胜任引导者、催化者、参与者、观察者和专家等亚角色。作为引导者，咨询员须主动决定交互作用的性质和重点；作为催化者，须对团体过程发生的情况及时地反应；作为参与者，须在活动或讨论时扮演与其他成员一样的角色；作为观察者，须冷静地置身于团体之外，客观地分析、评价团体过程中的动力关系；作为专家，须向团体提供所必需的知识和信息，协助成员成长和团体的发展。

【小阅读】

影响团体咨询的过程因素如表8-2所示。

表8-2　　　　　　　　　影响团体咨询的过程因素

过程因素	描述	可供使用的治疗策略
乐观	团体提供一种乐观的、充满希望的、战胜困难的氛围，以及激励动机的活动	·提供治疗效果的数据 ·提供团体参与的正强化 ·鼓励团体成员互相给予正强化 ·强调进步和改进 ·利用成员的经验促进积极期望
包容性	增强团体意识，促进问题共享，增强归属感，减少孤独感	·联系成员间的症状和经验 ·促进成员间关于各自问题和为恢复所做努力的对话

续表

过程因素	描述	可供使用的治疗策略
团体学习	提供不同水平的学习机会	•提供交互的心理教育 •使用苏格拉底式对话帮助成员发现新信息 •促进团体成员为别人提供反馈和建议 •让团体提供一系列的观点和评价 •治疗师和团体成员间进行自我暴露和角色扮演
自我关注的转移	促进团体成员间的相互帮助，由关注个人转向关注团体	•促使团体成员提供支持，分享信息和策略，并给予信任
不良人际关系模式的调整	为适应不良的人际交往模式提供正确的学习经验	•促使人际模式的觉察及成员间的交互作用 •关注当下的交互作用 •引出反馈 •改变适应不良的评价 •激励行为的转变 •利用技术来促进正确经验：自我暴露、角色扮演、评价和核心概念的认知
团体凝聚力	利用团体吸引力促进认知和行为的改变	•鼓励团体成员持续参与和贡献 •促成一个自我暴露的安全环境 •促进信息共享 •促进成员间经验、思维、情感的联系 •关注此时此地的其他团体过程因素
团体设置中的情感过程	团体提供一个环境可以开放地表达情感、思维、行为并且认同治疗干预的目标	•鼓励情感的表述 •检验与特殊想法联系的情感及行为课程 •鼓励成员间的情感表达

资料来源 柏林，麦凯比，等. 团体认知行为治疗 [M]. 崔丽霞，等译. 北京：世界图书出版公司，2011.

（2）创造助长性情境

团体的人际气氛是创造助长性团体的前提。一个助长性团体应该具有如下七个特点：①信任；②接受；③尊重；④温暖；⑤沟通；⑥理解；⑦方向感。

信任包括信任别人和被别人信任两个方面，是一个人感到安全的体验，它使人愿意与别人分享自己的经验而不担心被误解和排斥；接受指不管一个人遇到什么情况，他都能从别人的接纳和对自己的认识中觉得自己还是自己；尊重指团体中人人都承认并接纳他人与自己的不同之处；温暖是一种无条件的相互关怀；沟通是指团体中人与人之间接触、反应和接受的积极意愿和行动；理解则是同理心，即在对方的立场上看问题的能力；方向感即个人明确自己的职业、生活目标。

由于团体的社会功能具有两面性，既有建设性，又有毁灭性，因此，团体的方向性值得咨询员（领导者）高度重视。咨询员在成员持有反社会态度的情况下，一方面要鼓励他的意见表达，另一方面要通过团体成员在良好的气氛中认真讨论，进行有效的价值澄清，将成员的态度引导至亲社会的正轨上来。总之，对于成员表露出的反社会态度，咨询员既不能操之过急，又不能等闲视之。

（3）鼓励自我表露

个人需要他人、需要团体，哪怕是一个性格最孤僻内向的人，也有与别人分享认知与情绪经验的潜在动机。由于对社会禁忌和他人评价的恐惧，个人在一种主观评价为不安全的情境中，又常常拒绝自我表露。拒绝自我表露是团体咨询中心理抗拒的主要来源之一。在团体活动中，抗拒自我表露一般有两种表现方式：缄默和岔开话题。严重的时候，抗拒可表现为攻击性自我防卫，如谩骂和身体攻击，或者逃离团体。

咨询员要在团体中努力创造一种安全、接纳的人际氛围，以鼓励成员自我表露。咨询员可先指导成员做一些预热活动，然后引导成员的自我表露从浅层次逐步向深层次发展。循序渐进是必要的，过快地进入深层次自我表露，在大多数情况下不利于团体的发展，咨询员要注意对这一过程进行随时评价、监控、调整。

（4）积极、及时反馈

从团体其他成员那里得到积极、及时的反馈是团体咨询中最基本的要素之一。成员之间反馈的不仅仅是沟通的内容本身，更重要的是接受信息的成员对传递者的反应。反馈的目的主要是让对方及时知道别人对他的看法，以促进成员的互知、自知和自我探索。

（5）运用团体规范或压力

咨询团体中亲密的人际关系和凝聚力促使成员之间彼此认同。这种认同使成员更加在乎其他成员的意见和看法，并强烈希望得到别人的赞同。为避免遭到其他成员的反对而被排斥出团体之外，个人一方面要尽量向团体的共同要求靠拢，尽量实践对团体的承诺；另一方面也会感受到必须与团体保持一致的心理压力，正是因为这种压力的存在，团体对成员的态度和行为才具有巨大的影响力。

团体咨询中，在要求成员接受责任、做出行为选择和实践的时候，要注意运用团体压力，引导个人以明确团体规范和"行动契约"等方式自主地接受团体的监督和对新态度、新行为的支持。

同时，咨询员也应注意团体压力的负面影响。团体压力造成的高度暗示力在使成员感觉顺着团体去做就很安全的同时，也容易抹杀个人责任，造成所谓"责任分散"的情况。因此，在运用团体规范和压力的时候，注意讨论个人价值和责任归属是有必要的。

3）团体咨询的基本过程

团体咨询从不同的目标出发，可以形成不同的模式。不同的团体咨询模式，其基本过程所包含的具体阶段也各有千秋。

发展型团体咨询的过程一般包含安全、接受、责任、行动和结束五个阶段。不过，这些阶段的划分是相对的：①在实际工作中，阶段之间并无严格的界限；②阶段的顺序在某些特殊的情况下可能有变化，在某些情况下，几个阶段同时发生，在另一些情况下，某个阶段可能维持很长时间，甚至停滞；③各阶段的时间长短受团体领导（咨询员）个人特点和成员特点的影响，团体咨询的过程是由团体成员朝向目标的互动促成的，过程中不同的互动状态既体现着接近最终目标的程度，又体现着互动的性质和特点。

（1）安全阶段

安全阶段是咨询团体建立的初始阶段。在这个阶段中，存在于成员和领导者（咨询员）之间的心理气氛是试探性的、暧昧的、焦虑的、怀疑的和抗拒的。这种试探一般会以抗拒、退缩或敌对的方式表现出来，形成紧张的气氛。邦尼指出，抗拒和敌对的对象是领导者，冲突则存在于成员之间。造成这种状况的原因主要是成员对即将进行的活动的不安全感，以及对领导者能力的怀疑。

在初始阶段的这种情境下，咨询员应把团体咨询的最终目标暂时放在一边，注意体察成员之间此时此地所感受到的不安全的因素都是什么。因此，可以运用各种可能的策略和技术促成成员之间的接触和沟通。咨询员可采用一些"预热活动"，帮助成员逐步消除心理上的防卫意识。

咨询员在安全阶段应充分表现自己的温暖力、理解力，以高度的觉察力、敏感性维持团体中友善、安全的气氛，积极参与沟通，分享自己此时此地的经验，自信但不独裁。

一旦成员发展出信任，咨询员就应及时将团体关注的内容导向真实生活情境，使他们开始把能力用于"表达"（让别人了解自己的沟通）而不是"印象"（让别人被自己吸引的单向沟通）。

在安全阶段，信任、非威胁性气氛的发展应该成为主要工作目标。

（2）接受阶段

接受阶段是团体咨询朝向合作、排除抗拒发展的历程。

在这个阶段，成员进一步通过接受团体气氛、过程、领导者和其他成员而感受到团体的安全和舒适。尽管他们这时并没有完全清楚团体的最终目标，但对团体结构和领导的接受会导致整个团体人际关系的展开和凝聚力的形成。

接受是团体咨询过程的关键性因素。在团体中将被改变或被影响而改变的人，只有在团体中感受到归属感的时候，目标才可能达成。团体中成员的归属感来自团体凝聚力。归属感可以为成员提供一个逃离外在世界的紧张、压力和威胁的庇护所，是一种有力的心理治疗因素。

接受的重点应是成员整个的人，而不仅仅是问题的某些方面。咨询员应引导成员在接受别人和自我之前做到对别人和自己有整体了解，参与类似"我是谁？""你是谁？"这样的活动，努力促成成员的自我开放。

特洛泽认为，接受阶段团体的发展应达成如下三项目标：

① 团体凝聚力形成；

② 让成员感受到因为自己是一个人而被接受的价值所在，感受到团体把人放在目标之前；

③ 同辈团体的影响力趋向肯定，而不是处在否定的状态。

在此阶段，咨询员应以自己的开放态度为成员做出榜样。

（3）责任阶段

这个阶段的特征是成员从自我接受出发，开始对自我负责。

成员只有在被要求对自我负责，积极采取行动并有所成功的时候，才会感到自尊和自重。如果成员觉得原因来自外界，与自己无关，他们往往会从外界寻求解决办法，不愿为自己负责任，不愿从自己做起。在前两个阶段，咨询员工作的重点应放在发展信任和接受上面，强调的是相似性，而在这个阶段，重心须导向基于个人独特性和责任的个别化和区分化。咨询员要通过团体沟通，使个人由接受自己和别人开始，逐渐学习在团体中为自己负责。咨询员可以通过"我为……负责"这样的活动，在成员表达完自己的感觉以后，说一句"我为自己的……感觉负责"，使成员学习为自己所表达的敌意或关怀负责，而无须冒日常生活中时时可能存在的风险。当成员学会为自己的感觉负责以后，再去学习为自己的行为及问题负责，就比较容易了。

在这个阶段，咨询员的主要任务是协助成员了解自我的责任。在咨询团体中，成员接触最多、最直接的道德榜样就是咨询员，成员只有在与负责任的人相处之后，才能学会具有责任感，因此，咨询员作为领导者的榜样作用就显得十分重要。

责任阶段的基本工作目标有三条：①肯定成员的个人价值；②确保对一个人为人价值的尊重；③通过团体互动，指出增进个人价值和解决问题的必备条件——这些条件包括积极客观的自我评价、自我统整、尊重、责任感和承诺。

（4）行动阶段

当信任、接受、责任等目标达成以后，个人生活中有待解决的问题就变得越来越明朗，于是，成员们的注意重心就会转向"如何做"的问题。

行动阶段的基本目标有三个：

其一，个人在免除了威胁的情境中，认真、仔细地考虑自己的问题的实际解决；

其二，探讨有利于问题解决的策略和各方面意见；

其三，让成员个人在介入外界真实生活情境之前，在咨询团体这个安全的环境中尝试新行为和新态度。

咨询员在这个阶段，可以引导团体通过反馈、澄清、提供资料等途径帮助个人实现上述三个目标。因此，咨询员应在这个阶段中扮演催化员和专家的角色，催化问题的讨论，组织角色扮演、社会剧、心理剧等沟通活动，对个人的问题解决方案进行真实性考察，探讨如此做法的种种可能结果，使个人更加成熟、更加自信、更有能力应对未来真实生活中的困难和问题。

在这个阶段，成员若能同时扮演帮助者和被帮助者的双重角色，解决问题的效果将会更好。成员在扮演协助者的角色中可以增强自我价值，同时自己的求助倾向也会得到提高。

（5）结束阶段

结束阶段是一个以反馈、鼓励和坚持求得成员持久心理支持感的阶段。

在咨询团体外部的人际环境中，人们不一定知道或理解成员个人的新变化，仍保持以前的态度，这使成员个人容易遇到真实情境中的适应问题，而回到问题解决前的状态。因此，团体要继续发挥促进作用，支持由团体过去的共同努力所达成的个人的改变和统整，直到新的行为逐渐成为个人自然的习惯。

结束的方式多种多样，一般是成员参与活动的时间间隔逐渐拉长，最后结束。也有成员间相互赠言、互赠小礼物等，以纪念咨询团体经历并鼓励未来成长的形式作为结束。此阶段一般的要求是：结束不要使成员感到太突然。

　　究竟什么时候结束团体咨询，是一件不容易决定的事。有专家认为，团体中大多数成员感觉问题解决的成功概率比失败概率大的时候、成员行为的内在决定成分比外在决定成分大的时候，成员对团体的依赖性相应就越来越小了，这时，成员们互道"再见""珍重"的时刻就来临了。

主要概念

职业咨询　职业心理咨询　个体职业心理咨询

思考题

1.为何要进行职业问题的诊断？

2.概述团体咨询的实施步骤。

职场中的压力、个体应对与组织管理 第9章

重点内容

• 分析职场中工作压力的来源
• 明确并掌握职场压力的应对措施

9.1 工作压力

压力是由人与环境的相互作用产生的，它使人疲于奔命、无力应付而不堪承受。从更一般的意义上说，当人们面对机会、约束或要求时就会产生压力。"机会"是指某人所处的一种能使他的利益或欲望得到额外满足的情境，如被委派新的工作或者得到提升；而"约束"是会妨碍他获得额外满足的一种威胁，也就是一种限制，如工作升迁被否决等；"要求"则是威胁某人离开当前令人满意的情境，如某人因被解雇而失去工作。

一种具体的情境可能同时代表了机会、约束和要求。例如，委派某人去做新的、富有挑战性的工作，可能就代表着提供给他发展某种技能和获得必要展示的机会，但这同时限制了他与家人在一起的时间，形成一种约束；并且，如果这种工作难度太大，超出了个人的能力，就会影响到他的工作效率和满足程度，于是也就变成了一种要求。一种情境——不论是机会、约束还是要求，在超过或者有可能超过个人的处理能力时都是会带来压力的。

只有当情境的结果不确定，并且对个人来说很重要时，压力才会产生。不确定性、不可预知性以及对于前途未卜的恐惧孕育了压力。如果某

人能断定一个新的工作将会令人满意并且稳定，他就不会像在结果不确定时那样有压力感。此外，如果人们不在乎他们在组织中的名誉，或者他们不会为了未来的进步而如履薄冰，那么不论是委派新的工作还是调换新的职位，都不会产生太大的压力。人们对那些可能令他们有压力感的环境必须小心谨慎。

随着经济全球化的深入、市场化程度的提高、科技的进步，社会竞争日趋激烈。为了提高组织竞争能力，各行各业无不展开变革，希冀能在市场份额中分得一杯羹。相应的，企业中的个体被赋予了更多的工作职责和要求，传统的"一杯茶、一张报"的日子不复存在，一向被认定为"金饭碗"的政府部门和事业单位也开始实行绩效工作制。员工更多地面对繁重的工作任务和工作前途的不确定性。这些都会导致个体工作压力日益增大。

过高的工作压力对员工个人的身心健康、家庭关系有着极为不利的影响。它会给员工带来头痛、血压高、失眠、焦虑、抑郁等种种问题，这些又会影响到员工与家庭成员的关系。不仅如此，身心健康状况恶化又会给工作绩效和组织健康带来负面效应，导致员工工作倦怠，工作满意感和组织承诺感下降，甚至进一步表现为怠工、缺勤和离职等。

从社会角度来看，社会整体工作压力的提高除了通过员工身心健康状况的降低导致国民素质的下降，还可以影响社会劳动生产率，进而阻碍国民经济发展。

因此，研究工作压力并对其进行积极干预非常迫切和重要。

9.1.1　工作压力的含义

压力（stress），也称应激，这一概念最初由塞尔耶（H. Selye）于1946年应用于医学领域，其后扩展至生活压力，后来也受到心理学家的关注。压力是由紧张刺激引起的，伴有躯体机能以及心理活动的改变，是一种身心紧张状态。压力包含三层含义：造成生理、心理功能紊乱的紧张性刺激物，以及刺激物所导致的适应不良反应和介于两者之间的一种状态。为了对这三种含义进行区别，人们通常用压力源（stressor）或应激源来表示第一种含义，用压力反应（或应激反应）表示第二种含义。现代压力理论认为，压力是机体对压力源应答反应的综合表现，是机体在环境适应过程中实际上或认识到的要求与适应或应对能力间不平衡所引起的身心紧张状态。压力的结果可以有适应和适应不良两种情况，人在长期持续性压力或强度较高的压力情况下所表现出的不良适应称为压力效应。压力模型如图 9-1 所示。

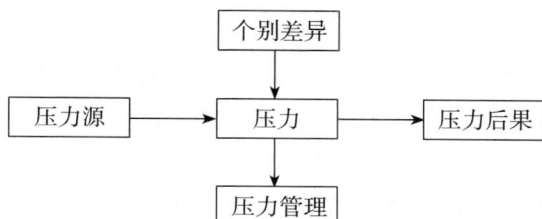

图 9-1 压力模型

1962 年，弗伦奇（R. P. French）和卡恩（R. L. Kahn）将压力概念引入工作场所和企业管理中。20 世纪 70 年代，"工作压力"开始被研究者重视，并对其开展了大规模研究。工作压力又称职业紧张、职业压力或工作紧张，是指由于工作或与工作有关的因素所引起的压力。对于工作压力的基本含义，目前仍然是仁者见仁、智者见智。大多数学者认为，工作压力是"在人体的需求与反应能力之间的一种功能紊乱，或者说当用以描述不良的职业心理因素时，其含义是，在某种职业条件下，客观需求与主观能力之间的失衡所带来的心理、生理压力"。

综上所述，工作压力是当感到工作要求超出其内外部应对资源时，个体所产生的一种适应性反应，它体现了个体与工作情境之间的交互作用，这种作用会引起个体生理、心理和行为上的变化。

9.1.2 工作压力的理论

在过去的几十年中，研究者对工作压力的原因、机制、生理心理后果等开展了大量研究，并提出了若干理论。主要有传统的静态观点、交互作用理论和系统理论，这里重点介绍后两者。

传统的工作压力理论从相对静态、独立的角度来看待压力，将工作压力源和工作压力后果区分开来进行研究，其研究只是针对某些组织特质或个人特质与工作压力的关系进行探讨。后来，研究者主张从个体与环境交互作用的系统动态过程进行研究。

1）个体-环境匹配理论

弗伦奇和卡普兰在 1972 年提出了这一理论。他们认为压力源于个人和环境的匹配不良（misfit），表现为"供给-需求"匹配不良和"需求-能力"匹配不良。①前者是指个人的需求、价值观与组织所提供的工作环境和条件不匹配；后者是指工作岗位对任职者的要求与任职员工自身的能力和素质不匹配，导致员工因无法胜任工作而产生工作压力。匹配包括主客观两个维度。弗伦奇和卡普兰认为，个体积极努力改变客观现实中的不匹配，即解决客观层面的个人-环境匹配不良，称为"应对"；而个体通过回避、掩饰等来调整主观认知以解决主观感知到的匹配不良，称为"防御"。这是研究工作压力最常用、影响最广的理论之一，对揭示工作压力成因具有很重要的意义。

2）工作需求-控制模型

卡拉西克（R. Karasek）等在 1979 年提出的"工作需求-控制模型"在工作压力研究领域是一个影响力广泛的理论，又被称为工作压力模型，如图 9-2 所示。这一模型包括工作环境中的两个重要变量：工作需求和工作控制。②工作需求指个体主观感知到的压力源，如工作负荷、角色冲突和问题解决的要求等；工作控制指个体可对工作施加控制的程度，如技能和决策力量。

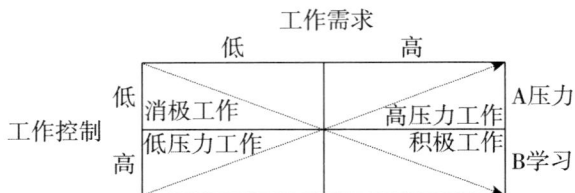

图 9-2　工作需求-控制模型

① FRENCH R P，CAPLAN R D，VAN H R.The mechanisms of job stress and strain［M］. Hoboken：John Wiley & Sons Inc.，1982.
② BHAGAT R S，ALLIE S M，FORD D L. Coping with stressful life events：an empirical analysis［J］. Occupational Stress：A handbook，1995.

根据这一模型，工作压力取决于工作控制与工作需求的交互作用，由此对应两个假设。A（压力）假设认为，随着工作需求的增加，压力也会上升；B（学习）假设认为，若个体的工作控制可以适应工作需求带来的挑战，那么他就可以胜任工作。从图9-2中也可以看出，伴随高控制的高需求工作可以增加员工积极工作的可能性；而伴随低控制的低需求工作则会使员工形成"习得无助"心态，从而影响其工作积极性。由这一假设发展而来的"缓冲假设"认为，工作控制可以缓冲工作需求对身心健康的消极影响。

研究者发现，大约有一半的研究支持这一模型，即工作压力水平和工作要求强度呈正相关，与控制幅度存在显著负相关。但关于两者的交互作用，一直未能获得强有力的支持证据，这点使得这一理论在实证研究中仍存争议。

3）交互过程整合模型

这一模型由比尔和舒勒提出，它认为外部组织环境要经由"环境压力源—个体知觉—压力—个体反应"的过程作用于个体。工作特征、组织角色、人际关系等外部环境要经过个体的感知才能产生压力，而且感知的过程受到个体的需要、价值观、能力等因素影响，因此，认知评价在整个过程中发挥着重要的作用。可以看出，这一模型不仅通过时间维度勾勒出了压力的动态变化过程，也反映了压力的长期累积后果，如图9-3所示。

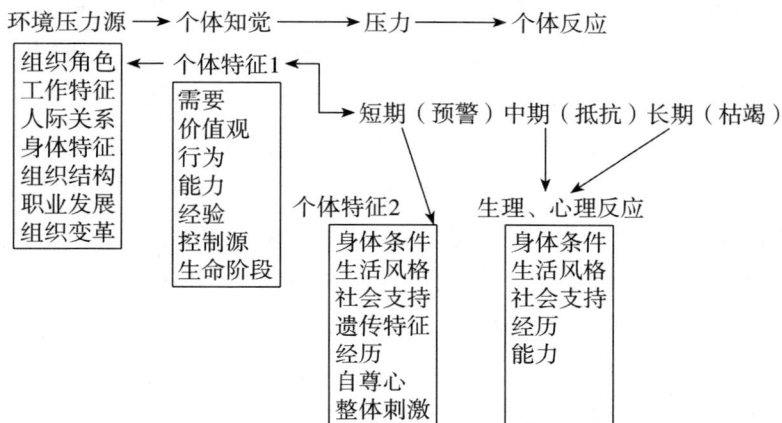

图9-3　组织压力的交互过程整合模型

4）工作压力的系统作用模型

随着对压力研究的深入，研究者们发现，工作压力的产生还包括了许多变量和要素。罗宾斯认为，环境、组织和个体三方面的因素共同构成了潜在压力源，而个体认知、工作经验、社会支持、控制点等个体差异决定了压力是否产生，压力结果则包含生理特征、心理特征和行为特征三个方面。压力具有长期累加性，每一新的和持续的压力都会增加个体的压力水平。工作压力的系统作用模型如图9-4所示。

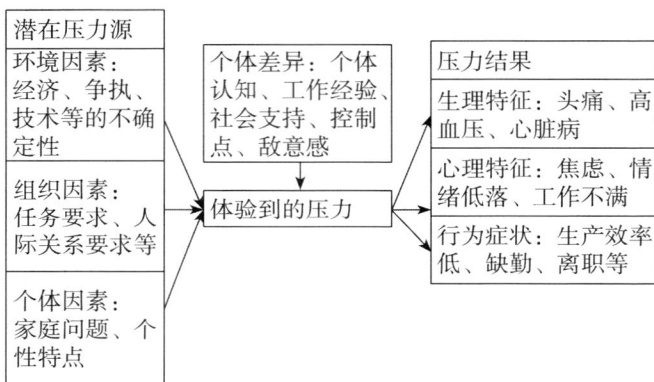

图9-4 工作压力的系统作用模型

9.1.3 压力影响的两重性

研究人员已经得出结论：适度的压力能够提高绩效和增进健康。如图9-5所示，压力达到极端状态（即压力过低或者过高）会使人苦恼，因为它们要么刺激不足，要么刺激过度。而理想水平的压力则具有挑战性，并使人产生向上的动力（即积极的感觉和以高度热情投入工作），而不是苦恼。客观评价的话，工作压力并不都是消极的。工作压力的心理反应有其积极的一面，表现为情绪的适度唤起、注意力的调整等，这些反应可以帮助人们有效应对环境要求。但是，在更多的时候，工作压力的心理反应表现为消极的一面，主要包括对工作不满意，感到厌倦、紧张、焦虑、抑郁等。因此，必须对压力问题进行管理，以形成一种能够使个人和组织都发挥其最佳功能的平衡状态。

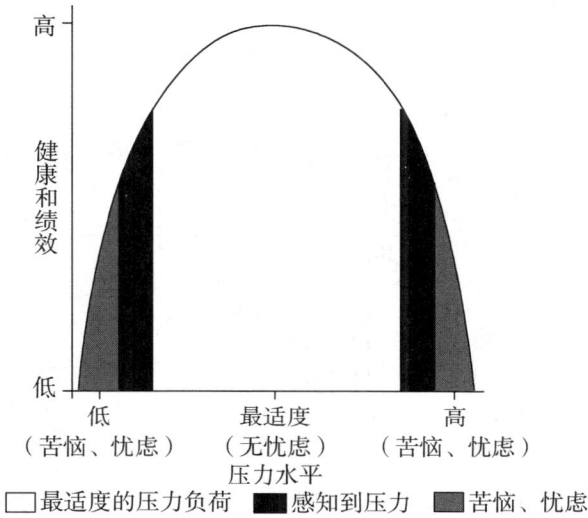

图9-5　压力对健康和绩效的影响

　　长期处于压力状态的人可出现行为异常，如人际冲突增多、工作效率降低、各种事故增加、缺勤率增加，甚至酗酒、滥用药物等。最后，处于压力状态下的个体可能出现一系列的生理、生化、内分泌、代谢和免疫过程的变化。职业压力与某些躯体性疾病关系密切，尤其对心脑血管疾病的发病影响巨大。众多研究资料表明，冠心病、高血压、消化性溃疡、糖尿病、过敏性结肠炎、神经性皮炎等30余种疾病与工作压力有密切关系。关于工作压力在心理、生理和行为方面的消极后果，可以用表9-1来加以概括。

表9-1　　　　　　　　　　　工作压力所引起的具体症状

心理症状	生理症状	行为症状
焦虑、紧张、迷惑和急躁 疲劳感、生气和憎恶 情绪过敏或反应过敏 感情压抑 交流的效果降低 退缩和忧郁 孤独感和疏远感 厌烦和工作不满 精神疲劳和低效能工作 注意力分散 缺乏自发性和创造性 自信心不足	心率加快，血压升高 肾上腺素和去甲肾上腺素分泌增加 肠胃失调，如溃疡 身体易受伤 心脏疾病 呼吸问题 汗流量增加 皮肤功能失调 头痛 癌症 肌肉紧张 睡眠不好	拖延和避免工作 表现和生产能力降低 酗酒 完全无法工作 去医院的次数增加 为了逃避而饮食过度 由于胆怯而减少饮食 没胃口、瘦得快 冒险行为增加 侵犯别人，破坏公共财产 与家人和朋友的关系恶化 自杀或试图自杀

9.1.4 工作压力源分析

压力源是引起压力的刺激、事件或环境，这种环境可以是外界的物质环境、个体内环境，也可以是社会心理环境，其主要包括工作压力源和生活压力源两个部分。图9-6具体描述了这两类压力源，它们通过个体主观感知影响个体身心健康。

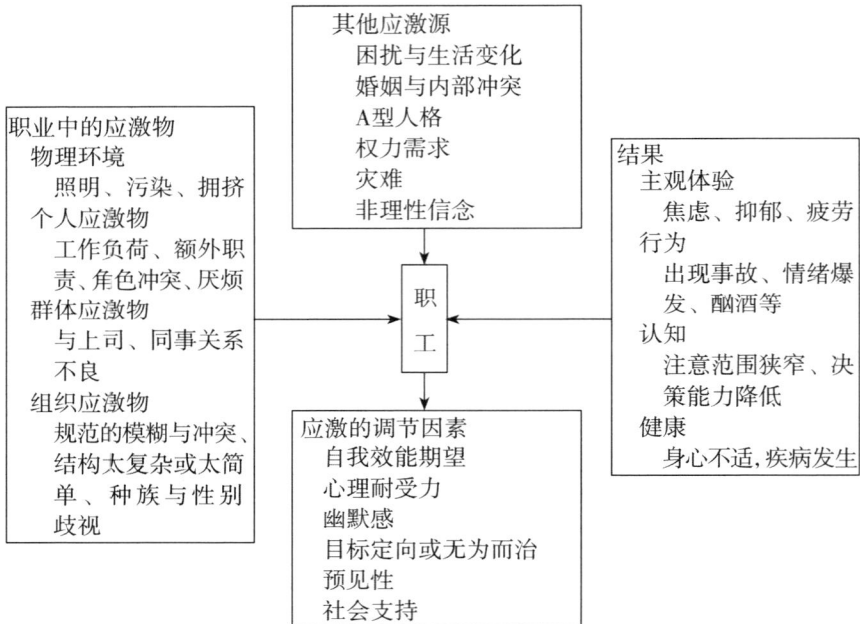

图9-6 压力源及其影响

【小阅读】　　　　　国有商业银行新员工的工作压力

新员工是企业发展的新生力量，他们不但是企业赖以生存的后备军，同时也是企业文化的继承者和发扬者。然而由于新员工自身的一些特点，他们在为企业注入新的活力的同时也给企业管理提出了新的挑战。新员工由于工作年限较短，在组织中具有鲜明的特征。他们好奇心强，愿意主动尝试、探究新鲜事物；表现欲旺盛，渴望被认可；希望融入团队，建立归属感；正在经历身份角色的转换，抗压能力较弱。因此，如何留住新员工、用好新员工、帮助新员工更好地适应企业环境、健康成长，一直是企业管理的重点。

一项基于某市国有商业银行新员工的调查研究显示，导致新员工工作压力的主要因素有：

（1）工作需求。这包括工作任务和角色冲突。银行业务的工作内容繁杂、时间紧迫、客户需求较多。刚刚参加工作的新员工，如果不熟悉业务内容，不清楚自身的角色定位和责任分工，往往会感到手忙脚乱、无所适从。这是造成新员工工作压力的最主要因素。

（2）人际关系。这主要是指新员工与同事和领导的关系。新员工如果能够与领导和同事建立良好的人际关系，不但能够在工作中得到更多的支持与帮助，使工作得以顺利开展，而且可以减少用于处理人际关系问题的时间和精力，保持心情舒畅。

（3）个人能力。个人能力的高低决定了新员工掌握新事物的速度。当前，传统金融业正面临互联网金融的冲击而经历转型。新员工需要不断接受新鲜事物以响应企业内部和外部竞争市场的需求。如果新员工不能较快掌握新事物，将会导致他们在工作中效率下降，进而增加其工作压力。

（4）职业发展。这主要是指新员工的晋升渠道和培训。国有商业银行新员工的文化层次较高，都属于知识型员工。他们有很强的自我实现的需求。如果他们认为企业提供的培训内容不能帮助自己成长或自己的职业发展方向模糊，他们会为不能提升自己而苦恼，从而增加工作压力。

（5）自我认知。这主要包括工作对新员工的重要性以及新员工对待压力的态度，即将压力视为一种动力还是一种负担。

资料来源　胡月婷. 国有商业银行新员工工作压力影响因素研究［D］. 重庆：西南大学，2015.

1）生活压力源

生活压力源指与员工个人生活有关的压力因素，具体包括四个方面：

（1）重要人员的影响。包括员工家庭成员、师长、邻里或亲朋好友的期望与态度。

（2）个人生活事件的影响。包括结婚、离婚、家庭成员的生产、死亡等个人生活经历中的突发事件、重大变化，这些事件足以扰乱人们的生理与心理稳定。

（3）生活方式的变化。主要体现为现代生活节奏加快，使人们产生不适感、消费导向的迷惘感的压力，以及对生活质量的高期望值与实际生活之间的差异造成的失望感的压力等。

（4）经济收入压力。一方面，收入低会产生生活中入不敷出的压力；另一方面，收入高的人可能有请客、救助甚至道德等方面的压力。人们在收入上常常习惯于进行横向社会比较，容易产生不公平感，导致经济收入不公平的压力。

过度的生活压力会对员工的情绪造成不良影响，进而影响他们的工作积极性与工作效率。美国著名精神病学家赫姆斯（T. H. Holmes）和瑞赫（R. H. Rahe）根据对 500 多人的社会调查，列出了 43 种生活危机事件，并以生活变化单位（LCU）为指标对每一生活危机事件评分，编制了社会再适应评定量表（见表 9-2）。赫姆斯指出，如果 1 年内 LCU 不超过 150 分，来年一般健康无病；如果 LCU 在 150~300 分之间，来年患病的概率为50%；如果 LCU 超过 300 分，来年患病的概率达 70%。调查表明，高 LCU 与心肌梗死、结核病、白血病、糖尿病等的关系密切。

表9-2　　　　　　　　　　　　社会再适应评定量表

生活危机事件	LCU（分）	生活危机事件	LCU（分）
1.配偶死亡	100	2.离婚	78
3.夫妻分居	65	4.拘禁	63
5.家庭成员死亡	63	6.外伤或生病	53
7.结婚	50	8.解雇	47
9.复婚	45	10.退休	45
11.家庭成员患病	44	12.怀孕	40
13.性生活问题	39	14.家庭添员	39
15.调换工作岗位	39	16.经济状况改变	38
17.好友死亡	37	18.工作性质改变	36

续表

生活危机事件	LCU（分）	生活危机事件	LCU（分）
19.夫妻不和	35	20.中量借贷	31
21.归还借贷	30	22.职别改变	29
23.子女离家	29	24.司法纠纷	29
25.个人成就突出	28	26.妻子开始工作或离职	26
27.上学及专业变化	26	28.生活条件变化	25
29.个人习惯改变	24	30.与上级有矛盾	23
31.工作时间或条件改变	20	32.搬家	20
33.转学	20	34.娱乐改变	19
35.宗教活动改变	18	36.社会活动改变	18
37.小量借贷	17	38.睡眠习惯改变	15
39.家庭成员数量改变	13	40.饮食习惯改变	13
41.休假	12	42.过圣诞节	12
43.轻微的违法犯罪	11		

2）工作压力源

工作压力源是工作过程中对工作者的工作适应、紧张状态产生影响的各种刺激因素，包括工作本身及与工作相关的因素，如工作负荷、工作条件、轮班作业、工作中的人际关系、工作环境等。表9-3从工作压力源的社会层面、组织层面和工作层面进行了分析。

表9-3　　　　　　　　　　工作压力源分类

分类	工作压力来源	致压因素
社会层面	政治经济的不确定性	裁员、CPI上升、股市下跌
	经济体制改革	个人身份转换、挑战机遇变多
	知识技术更新	对学习、创新能力的要求

续表

分类	工作压力来源	致压因素
组织层面	组织结构	职权集中、员工无决策权
	规章制度	制度繁杂、与员工价值观不符
	组织领导风格	高压管理、组织文化不够民主
	组织生命周期	企业稳定性差、员工无安全感
	职业生涯发展	晋升、岗位变动、工作安全性
	人际关系	缺乏人际支持、办公室政治
	组织公平	分配不公、程序不公、互动不公
工作层面	工作物理环境	工作干扰、危险恶劣的工作环境
	工作负荷	工作超载、单调乏味、挑战性低
	工作角色	角色模糊、角色冲突

9.1.5 工作压力的个体差异

1）工作压力与个性特点

图9-7显示了工作压力过程的概况。基于对许多资料的研究，这种方法把环境的压力来源与人们对压力的感知、紧张的症状和压力的结果一一区别开来。

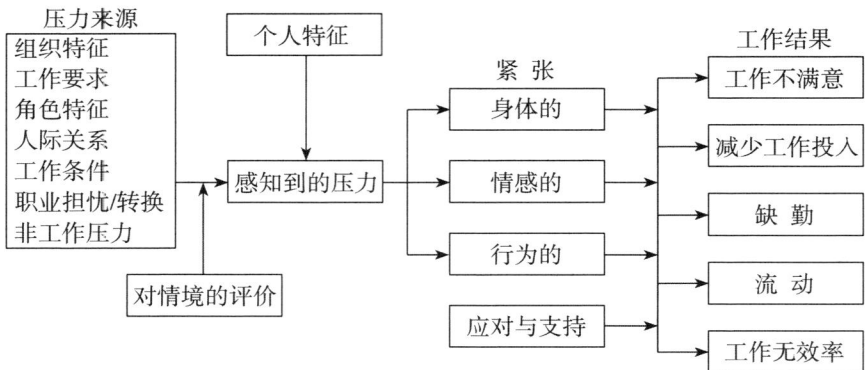

图9-7 工作压力的过程

环境因素的存在并不一定会造成压力，具体要依人们如何理解和评价这些环境而定。对于某种环境，有些人可能并不十分看重，因而会减轻压力的程度。

还有一种说法认为，即使某些工作条件本身会对雇员的情感反应产生不利影响，但由于具体工作在经济上的必要性，并不会对员工个人的整体主观状态产生负面影响。更准确地说，个人可能会着眼于经济回报或者工作赋予的地位，而接受一项令他不快的工作的压力。简而言之，一项工作本来会令人拒之千里，但为了挣钱，他会完成这项工作。

某些人的个性特点可能会使他在具体环境的压力之外又多出一种压力。例如，不管环境条件怎样，高度焦虑的员工往往会感到更大的压力。其他的个人品质，诸如 A 型人格、固执、对不确定性缺乏忍耐和神经质等，都会增加压力感。此外，一些人就是有那么一种总认为有压力的倾向，不论环境怎样，他们都觉得有压力。重点在于，压力是由被认为是有威胁的某一具体环境产生的，还是由认为生活环境紧张的一般个人倾向产生的。

工作情境中的压力源作用于员工，通过他的个人特征产生相应的压力反应。他们的家庭、婚姻和一些内部冲突也会汇集起来，成为职业中的压力来源。总之，工作压力是工作条件与个体特征相互作用的结果，其是否发生以及发生的强度如何，取决于工作条件与个体特征相互作用的情况。

2）性别差异

性别不仅会影响个体对于压力的感知，还会影响到个体的应对方式。一般来说，压力因素对女性的影响大于男性，其原因一方面是身体素质的关系，某些职业压力因素肯定会对女性造成特殊的影响；另一方面是女性常常经历工作职责和家庭职责的冲突，从而产生更多的压力状态。有学者提出，女性参加工作对健康的影响有三种类型——对健康有利、工作形成压力、任务超重。

3）A 型人格与 B 型人格

A 型人格又称 A 类行为模式。人的需求、动机和行为模式可以给人造成压力。具有 A 类行为模式的人，其特征是处处争强好胜、极端急躁、只争朝夕、生活节奏快、喜好同时做许多事情，以及一贯追求成就和完美。

通过对成年雇员 A 类个性的广泛研究，研究人员发现，具有 A 类个性的人外向、埋头工作、追求权力和成就。他们能够忍受各种不确定的环境，处处表现出好胜的气概，其自尊心也高于一般人。表 9-4 就是专门设计用来评定 A 类行为的。

表9-4 个人的A类个性衡量表

（1）我痛恨未败先降

（2）我有时也觉得不用干得太辛苦，但身不由己

（3）挑战性的环境令我振奋，挑战性越强越好

（4）同我认识的大多数人相比，我工作更投入

（5）看起来我似乎一天要干 30 个小时才能完成面前的工作

（6）一般说来，我比我认识的大多数人工作都认真

（7）可能有些人对工作无动于衷，但我不这样

（8）我的成就比我认识的大多数人要高得多

人们认为，A 类行为模式源自人们对自己和世界的某种信念和恐惧。例如，A 型人格的个人倾向于根据他们获取的物质成就来评判自己的价值。他们通常认为，不存在指导人的行为的普遍道德准则，为了得到自己想要的东西，就不得不对周围世界"以牙还牙"。由此看来，这种人为竞争和成功而不懈奋斗也就不足为奇了。

从积极的一面来看，A 型人格的员工会埋头工作并具有高度的职业自尊。此外，他们可能比 B 型人格的同事有更高的生产率，这主要是因为他们心存与自己竞争之信念，有能力处理多项工作，并且自己的绩效目标定得比较高。

然而，具有 A 型人格的人取得绩效并非没有代价。这些人更容易具有咄咄逼人、义愤填膺、以邻为壑、时不我待的"气势"，这些都是诱发冠心病的因素，事实也确实如此。具有 A 型人格的人过早死于冠心病的比例要比具有 B 型人格的人高出一倍还多，他们更可能患严重的心脏病，而且第一次病发幸存后更容易复发。此外，具有 A 型人格的人倾向于承担繁重和复杂的工作任务，他们工作的时间更长，出差更多，成为"工作狂"，并且特别怕失败。他们更可能感到被他人疏远，情绪压抑，并且婚姻也容

易出问题。

目前已经开发了一些计划来帮助具有 A 型人格的人改变他们的行为方式。很多这类计划都包括自我鉴定、人生观重新定向、行为疗法以及（或者）精神疗法。然而，减轻 A 类行为会不会降低这些员工的工作效率呢？一些研究人员认为不会。一项研究显示，A 类行为只有一个方面——对工作的投入与生产率有关，而争强好胜和情绪急躁则与此无关。另一项研究发现，在压力大的工作环境下，那些有"个人权力"的人（自己能控制时间和资源）更可能保住自己的健康。言下之意是，那些能成功地克制争强好胜和急躁脾气的员工、能增加"个人权力"的员工，能够在有压力的工作环境下降低损害健康的可能性，而不会影响工作绩效。

具有 B 型人格的个体的特征刚好与 A 型相反。这类人不大愿意完成日益增长的工作任务和参加越来越多的活动，不大喜欢过分自由的反应，不喜欢竞争性和攻击性行为。因此，具有 B 型人格的人较少遇到压力，他们总是按部就班而不是争分夺秒地工作。研究还发现，具有 B 型人格的人，在短期内更倾向于设法放宽标准或接受较简单的工作。他们对问题往往视而不见，并不会去争取解决每一个问题。

4）自尊

自尊是个体不断自我评价的结果，它影响着个体在组织或其他社会背景中的行为。自尊较强的个体在工作选择上富有冒险性，更有可能会选择一些非常规的、非传统的工作；自尊较弱的人对不利的条件，如紧张、冲突、不确定性、管理差、工作条件差等更为敏感。

5）控制点

控制点是指个体相信自身能够控制影响他的事件的程度。高内控制点的个体相信自己的行为和行动由自己决定；而高外控制点的个体相信发生在他身上的事主要由机遇、命运或其他人决定。研究发现，能支配自己的工作、生活和行为者产生紧张情绪的可能性明显小于支配能力弱的人。

9.2 工作倦怠

9.2.1 工作倦怠的内涵

对工作倦怠的研究始于20世纪70年代。1974年美国心理学家弗洛登伯格（H. J. Freudenberger）在《职业心理学》杂志上首次提出"倦怠"一词。他认为，倦怠的实质是情绪的耗竭，当工作本身对个人的能力、精力、资源过度要求，从而导致工作者感到情绪耗竭、筋疲力尽时，工作倦怠就产生了。这种现象在服务业工作者身上最为常见。因此，早期关于工作倦怠的研究主要集中于服务业和医疗保健业人员，但随着社会竞争的加剧，员工承担的压力越来越大，每个人都可能出现工作倦怠。

在弗洛登伯格的倦怠概念的基础上，许多研究者对工作倦怠开展了研究，并提出工作倦怠的成因观、静态与动态观和工作倦怠的综合观点。其中以马斯拉奇（C. Maslach）的工作倦怠三维度模型较为全面系统。他认为，从事服务业的人总希望自己在工作中为他人提供的服务是优质的，这种期望使他们不得不对工作投入大量的生理、情绪精力来应对服务对象的要求，久而久之，就容易产生身心俱疲的状态。[1]1981年，马斯拉奇编制了工作倦怠量表（MBI），并从三个维度——情感耗竭、去人格化、个人成就感降低来定义工作倦怠，图9-8显示了职业倦怠的三种成分。

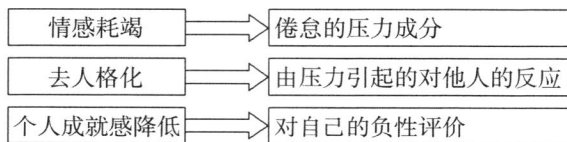

情感耗竭	⟹	倦怠的压力成分
去人格化	⟹	由压力引起的对他人的反应
个人成就感降低	⟹	对自己的负性评价

图9-8 职业倦怠的三种成分

情感耗竭是工作倦怠最具代表性的指标，是指由于长时间面对高强度的工作压力、复杂的人际关系以及不断累积的负面情绪，个体的情感资源过度消耗，疲乏不堪，精力丧失。这一过程通常伴随着挫折、紧张，员工会在心理层面上自认为无法致力于工作。最典型的表现就是一想到第二天

① MASLACH C, SCHAUFELI W B, LEITER M P. Job burnout [J]. Annual Review of Psychology, 2001, 52（1）: 397-422.

的工作就恐惧不安。

在医学上有"周一综合征"的病症，其主要症状是精神萎靡不振、身体疲乏、焦虑易怒等，严重者还往往伴有心悸、盗汗、精神恍惚等症状。有人陈述："我通常都是周五最快乐，一到周日的下午就变得非常沮丧和懊恼，周日晚上通常也睡不好觉，有时候还失眠。到了周一，心情就莫名地烦躁，怎么能想出个理由不去上班就好了，即便到了单位也会给自己编各种各样的理由不工作，能拖就拖，不能拖的也不用心去做，懒懒散散地熬过周一。"这其实就是情感耗竭的表现。

去人格化，也即人格解体，其特征是个体视服务对象为"物"，而不将其当成"人"看待，表现为对服务对象消极冷淡、过分隔离、愤世嫉俗，在不得不与工作对象交流时，经常使用贬损语言。

个人成就感降低，是指个体对自己进行负评价的倾向，对其所从事工作的胜任感和从工作中获得的成就感降低，经常感觉自己的工作缺乏进步，甚至在原有的水平上下降。

9.2.2 工作压力与工作倦怠的关系

1）联系

工作压力与工作倦怠的关系非常密切。第一，工作倦怠是工作压力过度的表现形式之一，工作压力是造成工作倦怠的直接原因，因此，工作倦怠可以被认为是一种压力反应；第二，两者的重要影响变量相似，诸如工作负荷、角色模糊、社会支持等都会影响个体感知的工作压力与工作倦怠感；第三，两者的应对资源和方法有很多相似之处，这一点我们将在下面介绍。

2）区别

工作倦怠是工作压力的特殊反映形式，这就决定了：第一，工作压力的内涵更为丰富，它包含压力源、压力感知和压力反应的整个框架；第二，两者的广泛性不同，由于工作倦怠是工作压力长期演变与积累的结果，故它只出现在部分人身上，而工作压力几乎人人都有。

9.2.3 工作倦怠阶段理论

工作倦怠的理论类似工作压力产生的理论，因此，这里我们将工作倦怠发生和发展的过程加以介绍。

1）斯伯努和卡普托的模型

斯伯努（L. Spaniol）和卡普托（J. Caputo）认为[①]，倦怠的形成和发展会经历三个不同的阶段：

（1）倦怠的迹象和症状偶尔出现，持续时间也很短。通过休息、娱乐、锻炼等方式，个体可以成功地重获工作满意感。

（2）倦怠的症状经常出现，持续时间较长，也较难以克服。通常的休息和娱乐已经不能奏效。在睡眠之后，个体仍然感觉到疲惫。即使在一个轻松的周末之后，个体仍然感觉紧张。

（3）倦怠的症状持续出现。个体开始出现生理和心理方面的问题，通常的医学治疗和心理关心已经不能快速解决问题。个体开始怀疑自我胜任能力，负性情感强烈，社会退缩严重，开始考虑换工作、辞职，甚至导致家庭、婚姻危机。

2）法伯的发展模型

法伯（B. A. Farber）以教师群体为研究对象，指出教师倦怠情绪的发展遵循以下顺序[②]：

（1）热情和奉献减少；

（2）人际、社会和工作压力源导致挫败和愤怒；

（3）矛盾冲突意识的产生；

（4）承诺的降低；

（5）个体对多种生理、认知和情感症状的易感性增加；

（6）逐步加重，产生耗尽感。

3）卡拉米达斯的模型

按不同时期的症状差异，卡拉米达斯（Calamidas）将倦怠分为生理倦怠期、智力倦怠期、社会倦怠期、心理-情感倦怠期和心灵倦怠期五个阶段，各阶段的主要症状见表9-5。

---

① SPANIOL L, CAPUTO J. Professional burnout: a personal survival kit [D]. Lexington: Human Services Associates, 1979.
② FARBER B A. Crisis in education: stress and burnout in the American teacher [M]. San Francisco: Jossey-Bass, 1991.

表9-5　　　　　　卡拉米达斯倦怠模型中各阶段的主要症状

阶段	主要症状
生理倦怠期	经常疲劳，可观察到生理性枯竭，各种小疾病频繁发生
智力倦怠期	信息超载，难以集中注意力，警惕性降低，难以按时完成任务
社会倦怠期	易怒，过于粗暴，不愿与人打交道，推脱必要交往，社会退缩
心理-情感倦怠期	有意错过时间期限，感觉外界要求过多，看不到个人工作的意义，厌烦导致倦怠的环境，退出人际性职业或尽量避免卷入
心灵倦怠期	他人需要构成对自己的威胁，个体价值观系统崩溃，工作效率低下，几乎无社会贡献，有远离、逃避工作的强烈意向

【小阅读】　　　　　　测一测你是否工作倦怠了

请根据下列描述与你工作中实际情况的符合程度，选择相应的数字，由"1"到"7"代表符合程度由低到高，数字"1"为"完全不符合"，"7"为"完全符合"。

1	2	3	4	5	6	7
完全不符合	不符合	有点不符合	说不清楚	有点符合	符合	完全符合

（1）我非常疲倦。

（2）我不关心工作对象的内心感受。

（3）我能有效地解决工作对象的问题。

（4）我担心工作会影响我的情绪。

（5）我的工作对象经常抱怨我。

（6）我可以通过自己的工作有效地影响别人。

（7）我常常感觉到筋疲力尽。

（8）我抱着玩世不恭的态度工作。

（9）我能创造轻松活泼的工作氛围。

（10）一天的工作结束，我感觉到疲劳至极。

（11）我经常责备我的工作对象。

（12）解决了工作对象的问题后，我非常兴奋。

（13）最近一段时间我有点抑郁。

（14）我经常拒绝工作对象的要求。

（15）我完成了许多有意义的工作任务。

计分方式：第1、4、7、10、13题测量情感耗竭，所选数字即为每题得分，临界值为25分；第2、5、8、11、14题测量人格解体，同样，所选数字为每题得分，临界值为11分；第3、6、9、12、15题测量个人成就感降低，减去所选数字即为每题得分，临界值为16分。总分为每类对应5题得分的总和。

评判标准：一项总分高于临界值可被界定为轻度倦怠者，两项总分高于临界值可被界定为中度倦怠者，三项总分都高于临界值可被界定为高度倦怠者。

资料来源　李永鑫. 三种职业人群工作倦怠的比较研究：基于整合的视角［D］. 上海：华东师范大学，2005.

9.3　工作和家庭的冲突与平衡

工作和家庭是人生的两个基本支点，需要个体投入大量的时间、情感和行为。若两个领域的需求因个体精力的有限性不能被同时满足，就会产生工作与家庭的冲突，使员工工作-生活的平衡被打破，给其带来不良的影响。一项对1 200名经理人"快乐指数"的调查显示，最令经理人感到快乐的事情是"与妻子/孩子在一起度假/周末"和"回老家看望父母、亲人和朋友"。这不仅说明了职业经理人家庭快乐的缺失，也反映出工作压力对其正常家庭生活的影响。

与西方国家相比，在各种工作压力源当中，我国的工作和家庭冲突问题也许更为突出。一方面，中国传统文化重视亲情、崇尚孝道，"百善孝为先""谁言寸草心，报得三春晖"是谓此也。另一方面，当下我国老龄化问题严重，一对夫妇可能要承担起赡养四位老人的责任，而企业相应的保障机制并不健全，这就加重了可能的工作-家庭冲突。这种冲突带来的压力对员工的身心健康、生活质量有着严重的不良影响。因此，探究工作和家庭的冲突与平衡，具有重要的理论和现实意义。

9.3.1　工作-家庭冲突概述

工作-家庭冲突这一概念起源于1964年凯利（H. H. Kelley）对角色理论的研究。他认为，工作和家庭为个体提出了众多的角色需求，这些需求之间往往会产生冲突。在此基础上，1985年格林豪斯（J. H. Greenhaus）和比特尔（N. J. Beutell）提出，工作-家庭冲突是指来自工作和家庭领域的压力在某些方面不可调和时产生的一种角色交互冲突。也就是说，工作任务或者工作需要使得个体难以尽到对家庭的责任，或是因为家庭负担过重而影响工作任务的完成。其中包含两个指向性的概念：工作-家庭冲突（work-to-family conflict，WFC）和家庭-工作冲突（family-to-work conflict，FWC）。

后来，格林豪斯进一步提出了工作-家庭冲突的三种表现形式：基于时间的冲突、基于压力的冲突和基于行为的冲突。[①]当个体把有限的时间投入到一个领域中，使其被迫放弃对另一个领域的时间投入时，基于时间的冲突就产生了。比如，晚上要加班就不能参加朋友聚会。基于压力的冲突是指个体在一个领域中体验到的压力如紧张、焦虑、抑郁、冷漠会侵入并干扰个体对另一个领域的投入。例如，和配偶吵架带来的愤怒情绪会影响到第二天的工作。而当一个领域所必需的特定行为需求与另一个领域的行为期望不相容时，基于行为的冲突就会产生。比如，保密局的工作要求个体具有强烈的保密意识、理性、较少情绪化，而与家庭成员交流时则需要个体有较丰富的情感反应和表达，若个体不能有效调节这两种角色行为，就会产生基于行为的工作-家庭冲突。

因此，结合工作-家庭冲突的方向和形式，古特克（B. A. Gutek）总结了工作-家庭冲突的六个维度，具体如表9-6所示。

---

① GREENHAUS J H，BEUTELL N J. Sources of conflict between work and family roles ［J］. Academy of Management Review，1985，10（1）：76-88.

表9-6 工作-家庭冲突的六个维度

项目		工作-家庭冲突的方向	
		工作干扰家庭（WIF）	家庭干扰工作（FIW）
工作-家庭冲突的形式	时间	基于时间的	基于时间的
	压力	基于压力的	基于压力的
	行为	基于行为的	基于行为的

9.3.2 工作-家庭冲突的压力源

正如我们在前面提到的，压力源是导致压力后果的前因，在此，是指导致工作-家庭冲突现象产生的原因。已有研究总结出了三大压力源，即工作层面因素、家庭层面因素和个体/性格层面因素（见表9-7）。

表9-7 工作-家庭冲突压力源

压力源	影响变量	研究发现
工作层面	工作时间	工作时间越长，工作-家庭冲突（WFC）越大
	工作环境预知性	高工作可变性与WFC正相关
	工作资源	工作自主性、控制感与WFC负相关
	工作要求	工作对个体的生理、心理需求越高，WFC越高
	工作支持	高工作支持与个体感受到的WFC负相关
家庭层面	婚姻状态	已婚者比未婚者经历更多的WFC
	育儿数量与负担	小孩数量越多，负担越重，WFC越高
	家庭规模	大家庭与更高水平的WFC相关
	配偶就业与支持	配偶投入工作时间长，支持低，WFC高
	家庭冲突	家庭内部冲突导致高WFC
个体/性格层面	性别	女性与男性分别经历更高的FWC和WFC
	心理投入	高心理投入的人容易经历更高的WFC
	负面情感	高负面情感的人容易经历更高的WFC
	控制点	外控型的人比内控型的人经历更少的WFC
	角色显著性	家庭角色显著的人FWC更高，工作角色显著的人WFC更高

资料来源 刘玉新. 工作压力与生活：个体应对与组织管理 [M]. 北京：中国科学社会出版社，2010：156.

9.3.3　工作-家庭冲突理论

研究者们从不同的角度出发，提出了不同的工作-家庭冲突理论。如角色理论认为角色冲突、角色模糊和角色超载是导致冲突的本质原因；交界面理论则重点关注工作和家庭领域之间的互动与交叠；资源保留理论主张，产生工作和家庭的冲突，主要原因在于个体在工作或家庭领域面临着丧失某些资源的可能性或者已经丧失了某些资源，从而使个体产生紧张、焦虑和压力，进而引发工作和家庭冲突；自我差异理论则建立在自我概念和自我图式之上，认为"现实自我"、"理想自我"和"应该自我"之间的差异带来了个体或沮丧或内疚的消极心境，从而产生工作-家庭冲突。但这些理论，对如何平衡工作-家庭冲突并未提出有益的尝试，存在静态性、片面化的倾向。

美国学者克拉克（S. C. Clark）在对以往相关理论加以批判的基础上，提出了"工作-家庭边界理论"（work/family border theory）。这一理论将工作和家庭看成两个不同的范围，人们在其中分别与不同的规则相联系，每天在工作和家庭的边界上徘徊。边界一般分为三种形式：物理的、世俗的和心理的。物理的边界，如个人工作场所和家庭居所，规定着行为在哪里发生；世俗的边界，如工作时间的设定、工作职责和家庭分工的划分，表明何时、怎样承担工作、家庭责任；心理的边界，是指个体创造规则来指导其思考模式、行为模式和适应于某一特定范围的情感。与物理和世俗边界不同，心理边界在很大程度上是自身创造的。边界具有渗透性、灵活性、混合性、边界力量等特征。

频繁转移于工作和家庭的个体被称为边界跨越者，而对定义方位和边界有特别影响范围的成员则被称为边界维持者。工作中的普通边界维持者是上司，家庭中的则是配偶。他们对工作和家庭范围及其组成的不同认识，往往会影响边界跨越者的平衡。

上司通过开会、审查、加班、监督等多种方式来对员工实施边界控制，服从者得到奖励，拒绝者受到惩罚。员工的边界控制模式表现为：

（1）员工和配偶都是组织边界控制的接受者，此时员工会尽量满足工作要求，即"追求事业成功"模式。

（2）员工本人是雇主边界控制的抵制者，而配偶是边界控制的接受者，即"妥协"模式。

（3）员工必须在工作责任和配偶拒绝之间保持平衡，即"变戏法"模式。

（4）员工和配偶同时拒绝雇主的边界控制，即拒绝模式，此时拒绝者很难获得职业生涯方面的发展。

这一理论不仅阐明了工作−家庭冲突的形成机制，也对如何缓解家庭冲突做出了尝试性的探讨。

9.3.4 工作−家庭冲突的调控

正如我们在前面部分提到的，早期关于工作−家庭冲突的理论都假设工作与家庭的关系是不可调和的，工作−家庭平衡计划需要对两者之间的矛盾和冲突进行疏导。随着研究的深入，更多人发现工作和家庭之间的关系并不都是对立的，而是存在工作−家庭助益：个体在工作（家庭）中的经历和体验不但丰富了人生经历，还有助于促进和完善个体的家庭（工作）生活。这种交互作用的观点来源于角色理论中的"加强假说"。这种假说认为，个体会从多重角色的投入中获得积极的收益，这种收益可能会抵消个体所消耗的心理和生理资源。卢德曼（Ruderman）对女性经纪人的研究发现，在履行多重角色时，个体会相应加强自身注意力和组织能力，推进工作效率的提升。

李永鑫认为，工作−家庭平衡的本质即工作−家庭促进或工作−家庭助益。工作−家庭促进，指角色间的协同效应，一个角色提供的资源能够促进另一个角色责任义务的履行。要实现工作−家庭平衡，就要保持个体的时间平衡、投入平衡和满意平衡。时间平衡是要保证花在家庭中和工作中的时间相等；投入平衡是指对工作和家庭中的心理投入相等；满意平衡是指个体对自己工作中的角色和家庭中的角色满意度相等。

虽然研究者们提出了工作−家庭助益，但当下对工作与家庭关系的研究仍着重于工作与家庭的冲突，这里介绍工作−家庭冲突的调控。

从个体角度来看，工作−家庭冲突影响着员工的身心健康、职业生涯发展、工作绩效、生活质量，从组织角度来看，它影响组织的绩效和竞争力。因此，探讨应对工作-家庭冲突的策略具有重要意义。

有研究者考察了知识型员工对工作-家庭冲突的主观感受的现状和影响因素，结果见表9-8。

表9-8　知识型员工最期望采用的工作-家庭冲突干预策略频数统计

	工作-家庭冲突干预策略	百分比	排序
个人应对策略	工作-家庭界线管理	40.9	3
	请人做家务	42.1	2
	与配偶多沟通	54.8	1
	分解工作责任，减轻工作压力	38.5	4
	以家庭为重，放弃工作	25.6	5
	以工作为重，放弃家庭	13.2	6
组织支持策略	更多假期	26.5	5
	弹性工作制	36.5	3
	组织提供托幼养老服务	30.6	4
	有人情味的上司	53.3	1
	"人本关怀"的组织文化	44.9	2
	其他	2.1	6

资料来源　陈千. 企业知识型员工工作家庭冲突及干预策略研究［D］. 重庆：重庆大学，2006.

【小阅读】　　　　　　　二孩政策与工作-家庭冲突

国家统计局公布的数据显示，我国出生人口数量已经连续数年下降。其中2019年我国出生人口1 465万人，比2018年减少58万人，人口出生率为10.48‰，比2018年下降0.46个千分点，创下了自2000年以来的最低值。虽然二孩政策实施之后，我国出生率有过一个短暂的上升期，但有专家认为，这只是政策调整带来的补偿性生育，那些原本就有二孩生育意愿的家庭生了第二个孩子。而补偿性生育在政策实施后的3年中已经完成了，如果生育率不能回升，出生人口就会持续减少下去。

生育率的持续下降和育龄妇女的数量、人们的生活质量有很大关系。一方面，我国育龄妇女正在减少。国家统计局人口和就业统计司长李希如曾介绍，2018年，我国15～49岁育龄妇女人数比2017年减少700余万人，其中20～29岁生育旺盛期育龄妇女减少500余万人。另一方面，工作、生活很难兼顾，降低了人们的生育需求。目前生二孩的群体年龄主要在 30～40 岁之间，其父母大都在 60～70 岁之间。除了照护老人，"没人带孩子"是制约家庭再生育的突出因素，尤其是 3 岁以下婴幼儿的照护服务供给不足。原国家卫计委家庭司 2016 年委托研究机构开展的"3 岁以下婴幼儿托育服务需求调查"发现，近 80% 的婴幼儿由祖辈参与看护，有祖辈参与照看的家庭 33.8% 有托育需求，无祖辈参与照看的家庭托育需求达 43.1%。60.7% 的一孩母亲因为"没人看孩子"而不愿生育二孩，28.1% 的一孩母亲因顾虑"影响工作和事业发展"而不愿生育二孩。

2019 年 5 月，国务院办公厅发布了《关于促进 3 岁以下婴幼儿照护服务发展的指导意见》，鼓励地方政府通过采取提供场地、减免租金等政策措施，加大对社会力量开展婴幼儿照护服务、用人单位内设婴幼儿照护服务机构的支持力度，鼓励地方政府探索试行与婴幼儿照护服务配套衔接的产休假、育儿假。一位人口学学者表示："托育服务的发展可以带来显著的社会效应和经济效应，可以使生育二孩的比例提高 8%～10%。"

资料来源　马晓华. 上半年出生人口下降，"没人带孩子"成制约家庭再生育主要原因 [EB/OL].［2019-08-05］. https://baijiahao.baidu.com/s?id=1640987851783486563&wfr= spider&for=pc.

9.4　压力管理

9.4.1　组织的工作压力管理

职场中的压力大多来自组织中的压力源，单单靠员工个人的自我调节显然是不够的，需要组织做出一定的努力排除现实的压力源，使员工从过度的压力中解脱出来。一般来说，组织可以在充分调查和客观分析的基础上，从以下几个方面着手，营造一个良好的组织环境，改善员工的高强度压力状况：

1）组织的三种减轻压力的措施

很多组织都已开展那些能减轻员工压力程度的项目。组织可以根据不同的情况，分别利用这三种应对措施：改变造成压力的环境；与员工一起改变他们对环境的看法；帮助他们缓解紧张症状。

表9-9给出了运用这些方法的说明。任何特定的项目都可能适用两个或多个应对策略。例如，为建立支持性的工作小组而设计的项目可能会同时（通过培养个人间的建设性沟通）改变造成压力的环境以及改变环境的含义（比如理解何时竞争是健康的以及何时合作是必要的）。

表9-9　　　　　　**组织为减少员工压力而采取的措施的说明**

减少压力源	改变造成压力的环境的含义
消除种族/性别成见、偏见和歧视	对员工提供咨询服务
重新设计工作使之更符合员工的能力和兴趣	实施改进 A 类行为和心力交瘁的计划
通过目标设定计划理清员工的期望	实施准时管理的计划
提供建设性的绩效反馈，建立支持性的工作小组	管理好为员工服务的社会支持小组
训练管理者处理人际关系的技能	缓解紧张症状
消除工作的物质条件中有害身体的因素	提供放松计划（如"入静"）
帮助员工掌握解决或应对问题的技能	提供体育锻炼设施
开发弹性的工作时间表	提供咨询和医疗服务
开发适用于调动的（如转换工作地）员工计划	提供全面的"健康"计划

在任何项目开始实施前，组织必须正确地诊断出员工压力的程度和根源。这种诊断可能是涉及整个组织的，也可能是根据级别（如高级主管）、工作种类（如空中交通指挥）、位置（如核发电厂的员工）或其他相关的标准（如单亲父母）等，来选择不同的员工群体。组织诊断可以专门用于评估组织的压力源、员工紧张的程度或影响这种紧张症状的员工的特性。组织同样需要意识到，每个员工对这些压力源的反应会因他或她的情感不同而互不相同（也就是说，适用于某一员工的方法未必适用于所有的员工）。下面我们来说明各种诊断活动的例子：

（1）对组织压力源的评估

① 压力的客观指标（如人员跳槽、旷工、事故）。

② 测量组织状况的标准化问卷（如压力诊断调查表、就业质量调查问卷）。

（2）员工紧张程度评估

① 生理的测量（如心率、血压）。

② 医疗处方单。

③ 心力交瘁或忧虑日久。

（3）员工压力减缓因素的评估

① 应对机制。

② 社会支持。

③ A 类行为模式。

2）改善物理环境，进行工作再设计，消除压力源

工作场地的拥挤、强噪声、气温过热或过冷、场所中存在有毒化学物质、空气污染、照明欠佳以及缺乏安全保证等，都可能成为员工面临的长期压力源。职业组织要致力于消除恶劣的工作条件，营造有利于减轻员工过度疲劳感的工作环境，提高职业场所的安全感与舒适感，这是从工作条件上消除压力的有力措施。

工作丰富化不仅是提高劳动效率的有效措施，也是克服与减轻压力的有效措施之一。工作丰富化的再设计主要能起到克服工作的单调性，使人摆脱工作厌恶感的作用。工作的厌恶感也是压力产生的重要根源之一。在工作再设计的过程中，可以通过让员工担负更大的责任、提供长期发展的机会等措施使工作丰富化；也可以通过改进核心的工作特性，如促进技能的多样化、增强工作的自主性等措施来使工作丰富化。

在实行工作丰富化的过程中，也要注意人们在对待工作丰富化的态度方面是有个体差异的。尽管多数人喜欢丰富化的工作，但并非所有的人都如此，有些人则喜欢比较单调的、按部就班的、重复性的工作，对于这些人来说，丰富化的工作反而可能成为压力源。然而，由于大多数人喜欢丰富化的工作，因此适当的工作丰富化设计仍然不失为应对压力的好方法。

3）完善岗位制度，加强过程管理

岗位职责界定明确、工作负荷适当，是工作过程中重要的减压措施。岗位职责界定明确，有利于发挥员工的主动性与积极性，自主地预测和安排压力性的活动，减少不确定性带来的压力；工作负荷适当也是重要的减

压措施，当管理人员与员工承担时间紧迫或力不从心的工作时，就会导致工作负担过重、工作量超负荷，这时，一般适应综合征就会乘虚而入，因此，需要根据情况适当减少负荷。工作太少或工作单调时，由于工作负荷低，也会产生压力。一个人整天无所事事，会出现无聊、烦闷、抱怨、自尊心下降等不良情绪，并感到身体乏力和精神疲劳，因此，需要适当增加工作负荷。

建立科学合理、操作性强的员工绩效评价指标体系，并让每个员工都知晓，这样能够减少评价过程中的不确定感，并促进员工自我评价与自我管理能力的提高。在绩效评价公平的基础上，实施报酬的公平。理清工作程序、保持岗位的相对稳定是减少员工压力的过程性措施之一。在某些特殊的情况下，规章制度的执行需要有一定的弹性，过分刚性的做法往往会使一些具有特殊理由的员工感到委屈和不平。

如果组织结构过度集权，员工过度缺乏参与，会带来诸多抱怨和不满，造成管理者与员工之间的冲突，导致压力的产生。因此，管理过程中的员工适度参与，也是减压的措施之一；工作中形式主义太多、过度专业化、各部门之间过分相互依赖或相互冲突，都是员工压力的来源。因此，发展务实、平等、部门之间责权清晰的组织结构，是减少压力的重要组织措施之一。

沟通不畅，组织中缺乏必要的绩效反馈，目标之间的冲突，不确切的信息如传闻、流言等，都是组织中压力的来源。出现这些问题，主要应归因于组织内部的沟通不畅。因此，组织要充分考虑在组织结构方面进行改善，开辟多种信息通道，广开言路，使组织内上下左右都积极地交流起来。充分的、正面的、导向积极的信息和舆论环境，是保证员工处于较低压力水平的重要组织措施。

4）开拓员工职业发展道路，挖掘员工潜能

传统的组织只对员工过去的职业经历感兴趣，根据过去的经历把一个人安排到一定的岗位上去。然而，就员工自己来说，其更关心的是自身在组织中的发展前途。如果一个人对自己在组织中的职业发展前途不明了，就会产生压力状态，因此，职业组织进行员工的职业生涯计划管理，可以避免员工由于"前途未卜"而产生焦虑。

另外,角色冲突与角色模糊也是造成工作压力的重要原因,因此,职业组织应该为管理人员和员工设置明确的、特定的、具有挑战性的工作目标,并为此目标的达成提供及时的信息反馈。明确的目标不仅对管理人员和员工具有激励作用,而且可以使他们清楚地了解组织的期望,消除角色冲突,发挥他们的潜能,从而降低压力水平。同时,及时提供目标达成的反馈信息,会使管理人员与员工更清楚地了解自己的实际工作绩效,也有助于减少角色冲突,减轻压力反应。

5)开展家庭友好计划

工作和家庭是人生的两大领域,两者的平衡问题事关重大。正如前面提到的,工作与家庭的冲突会对员工的工作生活带来不利的影响,有鉴于此,越来越多的组织开展了"家庭友好计划",它主要包括弹性工作制、支持计划、家庭或生活类假期等措施。

弹性工作制源于20世纪60年代,当时一位德国经济学家为了解决上下班交通拥堵问题提出了此计划,后来便在各大企业中推广开来。当下随着私家车数量的增长、个人工作压力的加重、大城市通勤时间的加长,实施这一计划不仅可以提高工作效率、减少拖沓,还可以节省办公费用,缓解市政交通压力。弹性工作制具体有以下五种形式:

(1)核心工作与弹性工作相结合。这是指员工每天的工作时间由5~6小时的核心工作时间和两端的弹性工作时间共同构成。在核心工作时间内,员工必须上班,而在弹性工作时间内员工可自由选择工作时间。

(2)远程办公。这是指在部分或者全部法定标准工作时间内,允许员工自主安排工作地点(一般在员工家中),通过计算机、电话、传真、电子邮件等通信方式与公司沟通联系,或独立完成工作。

关于远程办公对家庭会不会造成影响,这一点尚存争议。一种观点认为,由于工作和家庭处于同一地点,可能会相互侵犯,因此会增加工作对生活领域边界渗透的可能性。不仅如此,远程办公还可能使员工在正常工作时间之外继续工作,干扰家庭生活。而另一种观点认为,远程办公不仅可以节省上下班时间,还可以帮助雇员将工作和家庭的需求同步化,进而减少家庭和工作的冲突。

（3）成果中心制。这是指用人单位并不规定具体的工作时间和工作地点，只考核员工的工作成果或工作业绩，只要员工在所要求时间内正常完成工作任务即可。

（4）压缩工作周。这是指员工可以选择增加每天的工作时间，从而将一个星期内的工作时间压缩到4天甚至更少，其余时间则自由支配。比如，员工每天工作10小时，每周上4天班。

（5）临时性工作分担。这种形式常用于处于困难时期的企业。此时，企业通过临时减少员工的工作时间来取代解雇部分员工的方案。

6）开展员工援助计划

员工援助计划（employee assistance program，EAP）是由组织为其成员设置的一项系统的、长期的援助和福利计划。其最初出现于20世纪40年代的美国，用于解决员工因酗酒、使用不良药物等带来的心理障碍。如今的EAP主要是通过专业人员对组织进行的诊断、建议和对组织成员及其家属的专业指导、培训和咨询，来帮助组织成员及其家属解决心理和行为问题，维护组织成员的心理健康，提高工作绩效，并改善组织管理。

在美国《财富》杂志评选的世界500强企业中，90%的企业都聘请了EAP专业公司为自己企业的管理者和员工服务。服务内容包括：通过企业员工心理素质评估和心理健康调查，帮助企业发现员工工作和生活中的各种心理问题，对有心理问题的员工提供及时有效的指导和帮助；根据实际情况举办满足各层次需要的有针对性的团队建设活动等。开展EAP，无疑将给企业带来间接的经济效益。有关统计表明，企业在EAP中每投入1美元，获得的回报将是5~6美元。与此同时，EAP还能有效地预防和缓解员工的职业压力。

【小阅读】　　　　　　**居家办公，跟你想的一样吗？**

2020年，居家办公成为疫情之下不少企业的折中办法。实际上，这种办公模式因为工作时间、地点、方式等具有弹性，近年来颇受关注，不少公司甚至已将居家办公作为一种员工福利。但居家办公仍然存在很多现实问题。

（1）技术上已实现，但软环境还不够好——家庭生活影响工作质量

案例一：开一次视频会议，因为同事家人频繁入镜，一不小心就认识了同事的各路亲戚，有时甚至还能听到各种猫狗叫声、孩子哭闹声。

居家办公确实工作时间相对更加灵活，可以根据个人状态做出适当调整。但其实对于多数人而言，家里并不是合适的办公场所。太多零碎的事情会造成干扰、导致分神，降低工作效率，而且由于缺少来自领导的监督、同事的压力，工作中容易出现倦怠。另外，办公软件的远程协作技术、即时通信技术虽然可以无延时沟通，但是跟面对面、互动式的交流相比，线上方式传递信息的效力和效率还是有限的，无形中降低了工作效率。

（2）居家办公也得打卡，工作时间无意中拖长——工作影响家庭生活质量

案例二："到了下班时间，我准时打了卡，但是工作还得继续。"以往手头工作没有做完，小Z会选择第二天去公司再完成，"现在不一样了，活儿就在那里，领导、同事也都还在忙活，我直接撂挑子有点不合适。"

居家办公由于没有明确的上、下班时间，工作时间反而变得更长，甚至到半夜还在不断地开会、改文件、填报表、写汇报、做计划、接收同事的工作消息。而且由于远程沟通带来的成本上升和效率降低，在不经意间就导致整个工作链条运行变慢。线上办公意味着随时都可能在工作，居家办公变成了无休办公。

（3）不是所有的工作都适合居家办公

案例三：工作有一定保密性要求的小L觉得在家工作根本没法开展。"在单位里工作电脑都要分内网和外网，如果在家里用外网处理了领导布置的涉密工作，这算不算泄密？责任又该谁承担？"

居家远程办公更适合少部分工种和人群，比如新媒体、电子商务从业者，销售等群体，他们的工作本身对互联网的依赖性较大，对于工作环境和办公设备要求不高。另外，协作性较强的工作也不适合在家里完成。如果彼此之间的工作在程序上存在上下游的关系，那么尽可能多地重叠办公时间其实更有利于工作的开展。居家办公对于需要思维碰撞的创造

性工作而言也是一种制约，远程协作的方式不能解决个体之间的交互影响问题。

资料来源　张子谕．居家办公，跟你想的一样吗？[N]．工人日报，2020-02-11（4）．

9.4.2　工作压力的个人调适

工作压力的个人调适可以分为三种类型——问题解决法、情绪调节法与认知应对法。

问题解决法和认知应对法是直接的调适方法，情绪调节法是一种间接的调适方法，它们各有其长处和短处，具体可见表9-10。

表9-10　　　　　　　　　　**直接与间接调适方法的利弊**

调适方法	有利的方面	不利的方面
问题 解决法/认知 应对法	1.你的行动可能适宜消除压力源	1.可能陷入事与愿违的忧虑
	2.可以消除你的情绪	2.可能错误地诊断问题
	3.可以弥补未发现的损失	3.可能增加行动不当带来的烦恼
	4.可以增强自尊心	
	5.可以提高控制感	
情绪 调节法	1.可能降低自己的情绪反应	1.防卫机制可能干扰适宜的行为
	2.可以维持增长的希望和勇气	2.可能变得情感麻木
	3.可以重新获得自尊	3.意识到威胁可能干扰后续行动
		4.可能维持对症状与原因之间的关系的无知

1）问题解决法

问题解决法是一种通过直接排除压力源而消除压力影响的方法，如离开一个工作岗位，寻找新的职业。从一般意义上讲，它比改变自己的看法来摆脱压力带来的困扰要有效得多。问题解决法能在采取适宜行动的基础上直接排除压力源，可以使压力引起的不良情绪最直接、最快速地得以消解，可以及时弥补我们也许还来不及发现的损失，可以提高自己的满意感和自尊心，使自己体会到解决问题的胜任感和控制感。

但是，如果直接行动有悖于社会规范，则可能会给他人和自己都带来不利的后果。例如，某人造成了你的经济损失，最直接的应对行动就是夺取他的财产，让他受损失。然而，这样做的后果有可能使你触犯道德规范或法律。

因此，在使用问题解决法应对压力带来的问题时，必须考虑拟采取的行动的社会文化可能性（是否符合社会文化、习惯的要求）、道德可能性、法律可能性和现实条件可能性（即能否办得到）。

2）情绪调节法

情绪调节法是指改变自己，使压力的意义产生变化，从而减轻或消除压力源的方法。在不改变压力源的情况下，个人通过改变自己的观念或行为反应来削弱或消除压力所带来的不利影响，在弱化压力情绪反应的基础上，个人可以继续维持自己的希望和勇气，并重新恢复自尊。在压力源无法改变或没有必要改变的情况下，情绪调节法的效果是理想的。调控消极情绪的方法参见表9-11。

表9-11 调控消极情绪的方法

类别	调控方法	内容
情绪的产生	认知调控	找出自身的不合理信念、自动化思维，调整非理性认知
	遗忘调控	某一事件引起消极情绪时，选择遗忘该事
	幽默调控	培养幽默感，学会幽默以减少不良情绪
	语言调控	通过内部言语进行自我暗示
情绪的表达与舒解	升华调控	改变不为社会所接受的动机、欲望而使之符合社会规范和时代要求
	宣泄调控	直接宣泄：向引起消极情绪的人或物客观、理智地表达自己的真实感受；间接宣泄：向当事人以外的人或物表达自己的情感，调节身心平衡
	音乐调控	听自己喜欢的音乐调节情绪
	转移调控	将注意力转移到其他事件或离开现场，到外边走一走
	运动调控	通过跑步、打球、游泳等运动宣泄不良情绪

但是，如果压力源有可能改变，而且不改变无法保证能够真正摆脱压力困扰，情绪调节法就显得无力了。在这种情况下，情绪调节法不但不能解决压力带来的消极后果，还可能带来新的压力因素。

情绪调节法也不完全是通过情绪调节的，其中也有大量对情绪起转移作用和抑制作用的行为或行为方式，如从紧张时扶扶眼镜、拉拉衣角到大量抽烟、酗酒、使用药物等，都是情绪调节中常见的方法。美国临床心理学家施瓦茨（G. Schwartz）把抽烟、酗酒、药物使用等调节方式称作"反调节因素"，长期使用这些反调节因素会不断干扰甚至破坏大脑皮层的调节功能，因此，必须有节制地使用。

3）认知应对法

认知应对法是指通过认识自我的人格特征，客观评价自己的工作能力和心理压力，采取适合自己的压力应对方式。

不同的人格特征会影响对压力的感知和应对。组织中的 A 型人格者总是会给自己施加压力，所以他们常处于中度至高度的焦虑状态中。对他们来说，缓解压力的最好办法莫过于减少 A 型行为，增加 B 型行为：首先，要学会放慢速度，培养慢生活态度，寻求生活的乐趣；其次，要劳逸结合；最后，要降低不切实际的要求，减少与他人的比较，这样才能降低对工作压力的敏感性。

个体不同的认知特点也会对感受到的压力有不同程度的影响。艾利斯（A. Ellis）的理性情绪疗法（RET）认为，绝对化、过度概括和灾难化想象是个体产生非理性思维的三个原因。这种人倾向于认为事情是绝对的、极端的，一旦发生就毫无更改余地，因而很容易走进思维的怪圈，作茧自缚，使自己感受到压力和痛苦。因此，很有必要与这种非理性信念进行辩论，进而使其形成新的情绪和行为特征。RET 自助表见表 9-12。

表9-12　　　　　　　　　　　　RET自助表

（A）诱发事件（使我感受到情绪困扰或产生自损行为之前发生的事件、思想或感受）
（B）信念（导致我产生情绪困扰或自损行为的非理性信念（IBs），在第（E）项之后圈出你应用于诱发事件的IBs）

续表

（A）诱发事件（使我感受到情绪困扰或产生自损行为之前发生的事件、思想或感受）

（C）后果或情况（在我身上出现的，也是我想要改变的情绪困扰或自损行为）

（D）辩论（与每一个圈出的非理性信念辩论，如"我为什么必须干得那么棒？""哪儿写着我是个笨蛋？""何以证明我必须受人赞赏？"）

（E）有效的理性信念（取代非理性信念的理性信念，如"我希望干得很棒，但是并非如此不可""我是个行动力有些差的人，但我这个人不是笨蛋""尽管我喜欢受人赞赏，但是没有理由必须如此"）

1.我必须干得棒或非常棒 2.如果我做事蠢笨，我就是个笨蛋或者一无是处 3.我必须得到我看中的人的赞赏 4.如果被人拒绝，就证明我是个不好的、不可爱的人 5.人们必须公平地对待我，必须满足我的要求 6.行事无德者应该为人所不齿 7.我的生活必须一帆风顺，没有麻烦	1.我不能忍受糟糕的事和难相处的人 2.遇到重大的不顺心事情是极其糟糕可怕的 3.我不能忍受生活中不公平的事 4.我必须被我看中的人所爱 5.我必须总是心想事成，否则必然感到痛苦伤心 6.别人不能辜负我的期望，否则就太可怕了 7.补充非理性信念

（F）感受和行为（我获得了自己的理性信念之后感受到的）

我将努力在大量场合坚定地对自己重复我的理性信念，以便能使自己现在减轻情绪困扰，将来减少自损行为

资料来源　江光荣.心理咨询的理论与实务［M］.北京：高等教育出版社，2012.

【小阅读】　　　　　**慢食运动与慢文化**

　　1986年，意大利美食专栏作家及社会运动学家卡尔洛·佩特里尼（Carlo Petrini）提出了一项影响全球的运动——慢食运动（Slow Food Movement）。这项运动号召人们反对按标准化、规格化生产的单调的快餐食品，提倡有个性、营养均衡的传统美食，希望"通过保护美味佳肴来维护人类不可剥夺的享受快乐的权利，同时抵制快餐文化、超级市场对生活的冲击"。慢食运动以蜗牛为标志，推崇以"6M"为内涵的慢餐文化：MEAL（精致的美食）、MENU（精美的菜单）、MUSIC（迷人的音乐）、MANNER（优雅的礼仪）、MOOD（高雅的氛围）、MEETING（愉快的会面）。

　　慢食运动提倡食物应当"优质、清洁、平价"，发扬本地传统美食和相应的食材文化，倡导小规模的精致生产。然而由于大规模农业和连锁餐饮业迅速扩张，大量农户很难再维持小规模的种植和生产，不得不采用工业化的生产方式、统一的生产标准。国际慢食协会为了对濒临消失危险的食品进行保护，帮助它们获得消费者的关注从而重返市场，开启了"美味方舟"（Ark of Taste）计划，深入世界各地努力发掘那些已经或即将被人们遗忘的食品，如科尔巴拉的番茄、阿尔彭加的紫芦笋、文托泰内岛的小扁豆、维苏威的杏……这些传统的作物都被收入中央数据库进行编目和记录，并通过慢食协会的会刊 Slow Ark 向厨师和公众进行推荐。2015年，北京的清真面点艾窝窝、云南丽江的石头城腊肉、吉林省白山市的板石辣酱、河北承德的兴隆土蜂蜜、山西应县凉粉等70种美食也相继入选慢食协会的"美味方舟"。

继慢食运动之后，慢活精神逐渐席卷全球，慢城、慢设计、慢旅行等慢文化运动相继兴起。"慢文化"是对"慢食运动"精神的继承。慢活的本质不是懒惰，更不是无所作为和不思创新，而是对和谐、健康的生活状态的追求。"慢"，有时是一种生活态度和生活方式。让生活节奏慢下来，关注生活本身；让自己在与环境、社会三方保持和谐平衡的状态下，以一种更健康、更可持续的方式追求人生。

资料来源　刘叶. 浅析"慢食运动"及"慢文化"带来的思考［J］. 商情，2016（23）：275-276.

主要概念

工作压力　压力源分析　压力管理

思考题

1. 解释职业转换会带来哪些压力。
2. 从压力管理的角度应采取哪三种降低压力的措施？

参考文献

[1] 丁士昆. 就业指导教材 [M]. 北京：改革出版社，1994.

[2] 霍尔兹沃斯. 职业咨询心理学 [M]. 李柳平，李伯宏，译. 天津：天津大学出版社，1988.

[3] 金一鸣. 中学的职业指导 [M]. 杭州：浙江教育出版社，1991.

[4] 李宝元. 职业生涯管理：原理、方法、实践 [M]. 北京：北京师范大学出版社，2007.

[5] 李弘毅. 转型社会的职业分层结构：无锡城市实证研究 [M]. 北京：社会科学文献出版社，2007.

[6] 李永鑫. 三种职业人群工作倦怠的比较研究：基于整合的视角 [D]. 上海：华东师范大学，2005.

[7] 李志，金钦，李苑凌. 职场面试专家 [M]. 重庆：重庆大学出版社，2008.

[8] 凌文辁，方俐洛，白利刚. 我国大学生的职业价值观研究 [J]. 心理学报，1999（3）：342-348.

[9] 刘重庆，崔景贵. 职业教育心理学 [M]. 上海：立信会计出版社，1998.

[10] 刘玉新. 工作压力与生活个体应对与组织管理 [M]. 北京：中国社会科学出版社，2010.

[11] 龙立荣，李日华. 职业生涯管理 [M]. 北京：中国纺织出版社，2003.

［12］罗双平. 职业选择与事业导航：职业生涯规划技术［M］. 北京：机械工业出版社，2008.

［13］孟慧. 职业心理学［M］. 北京：中国轻工业出版社，2009.

［14］缪克诚. 青年职业指导［M］. 上海：华东师范大学出版社，1990.

［15］穆宪. 现代职业咨询手册［M］. 北京：人民出版社，1998.

［16］彭永新，龙立荣. 国外职业决策模型研究进展［J］. 教育研究与实验，2000（5）：9-11.

［17］全球化智库. 中国留学发展报告（2023—2024）［M］. 北京：社会科学文献出版社，2024.

［18］杨宜音，彭泗清. 性格与社会心理测量总览（下）［M］. 台北：远流出版公司，1997.

［19］俞文钊. 职业心理与职业指导［M］. 北京：人民教育出版社，1996.

［20］张良驯. "00后"青年带来的职场新画风［J］. 人民论坛，2023（16）：64-69.

［21］张伟远. 西方职业指导的理论与模式［J］. 华东师范大学学报（教育科学版），1991（1）.

［22］张燕逸. 职业心理学［M］. 延吉：延边大学出版社，1990.

［23］郑伯壎，郭建志. 组织价值观与个人工作效能符合度研究途径［M］//郑伯壎，黄国隆，郭建志. 海峡两岸之企业文化. 台北：远流出版公司，1982.

［24］朱启臻. 职业指导理论与方法［M］. 北京：人民教育出版社，1996.

［25］宗刚，李盼道，孙晨晨. 改革开放以来我国职业声望排序及变迁研究［J］. 北京工业大学学报（社会科学版），2016（2）：11-17.

［26］BHAGAT R S，ALLIE S M，FORD D L.Coping with stressful life events：an empirical analysis［J］. Occupational Stress：A Handbook，1995（6）：93-112.

[27] BORDIN E S, NACHMANN B, SEGAL S J. An articulated framework for vocational development [J]. Journal of Counseling Psychology, 1963, 10 (2): 107.

[28] DALTON G W, THOMPSON P H, PRICE R L. The four stages of professional careers: a new look at performance by professionals [J]. Organizational Dynamics, 1977, 6 (1): 19-42.

[29] DAWIS R V. The theory of work adjustment and person environment correspondence counseling [M] //BROWN D, BROOKS L. Career choice and development. 3rd ed. San Francisco: Jossey-Bass Publishers, 1996: 75-121.

[30] EDWARDS J R, CABLE D M. The value of value congruence [J]. Journal of Applied Psychology, 2009, 94 (3): 654-677.

[31] FARBER B A. Crisis in education: stress and burnout in the American teacher [M]. San Francisco: Jossey-Bass, 1991.

[32] FISHER C D, GITELSON R. A meta-analysis of the correlates of role conflict and ambiguity [J]. Journal of Applied Psychology, 1983 (68): 320-333.

[33] FRENCH R P, CAPLAN R D, VAN H R.The mechanisms of job stress and strain [M]. Hoboken: John Wiley & Sons Inc., 1982.

[34] GATI I. Description of alternative measures of the concepts of vocational interest: crystallization, congruence, and coherence [J]. Journal of Vocational Behavior, 1985, 27 (1): 37-55.

[35] GINZBERG E. Career development [M] //BROWN D, BROOKS L. Career choice and development. San Francisco: Jossey-Bass, 1984: 169-191.

[36] GREENHAUS J H, BEUTELL N J. Sources of conflict between work and family roles [J]. Academy of Management Review, 1985, 10 (1): 76-88.

[37] HERR E L. Career guidance and counseling through the life span [M]. 3rd ed. Scott: Foresamancor, 1988.

［38］HOLLAND J L. Making vocational choices: a theory of careers ［M］. Englewood Cliffs: Prentice Hall, 1973.

［39］HOLLAND J L. Making vocational choices: a theory of vocational personalities and work environments ［M］. Englewood Cliffs: Prentice Hall, 1985.

［40］HOLLAND J L. Making vocational choices: a theory of vocational personalities and work environments ［J］. Psychological Assessment Resources, 1997（1）.

［41］KRITIOS J O. Career counseling models, methods and materials ［M］. New York: McGraw-Hall Book Co., 1981.

［42］KRUMBOLTZ J D. Improving career development theory from a social learning theory perspective ［M］//SAVICKAS M L, LENT R W. Convergence in career development theory. Palo Alto: CPP Books, 1994: 9-32.

［43］LENT R W, BROWN S D, HACKETT G. Social cognitive career theory ［M］//BROWN D. Career choice and development. 4th ed. San Francisco: Jossey-Bass, 2002: 255-311.

［44］LEVINSON D J. The seasons of a man's life ［J］. American Psychologist, 1986（41）: 3-13.

［45］MASLACH C, LEITER M P. The truth about burnout: how organizations cause personal stress and what to do about it? ［M］. San Francisco: Jossey-Bass, 1997.

［46］MASLACH C, SCHAUFELI W B, LEITER M P. Job burnout ［J］. Annual Review of Psychology, 2001, 52（1）: 397-422.

［47］NYE C D, SU R, ROUNDS J, et al. Vocational interests and performance: a quantitative summary of over 60 years of research ［J］. Perspectives on Psychological Science, 2012, 7（4）: 384-403.

［48］NYE C D, SU R, ROUNDS J, et al. Interest congruence and performance: revisiting recent meta-analytic findings ［J］. Journal of

Vocational Behavior, 2017, 98 (2): 138-151

[49] NYE C D, PRASAD J, BRADBURN J, et al. Improving the operationalization of interest congruence using polynomial regression [J]. Journal of Vocational Behavior, 2018, 104 (2): 154-169.

[50] PREDIGER D J. A world of work map for career exploration [J]. Vocational Guidance Quarterly, 1976, 24 (3): 198-208.

[51] GATEWOOD R D, Feild H S. Human resource selection [M]. 3rd ed. Florida: Harcourt Brace College Publishers, 1994.

[52] ROE A, LUNNEBORG P W. Personality development and career choice [M] //BROWN D, BROOKS L. Career choice and development. 2nd ed. San Francisco: Jossey-Bass, 1990: 68-101.

[53] SCHEIN E H. Career dynamics: matching individual and organizational needs [M]. Reading: Addison-Wesley, 1978.

[54] SCHEIN E H. Career anchors [M]. 3rd ed. New York: Wiley, 2006.

[55] SPANIOL L, CAPUTO J. Professional burnout: a personal survival kit [D]. Lexington: Human Services Associates, 1979.

[56] SU R, TAY L, LIAO H Y, et al. Toward a dimensional model of vocational interests [J]. Journal of Applied Psychology, 2019, 104 (5): 690-714.

[57] SUPER D E. A life-span, life space approach to career development [M] //BROWN D, BROOKS L. Career choice and development. 2nd ed. San Francisco: Jossey-Bass, 1990: 197-261.

[58] SWANEY K, PREDIGER D. The relationship between interest-occupation congruence and job satisfaction [J]. Journal of Vocational Behavior, 1985, 26 (1): 13-24.

[59] SWANSON J L, GORE P A. Advances in vocational psychology theory and research [M] //BROWN S D, LENT R W. Handbook of counseling psychology. 3rd ed. New York: Wiley, 2000: 233-269.

［60］ TIEDEMAN D V, MILLER-TIEDEMAN A. Career decision-
making: An individualistic perspective ［M］//BROWN D, BROOKS L.
Career choice and development. 2nd ed. San Francisco: Jossey-Bass, 1990:
308-337.

［61］ VAN IDDEKINGE C H, ROTH P L, PUTKA D J, et al. Are you
interested? A meta-analysis of relations between vocational interests and
employee performance and turnover ［J］. Journal of Applied Psychology,
2011, 96 (6): 1167-1194.

［62］ VROOM V H.Work and motivation ［M］. New York: Wiley,
1964.